Kohlhammer

Die Autorin

 Christina Hunger-Schoppe ist Professorin für Klinische Psychologie und Psychotherapie, Universität Witten/Herdecke. Studium der Psychologie (Dipl.-Psych.), Universität Koblenz-Landau (2000–2006); Studium der Psychologischen und Psychiatrischen Anthropologie (M.Sc.), Brunel University West London, England (2006–2008). Binationale Promotion im Deutsch-Chilenischen Graduiertenkolleg, Universität Heidelberg, Pontificia Universidad Católica de Chile, Universidad de Chile (2007–2010): Religiosität und Spiritualität bei Depression im interkulturellen Vergleich. Akademische Mitarbeiterin (Post-Doc), Universitätsklinikum Heidelberg (2010–2020). Habilitation in Medizinischer Psychologie und Psychotherapie, Universitätsklinikum Heidelberg (2018): Wirksamkeit Systemischer Therapie und Entwicklung systemtherapeutischer Diagnostik. Mitglied Wissenschaftlicher Beirat Psychotherapie (WBP), Vorstandmitglied Systemische Gesellschaft (SG), Mitherausgeberin »Familiendynamik«.

Forschungsschwerpunkte: Klinische Psychologie und Psychotherapieforschung; Prävention; Diagnostik: Patienten-, System- und Therapeutenperspektive; Moderatoren und Mediatoren: Persönlichkeit, Bindung, soziale Netzwerke, linguistische Marker, Kultur; Meta-Analysen: mehrpersonale Psychotherapien; Qualitätssicherung: therapeutische Adhärenz.

Psychologische Psychotherapeutin (Schwerpunkt Verhaltenstherapie; Zusatzbezeichnung Systemische Therapie), Systemische Beraterin und Therapeutin (Systemische Gesellschaft, SG; Deutsche Gesellschaft für Therapie, Beratung und Familientherapie, DGSF), Lehrende für Systemische Therapie (SG, DGSF).

Christina Hunger-Schoppe

Systemische Therapie

Verlag W. Kohlhammer

Dieses Werk einschließlich aller seiner Teile ist urheberrechtlich geschützt. Jede Verwendung außerhalb der engen Grenzen des Urheberrechts ist ohne Zustimmung des Verlags unzulässig und strafbar. Das gilt insbesondere für Vervielfältigungen, Übersetzungen und für die Einspeicherung und Verarbeitung in elektronischen Systemen.

Pharmakologische Daten verändern sich ständig. Verlag und Autoren tragen dafür Sorge, dass alle gemachten Angaben dem derzeitigen Wissensstand entsprechen. Eine Haftung hierfür kann jedoch nicht übernommen werden. Es empfiehlt sich, die Angaben anhand des Beipackzettels und der entsprechenden Fachinformationen zu überprüfen. Aufgrund der Auswahl häufig angewendeter Arzneimittel besteht kein Anspruch auf Vollständigkeit.

Die Wiedergabe von Warenbezeichnungen, Handelsnamen und sonstigen Kennzeichen berechtigt nicht zu der Annahme, dass diese frei benutzt werden dürfen. Vielmehr kann es sich auch dann um eingetragene Warenzeichen oder sonstige geschützte Kennzeichen handeln, wenn sie nicht eigens als solche gekennzeichnet sind.

Es konnten nicht alle Rechtsinhaber von Abbildungen ermittelt werden. Sollte dem Verlag gegenüber der Nachweis der Rechtsinhaberschaft geführt werden, wird das branchenübliche Honorar nachträglich gezahlt.

Dieses Werk enthält Hinweise/Links zu externen Websites Dritter, auf deren Inhalt der Verlag keinen Einfluss hat und die der Haftung der jeweiligen Seitenanbieter oder -betreiber unterliegen. Zum Zeitpunkt der Verlinkung wurden die externen Websites auf mögliche Rechtsverstöße überprüft und dabei keine Rechtsverletzung festgestellt. Ohne konkrete Hinweise auf eine solche Rechtsverletzung ist eine permanente inhaltliche Kontrolle der verlinkten Seiten nicht zumutbar. Sollten jedoch Rechtsverletzungen bekannt werden, werden die betroffenen externen Links soweit möglich unverzüglich entfernt.

1. Auflage 2021

Alle Rechte vorbehalten
© W. Kohlhammer GmbH, Stuttgart
Gesamtherstellung: W. Kohlhammer GmbH, Heßbrühlstr. 69, 70565 Stuttgart
produktsicherheit@kohlhammer.de

Print:
ISBN 978-3-17-036837-8

E-Book-Formate:
pdf: ISBN 978-3-17-036838-5
epub: ISBN 978-3-17-036839-2
mobi: ISBN 978-3-17-036840-8

Geleitwort zur Reihe

Die Psychotherapie hat sich in den letzten Jahrzehnten deutlich gewandelt: In den anerkannten Psychotherapieverfahren wurde das Spektrum an Behandlungsansätzen und -methoden extrem erweitert. Diese Methoden sind weitgehend auch empirisch abgesichert und evidenzbasiert. Dazu gibt es erkennbare Tendenzen der Integration von psychotherapeutischen Ansätzen, die sich manchmal ohnehin nicht immer eindeutig einem spezifischen Verfahren zuordnen lassen.

Konsequenz dieser Veränderungen ist, dass es kaum noch möglich ist, die Theorie eines psychotherapeutischen Verfahrens und deren Umsetzung in einem exklusiven Lehrbuch darzustellen. Vielmehr wird es auch den Bedürfnissen von Praktikern und Personen in Aus- und Weiterbildung entsprechen, sich spezifisch und komprimiert Informationen über bestimmte Ansätze und Fragestellungen in der Psychotherapie zu beschaffen. Diesen Bedürfnissen soll die Buchreihe »Psychotherapie kompakt« entgegenkommen.

Die von uns herausgegebene neue Buchreihe verfolgt den Anspruch, einen systematisch angelegten und gleichermaßen klinisch wie empirisch ausgerichteten Überblick über die manchmal kaum noch überschaubare Vielzahl aktueller psychotherapeutischer Techniken und Methoden zu geben. Die Reihe orientiert sich an den wissenschaftlich fundierten Verfahren, also der Psychodynamischen Psychotherapie, der Verhaltenstherapie, der Humanistischen und der Systemischen Therapie, wobei auch Methoden dargestellt werden, die weniger durch ihre empirische, sondern durch ihre klinische Evidenz Verbreitung gefunden haben. Die einzelnen Bände werden, soweit möglich, einer vorgegeben inneren Struktur folgen, die als zentrale Merkmale die Geschichte und Entwicklung des Ansatzes, die Verbindung zu anderen Methoden, die empirische und klinische Evidenz, die Kernelemente von Diagnostik und Therapie sowie Fallbeispiele umfasst. Darüber hinaus möchten wir uns mit verfahrensübergreifenden Querschnittsthemen befassen, die u. a. Fragestellungen der Diagnostik, der verschiedenen Rahmenbedingungen, Settings, der Psychotherapieforschung und der Supervision enthalten.

Nina Heinrichs (Bremen)
Rita Rosner (Eichstätt-Ingolstadt)
Günter H. Seidler (Dossenheim/Heidelberg)
Carsten Spitzer (Rostock)
Rolf-Dieter Stieglitz (Basel)
Bernhard Strauß (Jena)

Die Buchreihe wurde begründet von Harald J. Freyberger, Rita Rosner, Ulrich Schweiger, Günter H. Seidler, Rolf-Dieter Stieglitz und Bernhard Strauß

Geleitwort

Wie jedes Buch, so spiegelt auch dieses die historische Konstellation seines Entstehungszeitpunkts wider. Die Systemische Therapie blickt im Jahr 2021 auf zwei im Rückblick unterscheidbare Entwicklungsphasen zurück. Die erste lässt sich beschreiben als eine ca. 30-jährige Pionierphase bis etwa 1990. Wichtig war ihr die Abweichung vom damaligen psychotherapeutischen Mainstream. Ihr Ergebnis waren sehr vielfältige Innovationen in System- und Erkenntnistheorie, therapeutischer Haltung, Gesprächsführung und Interventions-Methodik. An deren Ende schrieben Arist von Schlippe und ich die erste Version (1996) unseres Lehrbuchs, um all diese bis dahin verstreuten Innovationen zusammenzuführen. Ab da begann eine weitere, bis heute ebenfalls etwa 30 Jahre dauernde Durchsetzungs- und Verankerungsphase. In den Fokus rückten nun die Qualität systemtherapeutischer Weiterbildungen, die empirische Demonstration der Wirksamkeit Systemischer Therapie und das verbands- und berufspolitische Ringen um ihre langfristige, auch institutionelle Verankerung vor allem in der Jugendhilfe und in der Psychotherapie. Die Jahre 2018 bis 2020 markieren (in Deutschland) ihre endgültige Etablierung im Kreis der »mit Brief und Siegel« sozialrechtlich anerkannten und zu finanzierenden Psychotherapieverfahren im Gesundheitswesen. Zu diesem Zeitpunkt schreibt Christina Hunger-Schoppe nun dieses Buch, das wiederum viele Entwicklungen kompakt zusammenführt.

Was der Systemischen Therapie bevorsteht, ist naturgemäß ungewiss. Ganz aktuell ist es der Aufbau neuer Approbationsaus- und (künftig) -weiterbildungen. Als Herausforderung stellt sich dabei, den unglaublichen Mehrwert der bislang berufsgruppenübergreifenden Weiterbildungen mit diesen leider rein berufsständisch zu organisierenden Lehrgängen irgendwie zu verknüpfen. Möglicherweise werden sich nun (allmählich) universitäre Forschung und Lehre in Systemischer Therapie und Beratung intensivieren. Beide sind an den Hochschulen für Angewandte Forschung bereits weiter fortgeschritten. Vorhersagbar scheint mir, dass der Dialog zwischen psychotherapeutischen Schulen »auf Augenhöhe« sich weiter intensivieren wird. Dazu müssen m. E. die humanistischen Therapien als »Vierte im Bunde« noch hinzugeladen werden, nicht nur deren Bestandteile »ausgeschlachtet« werden. Insbesondere hoffe ich, dass auch die zahlreichen wertvollen Beiträge der Systemischen Therapie aus ihrer Frühphase – besonders zu den Mehrpersonensettings der Paar- und Familientherapie und zur Erkenntnistheorie – mitgenutzt werden für die allmähliche Entwicklung einer integrativen Psychotherapie auf systemtheoretischer Grundlage. Der Weg dahin scheint mir noch weit.

Christina Hunger-Schoppe ist eine dynamische, kluge, hellwache Kollegin der »Generation X«. Ich hatte das Glück, zehn Jahre lang mit ihr zusammenzuarbeiten. Sie hat das Feld der Systemischen Therapie in vielen eigenen Zugängen erforscht, sich deren Errungenschaften gedanklich und in ihrer persönlichen Haltung intensiv angeeignet und vermag nun in sehr kompakter Weise dieses Feld synoptisch darzustellen. Ihre vielen eigenen Zugänge und Fähigkeiten spiegeln sich in diesem Buch wider. Als Forscherin hat sie in kontrollierten Studien zu Systemaufstellungen und zur Systemischen Therapie sozialer Ängste deren Wirksamkeit erforscht. Als Entwicklerin von Diagnostica hat sie mit dem Fragebogen zum Erleben in Sozialen System (EXIS), der Burden Assessment Scale (BAS) und der Sozialen Netzwerkdiagnostik (SozNet) Neues geschaffen. Als Therapeutin hat sie sich parallel in Systemischer Therapie und in kognitiver Verhaltenstherapie ausgebildet und auch die Entwicklung in anderen Psychotherapieverfahren sorgsam verfolgt. Ihre Weiterbildungspraxis am Wieslocher Institut für Systemische Lösungen und ihre dortige Zusammenarbeit mit genialen Praktizierenden wie Diana Drexler und Andreas Kannicht sind in diesem Buch vielerorts spürbar. Auch die Überblicke, die sie sich im Herausgebergremium der »Familiendynamik« gemeinsam mit Hans Rudi Fischer, Ulrike Borst und Arist von Schlippe, im Vorstand der Systemischen Gesellschaft und im Wissenschaftlichen Beitrat Psychotherapie fortlaufend über viele aktuelle Facetten der Entwicklung der Systemischen Therapie verschafft, tragen zur hohen Informations-Sättigung dieses Buches bei.

Der Autorin gelingt es, in beeindruckender Vollständigkeit die wichtigsten Wissensbestände der Systemischen Therapie aus den beschriebenen ca. 60 Jahren sehr kompakt und gut verständlich zusammenzufassen und diese Synopsis zugleich mit ihren persönlichen Beiträgen einschließlich einer eigenen Kasuistik anzureichern. Das Buch ist gut lesbar, sogfältig ausgewählte »Leitgedanken« und kursive Textteile ermöglichen auch den schnellen Durchgang durch den Text. Ich glaube es wird insbesondere »Neulingen« in der Systemischen Therapie eine prima Übersichtslandkarte anbieten.

Jochen Schweitzer, Herbst 2020

Inhalt

Geleitwort zur Reihe 5

Geleitwort 7

Vorwort 17

Begriffswahl 23

1 Ursprung und Entwicklung des Verfahrens 25
   1.1 Frühe Modelle: Familientherapie und
       Mehrgenerationenperspektive (ca. 1950–1980) 26
       1.1.1 Unsichtbare Bindungen und Kontenausgleich 26
       1.1.2 Delegation und Bezogene Individuation 27
       1.1.3 Mehrgenerationalität 28
       1.1.4 Selbstwerterleben und Freiheit 28
   1.2 Kybernetik 1. Ordnung: Kommunikation
       (ca. 1960–1980) 29
       1.2.1 Reziprozität 30
       1.2.2 Strukturen und Grenzen 33
       1.2.3 Hierarchien und Macht 34
       1.2.4 (Gegen-)Paradoxon 34
   1.3 Kybernetik 2. Ordnung: Reflexion von
       Wirklichkeitskonstruktionen (ca. 1980–1990) 36
       1.3.1 Metakommunikation und Expertise
            des Nicht-Wissens 37
       1.3.2 Autopoiese 38
       1.3.3 Potential und Lösung 39

	1.3.4 Herrschende und unterdrückte Geschichten	40
1.4	Nachfolgende Modelle: Bindung, größere Systeme und Ordnungen (ab ca. 1990)	40
	1.4.1 Bindung und Emotion	41
	1.4.2 Ökosystemik und größere Systeme	42
	1.4.3 Ordnungen	42

2 Verwandtschaft mit anderen Verfahren — 45

2.1	Historisches	45
2.2	Gemeinsamkeiten	46
	2.2.1 Transdisziplinarität in systemtherapeutischen Ansätzen	46
	2.2.2 Psychologische Ansätze in Systemaufstellungen	48
2.3	Abgrenzungen	49
2.4	Allgemeine Wirkfaktoren	51

3 Wissenschaftliche und therapietheoretische Grundlagen — 55

3.1	Soziale Systeme	55
3.2	Grundprinzipien der Systemischen Therapie	56
	3.2.1 Wahrheit @ Sozial verhandelte Realitäten	56
	3.2.2 Expertentum @ Therapeutische Beziehung auf Augenhöhe	57
	3.2.3 Ursache-Wirkung @ Zirkularität	57
	3.2.4 Steuerbarkeit @ Selbstorganisation	58
	3.2.5 Defizitdenken @ Ressourcendenken	59
	3.2.6 Eigenschaften @ Kontextbezug	59
	3.2.7 Fakten @ Denkkollektive	60
3.3	Synergetik	62
3.4	Soziologie	64
	3.4.1 Systemtheorie	64
	3.4.2 Kontextsensibilität	65
3.5	Anthropologie	67
	3.5.1 Strukturfunktionalismus	68
	3.5.2 Teilnehmende Beobachtung	69

3.6	Philosophie	70
	3.6.1 Radikaler Konstruktivismus und KybernEthik	70
	3.6.2 (Nicht-)Störungsorientierung	73
4	**Kernelemente der Diagnostik**	**75**
4.1	Besonderheiten	75
4.2	Diagnostik und Intervention	76
4.3	Soziale Interaktionsstörungen	77
4.4	Erhebungsverfahren	79
	4.4.1 3-Ebenen-Modell	79
	4.4.2 Fragebogen	81
	4.4.3 Interview und szenische Methoden	85
	4.4.4 Rating	85
5	**Kernelemente der Systemischen Therapie**	**87**
5.1	Transparenz: Reflektierendes Team	87
5.2	Systemtherapeutische Grundhaltung	90
	5.2.1 Vielgerichtete Parteilichkeit (Allparteilichkeit)	90
	5.2.2 Neutralität	91
5.3	Gesprächssteuerung	93
	5.3.1 Fokussieren	93
	5.3.2 Zuhören	93
	5.3.3 Positionieren	94
5.4	Auftragskonstruktion	95
	5.4.1 Leitideen	95
	5.4.2 Telefonischer Erstkontakt	98
	5.4.3 Perspektiven: Anlass, Anliegen, Auftrag, Übereinstimmung	98
5.5	Prozesssteuerung: Bühnenmodell	102
	5.5.1 Hintergrund: Transgenerationalität	102
	5.5.2 Gegenwart: Zirkularität	106
	5.5.3 Lösung: Wunder und Ausnahmen	110
5.6	Experimente: Arbeiten mit Symptomen und Ambivalenzen	115

		5.6.1	Positive Konnotierung	115
		5.6.2	Lösung-Problem-Zirkel	117
		5.6.3	Symptomverschreibung (Paradoxe Intervention)	118
		5.6.4	Externalisierung	120
		5.6.5	Systemaufstellung	122
	5.7	Abschlüsse		125
		5.7.1	Erfolgreicher Abschluss und Nicht-Beginn von Therapien	125
		5.7.2	Abbruch in Therapien	126
		5.7.3	Beendigung im Konsens	127
		5.7.4	Konsolidierung	128
6	**Klinisches Fallbeispiel**			**129**
	6.1	Konstruktion von Aufträgen, Therapiesystem und Hypothesen (Phase 1)		129
	6.2	Systemtherapeutisches Intervenieren (Phase 2)		133
	6.3	Abschied in ein Leben ohne Therapie (Phase 3)		149
	6.4	Konsolidierung und Nachsorge (Phase 4)		141
7	**Hauptanwendungsgebiete**			**143**
	7.1	Indikationen		143
	7.2	Kontraindikationen		145
8	**Settings**			**148**
	8.1	Einzel-, Paar- und Familientherapie		149
		8.1.1	Einzeltherapie	149
		8.1.2	Paar- und Familientherapie	150
		8.1.3	Welches Setting wann mit wem?	152
	8.2	Gruppentherapie		153
	8.3	Aufsuchende Therapie		154
	8.4	Multifamilientherapie		157
	8.5	Co-Therapie		158
9	**Therapeutische Beziehung**			**161**
	9.1	Therapeutisches Bündnis (Allianz)		162

9.2	Kommunikative Beziehungs(!)angebote	163
9.2.1	Beschwichtigungen, Anklagen, Rationalisierungen, Ablenkungen	163
9.2.2	Besuchende, Klagende, Kundige	165

10 Evidenz ... 167
- 10.1 Systemische Forschung ... 167
- 10.2 Evidenzbasierte Medizin ... 170
  - 10.2.1 Mehrere RCT-Studien (Stufe Ia) ... 171
  - 10.2.2 Eine RCT und eine naturalistische Studie (Stufe Ib, II, III) ... 175
  - 10.2.3 Qualitative Studien und Expertenmeinungen (Stufen IV, V) ... 178

11 Ausblick auf Weiterentwicklungen ... 181
- 11.1 Integrative Systemische Therapie ... 181
- 11.2 Systemorientierte Psychotherapie ... 184
- 11.3 Systemtherapeutische Gemeinschaftsleistungen ... 185
  - 11.3.1 Psychiatrische Akutversorgung (SYMPA) ... 186
  - 11.3.2 Bedürfnisangepasste Behandlung (Offener Dialog) ... 187

12 Institutionelle Verankerung ... 190
- 12.1 Deutschland ... 191
  - 12.1.1 Private Institute und Dachverbände ... 191
  - 12.1.2 Universitäten ... 192
  - 12.1.3 Wissenschaftliche und sozialrechtliche Anerkennung ... 192
- 12.2 Europa ... 193
- 12.3 Amerika ... 194
- 12.4 Systemtherapeutische Zeitschriften ... 194

13 Infos zu Aus-, Fort- und Weiterbildung ... 196
- 13.1 Approbation Systemische Therapie ... 196
  - 13.1.1 Rahmenbedingungen bis 2020 ... 197
  - 13.1.2 Rahmenbedingungen ab 2020 ... 197

13.2 Zusatzbezeichnung Systemische Therapie 198
13.3 Weiterbildung Systemische Therapie 199
13.4 Weiterbildung Lehrende Systemische Therapie 199

Literatur 201

Stichwortverzeichnis 215

Vorwort

»Symptome drücken aus, wie es in Beziehungen geht: zu anderen, zur Welt, zu mir!« Dies ist sicherlich nur eine der Quintessenzen der Systemischen Therapie, die mich in meiner ersten Begegnung mit ihr faszinierten. Von früh an erlebte ich mich am kraftvollsten, wenn ich mich mit anderen vernetzt und mit mir selbst gut im Kontakt fühlte, inkl. meiner natürlichen und gesellschaftlichen Umwelt. Den Menschen als genuin soziales Wesen, und damit Gesundheit als Gemeinschaftsleistung zu verstehen, fiel mir stets leichter, als Menschen losgelöst von ihrem sozialen Kontext, und damit Krankheit als individuelle Herausforderung, zu denken. »Symptome verkörpern Sinnkonstruktionen und ›eigen-artige‹ Qualitäten eines sozialen Feldes!« Dies wurde sehr schnell eine weitere Quintessenz, die mich in meinem professionellen Verständnis grundständig beseelte. Es ist bis heute die unbedingte Wertschätzung gegenüber den engagierten Lösungsversuchen von als existenziell erlebten Herausforderungen an bedeutsamen Schwellenphasen im Leben betroffener sozialer Systeme, die mir die Systemische Therapie zu einer Herzensangelegenheit werden ließen. Ihre Grundhaltung ist geprägt von einem fundamentalen Vertrauen in eine demokratische (Psychotherapie-)Kultur, in der Gesundheit als Gemeinschaftsleistung und Störung als die kontextbezogen für den Moment beste Möglichkeit verstanden wird, individuellen sowie kollektiven (Seelen-)Bewegungen eines betroffenen sozialen Systems und seiner konstituierenden Mitglieder Ausdruck zu verleihen. Stets auf Augenhöhe und in mitmenschlicher Verbundenheit ermöglicht sie v. a. durch zirkuläre und mit den Symptomen sich ausprobierenden Interventionen eine (Neu-)Kontextualisierung der sozialen Rollen und Interaktionen der bedeutsamen Systemmitglieder in mehrpersonalen bis Einzelsettings.

Die Anfrage der Herausgebenden dieser Reihe *Psychotherapie kompakt* zu einem fachlich fundierten, praxisnahen sowie evidenzbasierten und damit grundlegenden Überblick zur Systemischen Therapie hat mich daher besonders gefreut. So gibt dieses Buch Einblicke in die Geschichte, Erkenntnistheorie, Kernelemente der Diagnostik, Therapie sowie therapeutischen Beziehung, Anwendungsgebiete und Settings der Systemischen Therapie, veranschaulicht durch ein Fallbeispiel und abgerundet durch Informationen zur Aus- und Weiterbildung sowie ihrer institutionellen Verankerung. Das Buch ist mit großer Begeisterung entstanden und ich hoffe, es begeistert auch die einen oder anderen, die es lesen werden!

Meine Begeisterung für die Systemische Therapie dauert nun seit mehr als zehn Jahren an. Seither fühle ich mich ihr und ihren Akteuren von Grund auf verbunden, sowohl in meinen Forschungen, der Lehre als auch meiner therapeutischen Praxis. Dabei bin ich vielen Menschen begegnet, die die Gestaltung dieses Buchs in hohem Maße mit beeinflusst haben! Insbesondere möchte an dieser Stelle *Jochen Schweitzer-Rothers* nennen, der mich mit der Systemischen Therapie am Universitätsklinikum Heidelberg nicht nur bekannt, sondern vielfach in gemeinsamer Reflexion vertraut machte und der mich alle Jahre sowohl mit fachlichem Input als auch einem wohlwollenden Maß an Freiheit zur Forschung begleitete. Seiner Förderung und Wertschätzung ist es zu verdanken, dass ich zur Wirksamkeit Systemischer Therapie und ihrer Interventionen, und damit zu meiner Herzensangelegenheit, habilitieren konnte. Ein großer Teil dieses Buches wurde in stiller Kommunikation mit ihm geschrieben! Die Forschung brachte mich in Kontakt mit *Diana Drexler* als Inhaberin des Wieslocher Instituts für Systemische Lösungen, die mich eines Tages zu meiner großen Freude fragte, ob ich mir eine Weiterbildung zur Lehrenden in Systemischer Therapie an ihrem Institut vorstellen könnte. Ihrer Offenheit und ihrem unermüdlichen Zuspruch ist es zu verdanken, dass ich sowohl mein erkenntnistheoretisches Wissen als auch meine didaktischen Konzepte zur Vermittlung systemtherapeutischer Inhalte und Methoden grundlegend erweitern konnte. Bis heute bietet sie mir eine reichhaltige Plattform zu Lehrangeboten in Systemischer Therapie, gestaltet für sowohl Berufserfahrene als auch Studierende und Berufseinsteigende. Über sie lernte ich *Andreas Kannicht* kennen, der schließlich mein weiterbildender Lehrtherapeut sowie Supervisor wurde und dem sicherlich der größte Anteil in der Konzeption dieses Buches zukommt. In der Begegnung mit ihm konnte ich das, was ich bereist in meiner grundständigen Weiterbildung als Systemische Therapeutin durch v. a. *Rüdiger Retzlaff, Liz Nicolai* und *Mechthild Reinhardt* erfahren hatte, erkenntnistheoretisch sowie lehrdidaktisch und -praktisch fundamental erweitern. Was zuvor ein fasziniertes Hören und erste Schritte in der Umsetzung systemtherapeutischer Praxis betraf, wurde in den Jahren mit ihm zu einer nochmal verstärkt identitätsstiftenden Erfahrung. Offensichtlich wird dies in der konzeptionellen sowie sprachgebundenen Darstellung v. a. der Grundprinzipien und Kernelemente der Systemischen Therapie. Sie sind dem von *Andreas Kannicht, Rudolf Klein* und *Kordula Richelshagen* am Wieslocher Institut für Systemische Lösungen entwickelten Curriculum zur Vermittlung der Theorien und Methoden entlang der Rahmenrichtlinien zur Weiterbildung Systemische Therapie, wie von den beiden deutschen Dachverbänden der Systemischen Gesellschaft (SG) und Deutschen Gesellschaft für Therapie, Beratung und Familientherapie (DGSF) formuliert, in vielen Teilen entnommen. Daher seien an dieser Stelle zwei Publikationen genannt, die ebenfalls kompakt und fundiert Einblicke in die Systemische Therapie geben. Sie erweitern die genannten Aspekte v. a. in den Kapiteln 3 und 5 um spezifische Inhalte, folgen jedoch einem alternativen Aufbau:

- Kannicht A & Schmid B (2015) *Einführung in systemische Konzept der Selbststeuerung*. Heidelberg: Carl-Auer.
- Klein R & Kannicht A (2011) *Einführung in die Praxis der systemischen Therapie und Beratung*. Heidelberg: Carl-Auer.

Eine kompakte Reihe hat den Vorteil, Bedeutsames überblicksartig darzustellen. Sie impliziert gleichfalls die Notwendigkeit, weiteres Bedeutsames außen vor zu lassen. Daher sei an dieser Stelle auf drei große Lehrbücher sowie das Lexikon Systemischer Therapie, ein Praxislehrbuch und die Reihe Störungsspezifische Systemtherapie für die weiter interessierten Leserinnen und Lesern verwiesen:

Lehrbücher

- Schweitzer J & v. Schlippe A (2016) *Lehrbuch der systemischen Therapie und Beratung II: Das störungsspezifische Wissen* (3. Ed.). Göttingen: V & R.
- v. Schlippe A & Schweitzer J (2016) *Lehrbuch der systemischen Therapie und Beratung I: Das Grundlagenwissen* (3. Ed.). Göttingen: V & R.
- Wirth J & Kleve H (Hrsg.) (2012) *Lexikon des systemischen Arbeitens: Grundbegriffe der systemischen Praxis, Methodik und Theorie.* Heidelberg: Carl-Auer.

Lexikon

- Levold T & Wirsching M (Hrsg.) (2016) *Systemische Therapie und Beratung – das große Lehrbuch.* Heidelberg: Carl-Auer.

Praxislehrbuch

- v. Sydow K & Borst U (Hrsg.) (2018) *Systemische Therapie in der Praxis.* Weinheim: Beltz.

Reihe Störungsspezifische Systemtherapie

- Lieb H (2013) *Störungsspezifische Systemtherapie. Konzepte und Lösungen.* Heidelberg: Carl-Auer.

Abschließend sei betont, dass mit diesem Buch die große Hoffnung verbunden ist, die Systemische Therapie fruchtbar und konsistent in ihren Grundzügen darzustellen. Fruchtbar insofern als es mich freuen würde, wenn für den einen oder anderen Leser etwas Überraschendes und Neues erfahren wird. Konsistent insofern, als es sich um ein kompaktes Buch handelt, welches mit einem Minimum an Grundbegriffen agiert. Das Buch richtet sich an Ärztliche und Psychologische Psychotherapeutinnen und Psychotherapeuten sowie Sozialarbeiterinnen und Sozialarbeiter in Ausbildung und Praxis, Studierende, Wissenschaftlerinnen und Wissenschaftler, und Dozentinnen und Dozenten, sowie jeden darüber hinaus interessierten Leser[1]. Damit es ein im systemtheoretischen Sinne »Super-Buch« wird, braucht es die Möglichkeit, reflexiv über sich nachzudenken, die Leserschaft im Kontakt mit der Autorin einzubeziehen und Kritiken so zu behandeln, wie wir es uns im Diskurs voneinander und mit unseren Mitmenschen wünschen. Insofern freue ich mich über jede kritische Rückmeldung und Anregung zum weiteren Denken und Verändern!

Christina Hunger-Schoppe, im Dezember 2020
E-Mail: Christina.Hunger@mail.de

---

[1] Zugunsten einer lesefreundlichen Darstellung wird an manchen Stellen des Buchs die neutrale bzw. männliche Form verwendet. Diese gilt für alle Geschlechtsformen (weiblich, männlich, divers).

Familie ist das Ein- und Ausatmen
einer zu lebenden Geschichte

Für meinen Ehemann Gunther
und meine Tochter Asmin Lisa Melek

Begriffswahl

> **Betroffenes soziales System, Therapeutensystem, Therapiesystem, Reflektierendes Team**
>
> Die Begriffswahl in der Systemischen Therapie ist manchmal etwas komplex. Daher sei bereits an dieser Stelle auf vier zentrale Begriffe eingegangen. *Betroffene soziale Systeme* bezeichnen Klientensysteme, in der Sprache der Krankenkassen sogenannte Patientinnen und Patienten. Dabei kann ein betroffenes soziales System ein mehrere Mitglieder umfassendes soziales System mit seinen interpersonalen Beziehungen bezeichnen, ebenso wie eine einzelne Person mit ihrer intrapersonalen sozio-psycho-biologischen Systemkonfiguration (▶ Kap. 11.2). Soziale Systeme werden als intimes (Bezugspersonen-) System durch Einschluss aller für die Entwicklung, Aufrechterhaltung und Veränderung einer beschriebenen Symptomatik bedeutsamen Elemente (Mitglieder) definiert (▶ Kap. 3.1). Das *Therapeutensystem* bezeichnet gleichfalls eine einzelne Person ebenso wie ein Team aus mehreren Therapeutinnen und/oder Therapeuten (Co-Therapie). Das *Therapiesystem* verkörpert den interaktionalen Raum, der sich in der Kommunikation von betroffenem sozialem System und Therapeutensystem aufspannt. Unter Berücksichtigung des *Reflektierenden Teams* komplettiert sich der Aufbau eines systemtherapeutischen Settings (▶ Abb. 5.1).

1 Ursprung und Entwicklung des Verfahrens

»*Die Feststellung, dass Patienten Familien haben, ist wie die Feststellung, dass ein krankes Organ Teil eines Menschen ist. Beides scheint zu offensichtlich zu sein, als dass es diskutiert würde, doch wurde lange keine dieser Feststellungen durch medizinische Berufe anerkannt.*«
(Richardson 1945)

Mit diesem Zitat machte Henry B. Richardson als Direktor der Joshia Macy Jr. Foundation in New York, der ersten US-amerikanischen Stiftung zur Aus- und Weiterbildung im Gesundheitswesen, die Bedeutung des familiären Systems in der gesundheitlichen Versorgung deutlich (Richardson 1945). In einer ersten Kooperationsstudie arbeiteten multiprofessionelle Teams mit dem Ziel zusammen, die gesundheitsbezogene Versorgung von Patientinnen und Patienten und ihren Familien als betroffene soziale Systeme zu verbessern. Gesundheit und Krankheit wurde erstmalig explizit als Teil komplexer Wechselwirkungen zwischen einzelnen Menschen und familiären sowie gesellschaftlichen (Sub-)Systemen verstanden. In diese Zeit fallen auch die frühen Modelle der Familientherapie. Sie orientieren sich stark an psychoanalytischen, humanistischen und kognitiv-verhaltensbezogenen Strömungen. Das heutige Verständnis der Systemischen Therapie entwickelte sich etwas später in den 1960/70er Jahren. Die Systemische Therapie grenzte sich dabei zunehmend von der z. T. Teil stark pathologisierenden Haltung der frühen Familientherapeutinnen und -therapeuten ab, öffnete sich verstärkt der Frage der Sinngebung und damit der Funktion spezifischer Interaktionsmuster in betroffenen sozialen Systemen i. S. systemtheoretischer sowie konstruktivistischer Ansätze und kybernetischer Modelle.

1.1 Frühe Modelle: Familientherapie und Mehrgenerationenperspektive (ca. 1950–1980)

> Leitidee: Das Individuum wird ergänzt um seine Familie.

In der ersten Hälfte der 1950er Jahre dominierte in den US-amerikanischen und europäischen Ländern die Psychoanalyse. Jedoch gab es auch immer wieder Personen, denen nicht ausreichend geholfen werden konnte. Erste alternative Veränderungen zeigten sich im Einbezug des Herkunftssystems, um über den bis dato stark individuumszentrierten Ansatz hinaus bedeutsame Unterschied in der Erklärung und Behandlung dysfunktionaler Dynamiken zu setzen.

1.1.1 Unsichtbare Bindungen und Kontenausgleich

Der ungarische Arzt und Psychotherapeut Iván Böszörményi-Nagy (1920–2007) beschäftigte sich zusammen mit Geraldine Spark und Barbara R. Krasner (Böszörményi-Nagy und Krasner 1986; Böszörményi-Nagy und Spark 2015) v. a. mit dem (transgenerationalen) *Konzept der unsichtbaren Bindungen* i. S. familiärer Loyalitäten und dem *Konzept des Kontenausgleich* i. S. eines ausgewogenen Gebens und Nehmens. Unsichtbare Bindungen werden als Beziehungsexistenzialitäten verstanden, in denen es darum geht, wer was für wen bereit ist zu tun. Daraus resultieren sogenannten Beziehungskonten, auf denen (imaginär) verbucht wird, wer wem was gegeben hat und wer wem was schuldet. Ein ausgewogenes Geben und Nehmen, d. h. eine gleichwertige und altersangemessene Verteilung von Verantwortlichkeiten, und damit wiederum Loyalitäten, lässt ein soziales System in Balance bleiben und spricht für dessen salutogenetische Beziehungsgestaltung. Symptome entstehen in der eher unbewussten Weitergabe nicht gelöster familiärer Entwicklungsaufgaben. Wenn das Geben dauerhaft überfordert, Kinder dauerhaft Parentifizierungen unterliegen oder Anerkennung für Geleistetes ausbleibt häufen sich Ungerechtigkeiten, auch über Generationen hinweg, und streben nach Ausgleich und Entschädigung (Emlein 2017).

1.1.2 Delegation und Bezogene Individuation

In enger Auseinandersetzung mit Böszörményi-Nagy und vielen anderen systemtherapeutischen Theoretikerinnen und Theoretikern sowie Praktizierenden entwickelte der deutsche Psychiater und Psychoanalytiker Helm Stierlin (*1926) das Konzept der Delegation und Bezogenen Individuation (Stierlin 1976, 2007). *Delegationen* dienen einerseits der Orientierung und Sinngebung, indem sie Familienmitglieder (transgenerational) über Loyalitätsbande miteinander verbinden (z. B. Lineage, Kinship). Sie können entgleisen, wenn Eltern ihre Lebensziele nicht verwirklichen konnten und ihre Kinder (unbewusst) beauftragen, ihre Lebensziele stellvertretend für sie zu verwirklichen. Dabei zeigen sich *gebunden Delegierte* in einer Dynamik, die dem Leitsatz »Kind, bleib bei uns und versorge uns!« folgt. *Ausgestoßen Delegierte* sind eingebunden in eine Dynamik, die mit dem Leitsatz »Kind, geh hinaus und bewirke, was wir nicht bewirken konnten!« beschrieben wird. Delegationen wirken umso pathologischer, je größer die Diskrepanz ist zwischen den für die Erfüllung der Lebensziele notwendigen und den von der zu erfüllenden Person mitgebrachten Bedürfnissen und Fähigkeiten. Die Verhandlungen von Delegationen und bezogener Individuation stehen dabei in enger Verbindung. Eine erfolgreiche *bezogene Individuation* ermächtigt, das Eigene zu wagen und gleichfalls der Familie verbunden zu bleiben. Bezogenheit sowie Individuation stehen in ausgeglichener Wechselwirkung und beziehen sich auch auf die Familie als Ganzes. Ihre Verhandlung und Ausbalancierung wird an jeder familiären Schwellenphase erneut bedeutsam. Zu unterscheiden sind dabei eine zu starke *Individuation mit*, und damit einhergehend eine zu starke Bezogenheit, von einer zu starken *Individuation gegen* und damit einhergehend eine zu starke Abgrenzung von wichtigen Systemmitgliedern oder einem sozialen System als Ganzem.

1.1.3 Mehrgenerationalität

Um über mehrgenerationale Beziehungen nicht nur sprechen, sondern sie auch visualisieren zu können, entwickelten die irisch-US-amerikanische Psychotherapeutin Monica McGoldrick (*1943) und der US-amerikanische Psychotherapeut Randy Gerson (1950–1994) die *Genogrammarbeit* (McGoldrick et al. 2016) (▶ Kap. 5.5.1). Sie ermöglicht die Darstellung von *Beziehungsmustern über mehrere Generationen* in der Annahme, dass die Bindung an die eigene Familie Menschen ein Leben lang mitbestimmt. Je mehr eine Person über ihre Geschichte weiß, desto mehr Freiheiten gewinnt sie für die Wagnisse ihres Lebens. Die Genogrammarbeit schließt die guten wie auch die weniger guten Gestalten einer Familie ein. Jede Einzelheit einer Familienbiografie gilt als Teil eines vielschichtigen Musters, welches die Identität der Familie als Ganzes und jedes einzelnen Familienmitglieds mitbestimmt. Dabei wird die Vergangenheit zum Prolog. Das Aussperren und die Nicht-Beschäftigung mit der familiären Geschichte bindet Energie im negativen Sinne, kann zu vielfachem Verlusterleben führen und steigert die Wahrscheinlichkeit dysfunktionaler Wiederholungen in der zu gründenden Gegenwartsfamilie. Die Genogrammarbeit dient der Darstellung familiärer Kommunikations- sowie Interaktionsmuster und der Hypothesenbildung darüber, welche Einflüsse an dem Lebensentwurf rund um die aktuelle Problematik beteiligt waren und (noch) sind. Sie dient ebenso der Analyse der Konstellationen, die ein Fortwirken dieser Einflüsse in aktuellen und zukünftigen Lebensentwürfen bedingen.

1.1.4 Selbstwerterleben und Freiheit

Das Streben nach Freiheit ist ebenfalls eines der Kernkonzepte der US-amerikanischen Sozialarbeiterin und Psychoanalytikerin Virginia Satir (1916–1988) (Satir 2018). Sie versteht *Störung* bzw. *Ver-rücktheit* als Hilferuf eines gekränkten Menschen. In Vertretung eines grundlegend humanistischen Menschenbildes, in dem der Mensch von Grund auf gut erscheint, nach Wachstum und einem gesunden *Selbstwert* strebt, war ihr die Ermächtigung von Menschen zur Entfaltung ihres Grundpotenzials und gesteigerter Freiheit ein besonderes Anliegen. Die von ihr beschriebenen *fünf Freiheiten* bilden dabei die Grundlage einer *kongruenten Kommunikation* und stehen im Zentrum ihres Kommunikationsmodells rund um die vier *Beziehungsangebote inkongruenter Kommunikation* zum Schutz des Selbstwerts, wenn dieser als bedroht erlebt wird (▶ Kap. 9.2.1).

Die fünf Freiheiten menschlicher Kommunikation

1. Die Freiheit zu sehen und zu hören, was im Moment wirklich da ist, anstatt das, was sein sollte, gewesen ist oder erst sein wird.
2. Die Freiheit, das auszusprechen, was gefühlt und gedacht wird, und nicht das, was scheinbar erwartet wird.
3. Die Freiheit, zu den eigenen Gefühlen zu stehen, und nicht etwas anderes vorzutäuschen.
4. Die Freiheit, um das zu bitten, was gebraucht wird, anstatt immer auf die Erlaubnis durch andere zu warten.
5. Die Freiheit, in eigener Verantwortung Risiken einzugehen, anstatt immer auf Nummer sicher zu gehen und nichts Neues zu wagen.

1.2 Kybernetik 1. Ordnung: Kommunikation (ca. 1960–1980)

Leitidee: Die Systemische Therapie wird systemischer und direktiver.

Mit der erstmaligen Verwendung des Adjektivs *systemisch* in der deutschsprachigen Zeitschrift der Familiendynamik (Selvini Palazzoli et al. 1977) offenbarte sich der bereits begonnene Paradigmenwechsel. Dass die Arbeit mit der ganzen Familie eine bedeutsame Neuerung darstellte, erschien geklärt. Nun ging es verstärkt um die Verdeutlichung der Teilhabe der Systemmitglieder an der Entstehung, Aufrechterhaltung und Veränderung der beschriebenen Symptomatik. Dazu wurden reziproke Kommunikations- und Interaktionsmuster innerhalb und zwischen Subsystemen (z. B. Eltern, Geschwister) beobachtet und mit direktiven Interventionen zu verbessern versucht. Die Kybernetik 1. Ordnung (Synonym: Beobachtung 1. Ordnung) als Wissenschaft von der Steuerung und Regelung von Maschinen und ihre Analogiebildung auf Verhaltensweisen lebender Organismen in sozialen Systemen galt als handlungsleitend. Ziel war es, Stabilität i. S. des Gleichgewichts innerhalb eines sozialen Systems wiederherzustellen.

1.2.1 Reziprozität

Der österreichische sowie US-amerikanische Kommunikationstheoretiker, Psychotherapeut und Philosoph Paul Watzlawick (1921–2007) veröffentlichte zusammen mit seinen Kollegen des Mental Research Instituts (MRI; Palo Alto, Kalifornien) die Idee, dass es zwar gestörte Beziehungen, jedoch keine gestörten Individuen gibt (Watzlawick et al. 2011). Ähnlich physikalischen Regelkreisläufen kann menschliche Kommunikation als Rückkoppelungskreislauf im Dienste der Stabilisierung des Gleichgewichts eines sozialen Systems verstanden werden. Vorlage zur Analogiebildung ist z. B. das Heizthermostat, welches für einen Ausgleich bei Diskrepanz zwischen einem Ist-Zustand (z. B. 18° Raumtemperatur) und einem Sollzustand (z. B. 22° Raumtemperatur) sorgt (Kypbernetik 1. Ordnung). Vielfach bekannt wurde die Beschreibung des schmollenden Mannes und der nörgelnden Ehefrau, die sich gegenseitig in ihrer Symptomatik hochspielen, je mehr der eine oder die andere das tut, was sie oder er tut, nämlich nörgeln und schmollen. So wird die scheinbare Reaktion *(Wirkung)* einer Interaktion zum Auslöser *(Ursache)* einer weiteren Interaktion innerhalb des sozialen Systems *(Zirkularität)* (▶ Abb. 1.1). Die Interpunktion und damit der Beginn der Beschreibung einer an sich reziproken, d.h. rückgekoppelten Interaktion muss dabei (un-)willkürlich gewählt werden und in jedem Fall ist die Setzung des Beginns der Erzählung auch anders möglich. Diese Grundgedanken sind in den fünf Axiomen menschlicher Kommunikation zusammengefasst (▶ Tab. 1.1). Die Frage danach, wer welche Schuld an der vermeintlichen Misere hat, löst sich auf, denn in reziproken Beziehungen hat niemand allein Schuld und niemandem gehört eine Störung allein (Borst 2017). Soziale Interaktionen brauchen immer mindestens zwei miteinander interagierende Elemente. In betroffenen sozialen Systemen konstruieren alle Systemmitglieder zusammen ein Störungsgeschehen und sind insofern gemeinschaftlich verantwortlich für seine Entstehung sowie Aufrechterhaltung und damit auch handlungsmächtig zur Veränderung.

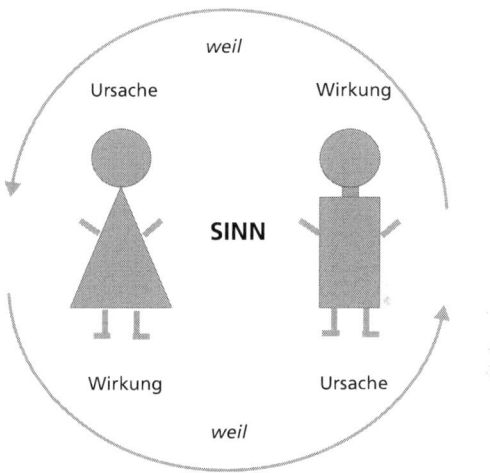

Abb. 1.1: Menschliche Kommunikation als Regelkreislauf (nach Watzlawick et al. 2011)

Tab. 1.1: Fünf Axiome menschlicher Kommunikation (nach Watzlawick et al. 2011)

Axiom	Beschreibung
Man kann nicht *nicht* kommunizieren	Jede (non-)verbale Kommunikation ist Verhalten: so wie es unmöglich erscheint, sich nicht zu verhalten, so erscheint es unmöglich, nicht zu kommunizieren.
Jede Kommunikation hat einen Inhalts- und einen Beziehungsaspekt	Es gibt keine rein informative Kommunikation, denn es braucht mindestens zwei Menschen, die Informationen austauschen, und die Art und Weise, wie sie das tun, macht gleichzeitig deutlich, wie sie in Beziehung zueinanderstehen.
Kommunikation ist immer Ursache und Wirkung	Die Natur einer Beziehung ist durch die Interpunktion der Kommunikationsabläufe bedingt. Um miteinander zu interagieren bedarf es eines Anfangs und eines Endes. Dabei sind der Anfang und das Ende einer Kommunikation willkürlich von beiden Beteiligten zu setzen.
Menschliche Kommunikation bedient sich analoger und digitaler Modalitäten	Das gesprochene Wort enthält digitale Informationen zur Vermittlung von (komplexem) Wissen in Form von Nachrichten (Inhaltsebene), und analoge Informationen zur Vermittlung dessen, wie die beteiligten Personen zueinanderstehen (Beziehungsebene).
Kommunikation ist symmetrisch oder komplementär	Symmetrische Kommunikation beschreibt die Aushandlung eines Gleichgewichts durch Verminderung von Unterschieden gleichstarker Interaktionspartner (spiegelhaftes Verhalten: z. B. A = »Du hast die Küche nicht aufgeräumt!«, B = »Du hast die Socken nicht in den Wäschekorb gelegt!«). Komplementäre Kommunikation beschreibt die Aushandlung eines Gleichgewichts durch Betonung von Unterschieden zwischen einem »inferioren« und einem »superioren« Interaktionspartner (ergänzendes Verhalten: z. B. A = »Immer sagst Du »Ja« zu allem! Kannst Du nicht einmal »Nein« sagen?«, B = »Ja, wenn Du das möchtest!«).

1.2.2 Strukturen und Grenzen

Der argentinische Kinderarzt und Psychiater Salvador Minuchin (1921–2007) beschreibt in seinem familiären Organisationsmodell Störungen als Ausdruck verschobener Strukturen und Grenzen innerhalb eines betroffenen sozialen Systems (z. B. Familie) sowie des es umgebenden sozialen Kontextes (z. B. Gesellschaft) (Minuchin 1972). In seiner Arbeit mit Waisenkindern und benachteiligten Familien in den New Yorker Slums der 1950er Jahre bemerkten er sowie seine Kolleginnen und Kollegen, dass Familien für gelingende Entwicklungsphasen eine passende *Struktur* (Organisation der Interaktionen), d. h. angemessene und durchlässige aber nicht zu flexible *Grenzen* brauchen (Minuchin et al. 1967). Diese Grenzen gilt es nach Innen (inter- und intragenerational) und Außen (kontextbezogen) zu bewahren und für sie einzustehen statt problemerzeugenden *Verstrickungen* Raum zu geben (▶ Kap. 10.2.2). Klare Strukturen und klare Grenzen zwischen Generationen ermöglicht Familien, elternbezogene fürsorgliche Autorität sowie Verantwortungsübernahme und kindbezogene wachstumsfördernde Rechte sowie altersangemessene Pflichten zu leben *(Strukturelle Familientherapie)*. Dabei wird stark handlungsorientiert interveniert, i. S. von »Reden allein reicht nicht aus!«. Die systemische Problemaktualisierung *(Enactment)* nimmt einen zentralen Platz in der Analyse und Veränderung zirkulär sich bedingender familiärer Kommunikations- und Interaktionsmuster ein. Ziel ist die Stärkung der Familie, indem die einzelnen Mitglieder gemeinsam ermächtigt werden, Bedeutsames miteinander zu klären und Lösungen, auch im Kompromiss, zu entwickeln. Wichtig in diesem Ansatz ist die Berücksichtigung des Therapeutensystems als eines zugehörigen und mit dem betroffenen sozialen System und seinen Umwelten interagierenden ebenfalls sozialen Systems. Chronifizierungen von Symptomen werden als Ausdruck einer nicht gelungenen Abstimmung zwischen dem Therapeutensystem und dem betroffenen sozialen System verstanden. Dadurch rückt das Therapeutensystem, das sich so oder so einbringt und damit den Kontext zur (Nicht-)Veränderung mitbedingt, als wichtiges Interventionsinstrument in den Vordergrund.

1.2.3 Hierarchien und Macht

Auch die US-amerikanischen Psychotherapeuten Jay Haley (1923–2007) und Cloé Mandanes (*1940) fokussierten stark auf die therapeutische Beziehung und das Therapeutensystem als wichtige Wirkfaktoren (Haley 1977, 2011; Madanes 2018). In Supervisionen berücksichtigten sie stets die therapeutische Beziehung in der Reflexion von Verstrickungen sowohl innerhalb eines betroffenen sozialen Systems als auch desselben mit seinen sozialen Umwelten. Störungen werden als Ausdruck von (oftmals geheimen) Koalitionen zwischen zwei Parteien mit unterschiedlichem Status verstanden, d.h. einem höherstehenden Systemmitglied (z. B. Mutter, Therapeutensystem) und einem Mitglied niedrigerer Hierarchiestufe (z. B. Sohn, Praktikantin) gegen eine gleichrangige, jedoch ausgeschlossene dritte Partei (z. B. Vater, Reflektierendes Team) *(Perverse Dreiecke)*. Symptome bilden den Kristallisationspunkt eines sozial eingebundenen und bedeutungsvollen Geschehens (z. B. Ersatz des Vaters, Ersatz der Meta-Perspektive). Die systemische Problemaktualisierung *(Enactment)* erlebt hier ihren Höhepunkt. Ebenso greift das Therapeutensystem stark steuernd in das Therapiegeschehen ein. Es nutzt sein Wissen und seine Reflexion über reziproke Interaktionen in dem betroffenen sozialen System, von dem es sich selbst als Teil begreift, um überlegt zu agieren und festzulegen, was wann wie in der Therapie geschehen soll. So können Schlüsselmomente durch Unterbrechungen, Innehalten und deutliches Konnotieren herausgegriffen und zur Analyse gestellt und interventive Eingaben, wie z. B. zwischen den Therapiesitzungen zu erledigende Aufgaben, gemacht werden *(Strategische Familientherapie; Ordeal Therapy)*, die das System verstören und damit für Veränderungen öffnen sollen.

1.2.4 (Gegen-)Paradoxon

Strategisches Denken ist ebenfalls eine Kernkompetenz des Mailänder Teams um die Psychoanalytikerinnen und Psychoanalytiker Mara Selvini Palazzoli (1916–1999), Luigi Boscolo (1932–2015), Gianfranco Cecchin (1932–2004) und Giuliana Prata (Selvini Palazzoli et al. 1975). Sie schließen an die bereits beschriebenen Kommunikations- und Interaktionstheorien ihrer Zeit sowie dem Verständnis eines Therapeutensystems als mit dem betroffenen System interagierend an. Auch für die Mailänder Gruppe besteht das entscheidende soziale System weniger aus einer Ansammlung an Individuen als vielmehr aus einer Einheit von Bedeutungsgebungen, d. h. Kommunikations- und Interaktionsmustern nach bestimmten Regeln. Sehr deutlich wird die Idee der *Störung als einem dritten Element*, welches die Beziehungsqualität der Systemmitglieder anzeigt. Es entwickelt sich über mindestens drei Generationen durch einen *Kampf (Spiel) um die Definition der Beziehung*: z. B. wird die Bestätigung des Partners oder der Partnerin als Schwäche erlebt, da die bestätigende Person ihren eigene Standpunkt dazu aufgegeben muss und somit das Selbstwerterleben existenziell bedroht erscheint; gleichfalls droht die eigene Definition der Beziehung durch den Partner oder der Partnerin abgelehnt zu werden; so wertet sich die Person eher selbst bzw. ihre Definition der Beziehung ab, versucht dem Partner oder der Partnerin dabei zuvorzukommen und damit der drohenden Niederlage sowie existenziellen Bedrohung zu entgehen. Die Einführung eines bedeutsamen therapeutischen Unterschieds wird daher nicht in der negativen, sondern konsequent positiven Konnotation der beschriebenen Symptomatik (▶ Kap. 5.6.1) und ihrer Verschreibung (▶ Kap. 5.6.3) gesehen. Um Verstrickungen beim Joining und im therapeutischen Prozess möglichst früh zu erkennen, arbeiteten die Mailänder im Team zu viert: zwei Therapeuten in Interaktion mit der betroffenen Familie und zwei Therapeuten als Reflektierendes Team (▶ Kap. 5.1) in einem durch eine Doppelglasscheibe mit dem Therapieraum verbundenen Nebenraum. Unterbrechungen des Therapiegeschehens dienten der Einholung von Beobachtungen und Reflexionen durch die beiden Therapeuten bzw. Therapeutinnen im Nebenraum sowie der Vorbereitung von Abschlusskommentaren zur Symptomverschreibung (▶ Kap. 5.6.3).

1.3 Kybernetik 2. Ordnung: Reflexion von Wirklichkeitskonstruktionen (ca. 1980–1990)

> Leitidee: Die Systemische Therapie beginnt, ihre Beobachtungen zu beobachten.

Um der Wehrpflicht in den Jahren des Ersten und Zweiten Weltkriegs zu entgehen, reisten viele Anthropologinnen und Anthropologen zu Forschungszwecken in entlegene Länder wie z. B. Indonesien. Zunehmend machte sich die Sorge breit, inwiefern ihre Interpretationen als Beobachtungen 2. Ordnung mit der z. B. im Ritual verkörperten Bedeutungszuschreibung als Beobachtungen 1. Ordnung übereinstimmten (Bateson 1941; Sullivan 1999). Diese Überlegungen legten einen der Grundsteine für die progressive und intellektuelle Bewegung der Kybernetik 2. Ordnung (Synonym: Beobachtung 2. Ordnung). Sie ist eng verbunden mit dem österreichischen Physiker, Kybernetiker und Philosophen Heinz von Förster (1911–2002), den Fragen der Selbst-Referenz und Selbst-Rückbezüglichkeit Zeit seines Lebens umtrieben. Wenn wir die Kommunikations- und Interaktionsmuster sozialer Systeme untersuchen, dann kommunizieren und interagieren wir stets bereits mit ihnen. Die Idee einer objektiven Realität wird ersetzt durch den Eigenwert rekursiv-denkender Systeme (v. Förster 1948). Es geht zunehmend um das, *wie* etwas in einem sozialen System passiert (Kybernetik 2. Ordnung), und weniger um das, *was* in einem sozialen System passiert (Kybernetik 1. Ordnung), vielmehr also darum, *wie* sich menschliche Kommunikation reziprok regelt und weniger darum, *dass* sie es tut, und dass wir sowohl für das eine als auch das andere Verantwortung übernehmen müssen (v. Förster und Ollrogge 2008).

1.3.1 Metakommunikation und Expertise des Nicht-Wissens

Der angloamerikanische Biologe, Anthropologe und Strukturfunktionalist, Sozialwissenschaftler, Kybernetiker und Philosoph Gregory Bateson (1904–1980) beschäftigte sich schon früh mit Beschreibungen von der Welt, die er gleichzeitig als Interpretation unserer Wahrnehmung (Beobachtungen 1. Ordnung; *Kommunikation*) verstand (Bateson 1941, 1983). In ihrer Übertragung auf das Therapiegeschehen stellen Beschreibungen von Therapeutensystemen über die Welt von betroffenen sozialen Systemen daher Interpretationen von Interpretationen (Beobachtungen 2. Ordnung; *Metakommunikation*) dar. Notwendigerweise stellt sich die Frage, was wir über unser Gegenüber wirklich wissen können (objektive Realität). Wissen erscheint auf der Basis stets individuell interpretierter Wahrnehmungsphänomene stets auch sozial konstruiert (subjektive Realität). Systemischen Therapeutinnen und Therapeuten ist bewusst, dass im Gespräch mit betroffenen sozialen Systemen in ihnen selbst auch eine Wirklichkeit entsteht, die (meist) nicht deckungsgleich ist mit der Wirklichkeit ihres Gegenübers. Es ist ihnen bewusst, dass sie mitverantwortlich sind in der Erschaffung einer mit dem betroffenen sozialen System geteilten Realität. Daher wird der therapeutische Prozess i. S. des Radikalen Konstruktivismus (▶ Kap. 3.6.1) und der Kybernetik 2. Ordnung als eine *Begegnung zweier Expertensysteme* verstanden: das betroffene soziale System als Experte für sein Leben und wie es dieses gestalten möchte; das Therapeutensystem als Experte für den Prozess und die Auswahl geeigneter Frage- sowie Interventionstechniken. Wichtig ist, die therapeutische Expertise *(professionelle Expertise des Nicht-Wissens)* als eine anregende Wirklichkeitskonstruktion zu rahmen, um mit dem betroffenen sozialen System in einen offenen, professionell neugierigen und wertschätzenden Dialog zu kommen. Ziel ist die Einführung eines Unterschieds, der als bedeutsam wahrgenommen wird. Metakommunikation dient der Erfüllung dieses Ziels, indem sie die Aufmerksamkeit aller Beteiligten, inkl. des Therapeutensystems, auf eine höhere Ebene richtet. Dabei ist explizite Metakommunikation (z. B. lautsprachliche Reflexion des aktuellen Beziehungsgeschehens) von impliziter Metakommunikation (z. B. räumlich: Sexualität im elterlichen Schlafzimmer, Spielen mit den Kindern im Wohnzimmer) zu unterscheiden. Die Bedeutsamkeit eines eingeführten Unterschieds misst sich an seiner Relevanz *(Nützlichkeit)* für das betroffene soziale System.

1.3.2 Autopoiese

Lebewesen als Systeme produzieren und reproduzieren sich und ihre Bestandteile (Elemente) über Stoffwechselprozesse selbst. *In der Logik der Selbstorganisation erscheinen sie immer geordneter, je mehr sie sich selbst überlassen werden.* In dieser Feststellung vereinen sich zwei Traditionen des systemischen Denkens: die organismische Biologie mit ihrem Interesse an den biologischen Formen von Lebewesen und die Kybernetik mit ihrem Interesse an der Steuerung von Systemen. Historisch richtungsweisend sind in diesem Zusammenhang die Arbeiten der chilenischen Biologen und Neurowissenschaftler Umberto Maturana (*1928) und Francisco Varela (1946–2001). Sie schlugen die Analogie von den Prozessen des Lebens zu den Prozessen der Kognition, und wechselten den Fokus von der Frage nach dem *Sein*, d. h. der Existenz einer objektiven Realität unabhängig vom Beobachter, zur Frage nach dem *Tun*, d. h. den (bedeutsamen) Unterscheidungen, die Beobachter wahrnehmungsbezogen treffen (Maturana 1985). Auch psychische Systeme können als aus sich selbst heraus bestehend *(Reifung)*, in Rückbezug jeder Operation auf sich selbst *(Selbstreferenz)* und somit als in sich geschlossene Systeme verstanden werden *(Autopoiese)*. Autopoietische Systeme haben klare Grenzen (z. B. Familie), bestehen aus konstitutiven Elementen (z. B. Systemmitglieder, Gedanken, Gefühle, Neurotransmitter), deren Wechselwirkungen die Eigenschaften des Gesamtsystems bestimmen (z. B. unsicher-ängstliches System) und deren Komponenten reziprok aus Komponenten der Einheit selbst oder durch Transformation von externen Elementen durch interne Komponenten hergestellt werden (z. B. der Vater blickt skeptisch auf die Berufswahl seines Sohnes, der Sohn ebenfalls; beide wollen im Guten auch mit Blick auf den Anderen entscheiden, nur haben sie bisher wenig darüber gesprochen, was »gut« für den Anderen bedeutet). Kommunikation in sozialen Systemen dient der Verhaltenskoordination durch *strukturelle Koppelung* der beteiligten Elemente untereinander und mit den sie umgebenden Umwelten. Jede Kommunikation wird als wirksame Handlung verstanden, mit dem Ziel, den Fortbestand eines Systems in seiner Umgebung zu sichern, um so einen Raum zu schaffen, die systemimmanente Welt weiter hervorbringen zu können. Gleichfalls erscheint damit die Unterscheidbarkeit einer objektiven Realität von subjektiver Illusion unlösbar, und auch nicht länger zielführend. Es stellen sich *Zweifel an einer gezielten und planmäßigen Veränderbarkeit von Systemen*. Umso bedeutsamer werden kommunikative Austauschprozesse.

1.3.3 Potential und Lösung

Der US-amerikanische Sozialarbeiter, Musiker und Psychotherapeut Steve de Shazer (1940–2005) und die US-amerikanische Psychotherapeutin Insoo Kim Berg (1934–2007), ein Ehepaar, setzten mit ihrem lösungsorientierten Ansatz (Berg und Steiner 2003, de Shazer und Berg 1994) eine radikale Gegenbewegung zu der historisch lang fokussierten Problemorientierung, die zumeist auf der Hintergrundbühne (▶ Kap. 5.5.1) geführt wurde. Konsequent blickten sie in ihrer therapeutischen Arbeit mit den betroffenen sozialen Systemen in die Zukunft. Leitidee ist, dass die Erzählung einer persönlichen Geschichte auf unseren Geisteszustand wirkt: sprechen wir über Probleme, erzeugen wir Probleme; sprechen wir über *Lösungen*, erzeugen wir Lösungen. Das ist bereits in den Konzepten der neuronalen Plastizität verankert (Hebb 1949). So wird Erzählen positiver Geschichten eine zentrale systemtherapeutische Interventionsmöglichkeit und eröffnet wichtige therapeutische Erfahrungen (▶ Kap. 1.3.4). Um Lösungen zu finden, braucht es keine Ursachenerklärung. Verstehen hilft nur begrenzt: Wer in einem brennenden Haus steht fragt weniger, wie das Feuer entstanden ist, als vielmehr nach dem Fluchtweg. Menschen verfügen bereits über alle Ressourcen, die sie zur Problemlösung brauchen. Oftmals braucht es nur ein genaueres Hinschauen, um sie zu finden, eine Frage zu ihrer Versprachlichung oder eine Erlaubnis zu ihrer Nutzung *(Potentialhypothese)*.

1.3.4 Herrschende und unterdrückte Geschichten

Die Wegbereiter des Narrativen Ansatzes, der australische Sozialarbeiter und Psychotherapeut Michael White (1948–2008) und der neuseeländische Psychotherapeut David Epston (1944), folgten der Grundannahme, dass jede Geschichte *(Narration)* einen Erfahrungsgehalt verkörpert und Erfahrungen durch Geschichten erinnert werden (Bruner 1992). Es ist nicht die Erfahrung an sich, die Menschen prägt, sondern die Erzählung, die sie um eine Erfahrung konstruieren, ein sozialer Prozess, der Aufmerksamkeit von wichtigen Systemmitgliedern binden will (z. B. sexuelle Belästigung). *Wirklichkeit besteht aus miteinander geteilten Geschichten (soziale Realitäten)*, Erzählungen organisieren Beziehungen und damit die Wahrnehmung von scheinbaren Wirklichkeiten. Wie Familienmitglieder miteinander klarkommen ist in hohem Maße davon abhängig, ob die erzählten Geschichten gemeinsam geteilt oder gegenseitig bekämpft werden. Insofern bilden Geschichten systemspezifische interne Erfahrungsmodelle. Die therapeutische Arbeit mit Geschichten ermöglicht, verändernde Erfahrungen zu machen. Es geht darum, aus welchen Geschichten welche familiären Glaubenssätze *(Familiencredo)* entstehen, wie diese Geschichten das eigene und familiäre Leben beherrschen und wo sie stärken sowie schwächen. Professionelle Neugierde und eine unbedingte Haltung des Nicht-Wissens dienen dazu, auch in vertrauten Geschichten Momente zu finden, in denen nicht alles wie erwartet gelaufen ist. Sie können als mögliche Ausgangspunkte für eine alternative (Lösungs-)Erzählung dienen.

1.4 Nachfolgende Modelle: Bindung, größere Systeme und Ordnungen (ab ca. 1990)

Leitidee: Familien werden ergänzt um andere Familien, und die Systemische Therapie wird emotionaler.

Mit den 1990er Jahren erschienen die größten theoretischen Debatten geführt und die Systemische Therapie konsolidiert. Es beginnt eine Zeit einerseits der Rückbezüglichkeit auf Kernannahmen der Psychotherapie, z. b. die Bindungstheorie, und andererseits der Erweiterung systemischer Grundkonzepte, z. B. in der Arbeit mit größeren Systemen wie in der Multifamilientherapie (▶ Kap. 8.4) oder den Systemaufstellungen (▶ Kap. 5.6.5). Es zeichnete sich eine »emotionale Wende« (v. Schlippe und Schweitzer 2016, S. 64) ab, die sowohl das Therapiegeschehen als auch Transferleistungen in den lebenspraktischen Alltag eines betroffenen sozialen Systems betraf.

1.4.1 Bindung und Emotion

Bereits die frühen Modelle der systemischen Therapie beinhalteten psychoanalytisch geprägte Bindungskonzepte (▶ Kap. 1.1). Daran anknüpfend, die *Bindungstheorie* von John Bowlby (1969, 1973, 1980), Konzepte der *Emotionsfokussierten Therapie* nach Leslie Greenberg (Auszra et al. 2016) integrierend und das therapeutische Vorgehen strukturell-strategisch rahmend, entwickelten die US-amerikanischen Psychotherapeuten Guy Dimanond, Lynne Siqueland und Gary Dimanond die *Attachment Based Family Therapy (ABFT)* (Diamond et al. 2003) (▶ Kap. 2.2). Sie arbeitet mit der gesamten Familie, auch wenn v. a. über Jugendliche die Eintrittskarte (ticket to admission) (Goldberg und Bridges 1988) gezogen wird. Im Fokus steht die bewusste Adressierung bindungsrelevanter Themen und emotionaler Zustände, die von den verschiedenen Systemmitgliedern als noch nicht passend gelöst und mitverantwortlich für aktuelle familiäre Konflikte verstanden werden. Zentral erscheint die Erfragung der oftmals diversen intra- und interpersonalen Strategien zur Emotionsregulation (z. B. bindungsorientiere Frage an einen Vater: »Welche Erfahrungen haben Sie in Ihrer Familie im jugendlichen Alter gemacht, wenn sie Distanzierungs- ebenso wie Kontaktwünsche ihnen bedeutsamen Menschen gegenüber gezeigt haben?«; emotionsorientierte Frage an einen Sohn: »Wenn Dein Vaters sich bei trotzigem Verhalten Deinerseits zurückzieht, wie geht es Dir dann? Was fühlst Du? Was würdest Du gerne machen oder ihm sagen?«). Ziel ist die Stärkung eines bezogen-autonomen Selbstverständnisses und daraus resultierender passender Verhaltensweisen jedes Familienmitglieds im Kontakt mit den anderen Mitgliedern des betroffenen sozialen Systems.

1.4.2 Ökosystemik und größere Systeme

Mit dem sich zunehmend wandelnden Verständnis von Familie wurde immer mehr die *moderne Familie als zu kleine Einheit wirksamer Veränderung* gesehen. Zunächst durch den US-amerikanischen Familientherapeuten Peter Laqueur (1972) und später in Europa durch die deutschen Psychotherapeuten Eia Asen (*1946) und Michael Scholz (*1941) entwickelt, machte die Multifamilientherapie (Asen und Scholz 2019) (▶ Kap. 8.4) verstärkt die ökosystemische Eingebundenheit von Familien explizit. Sie basiert auf der Annahme, dass Menschen sich solidarisieren, wenn sie erleben, dass andere mit ähnlichen Hoffnungen, Wünschen und Problemen leben. Probleme, die einen Gegensatz zur wahrgenommenen Norm darstellen, werden oft als scham- und schuldbesetzt erlebt. Die Entwicklung eines Zugehörigkeitsgefühls und die Normalisierung eines für den Fortbestand des sozialen Systems zentralen Themas stabilisieren den Selbstwert des betroffenen sozialen Systems. Die Entwicklung einer gemeinsamen Sprache für das Erlebte, die Spiegelung eigener Sichtweisen und gegenseitige Unterstützung werden als Wirkmechanismen zur Flexibilisierung betroffener sozialer Systeme verstanden. Im therapeutischen Geschehen macht eine Familie den Anfang und bringt sich mit einem Problem ein. Durch Intensivierung der Interaktionen zwischen den Gruppenfamilien, durch Erkennen, Fokussieren und Bearbeiten anknüpfender intra- und interfamiliärerer Prozesse, Subsystembildungen (z. B. Mütter) bis zum Herausnehmen einzelner Individuen wird jedoch nicht nur das eingebrachte Anliegen bearbeitet, sondern profitieren multiple Familien von der Gruppe als einem neue Erfahrungen ermöglichenden Ökosystem.

1.4.3 Ordnungen

Bindung an größere Systeme spielte auch für den deutschen Ordenspriester und Psychoanalytiker Bert Hellinger (1925–2008) eine bedeutsa-

1.4 Nachfolgende Modelle: Bindung, größere Systeme und Ordnungen

me Rolle. In der Auseinandersetzung mit der Frage, warum ein Mensch etwas tut, was einem anderen schadet, und sich (scheinbar) gut dabei fühlt, beschrieb er *Ursprungsordnungen*, die in sozialen Systemen wirken. Sie wurden von dem deutschen Psychoanalytiker und Psychotherapeuten Gunthard Weber (*1940) verschriftlicht (Hellinger 1995) und in ihrer Weiterentwicklung systemisch-konstruktivistisch ebenso wie phänomenologisch gerahmt (Weber et al. 2005). *Zugehörigkeit* wird zum ersten Ordnungsprinzip (Heuristik), um den Fortbestand eines sozialen Systems zu sichern. Das Konzept erscheint eng verbunden mit dem historisch geprägten Bindungsbegriff in den frühen Modellen (▶ Kap. 1.1), erweitert diesen aber deutlich systemisch, in dem nicht nur biologische und legale Familienverständnisse betrachtet werden, sondern auch solche, die an der Entstehung eines Systems beteiligt waren. So machten (verstorbene) Herzensbindungen (vielleicht) Platz für die aktuelle Ehefrau. Ebenso werden Verhältnisse einbezogen, die sich besonders um den Systemerhalt verdient gemacht haben, wie z. B. Pflege- und Adoptivfamilien. Bei Ausschluss bedeutsamer Systemmitglieder entsteht eine Lücke im System, die zumeist von Mitgliedern nachfolgender Generationen versucht wird zu schließen (z. B. wütendes Verhalten einer Tochter gegenüber dem Vater in (un-)bewusster Loyalität zur Mutter, die nicht voll und ganz geliebt wird). *Zeitliche Reihenfolge* wird zum zweiten Ordnungsprinzip und berücksichtigt generationsbezogene Strukturen und Grenzen, ähnlich den strukturell-strategischen Ansätzen der Kybernetik 1. Ordnung (▶ Kap. 1.2). So erscheint z. B. Partnerschaft vor Elternschaft, Eltern vor Kindern, ältere vor jüngeren Geschwistern. Aber auch die inverse Zeitfolge zwischen (Sub-)Systemen ist wichtig, wenn jüngere Systeme Vorrang vor älteren Systemen erhalten, wie z. B. in der Phase einer Familiengründung. *Ausgleich von Geben und Nehmen* wird zum dritten Ordnungsprinzip und erinnert an Konzepte des Kontenausgleichs und der Delegation in den frühen Modellen (▶ Kap. 1.1). Reziprozität und soziale Austauschbeziehungen sichern den Fortbestand eines Systems, mit der Schwierigkeit, dass der Wert der ausgetauschten Güter (z. B. Materielles, Leistungen, Gefühle) sehr unterschiedlich eingeschätzt werden kann. Mehr Geben als Nehmen, ebenso wie mehr Nehmen als Geben, bedingt zwar Bindung, jedoch im Schlechten. Kargheit im Geben und Nehmen bedingt Einsamkeit und Isolation. Hellinger (1995) hat eine Vielzahl weiterer Ordnungen beschrieben. Seine starre Vertretung dieser Ordnungen rief jedoch viele Kontroversen hervor (Haas 2009). Umso bedeutsamer erscheint ihr modernes Verständnis als Heuristiken vs. universelle Gesetzmäßigkeiten (▶ Kap. 5.6.5).

2 Verwandtschaft mit anderen Verfahren

2.1 Historisches

Die Geschichte der Psychotherapie ist bis in die 1950er Jahre v. a. geprägt durch die Psychoanalyse, mit vielfacher Verwandtschaft zur Existentiellen und Humanistischen Psychotherapie (Hunger und Schweitzer 2020). Neben vielen Erfolgen gab es aber auch immer Patientinnen und Patienten, die nicht profitierten. So entwickelten sich ab der zweiten Hälfte des 20. Jahrhunderts mit der Systemischen Therapie und Verhaltenstherapie alternative Psychotherapieverfahren. Während die Verhaltenstherapie sich auf die Forschungsergebnisse der Allgemeinen Psychotherapie, speziell der Lernpsychologie, konzentrierte, widmete sich die Systemische Therapie *familien*dynamischen Prozessen in Abgrenzung und Ergänzung der zuvor im Mittelpunkt psychoanalytischer Arbeit stehenden *psycho*dynamischen Prozessen, in denen auch die Vertreterinnen und Vertreter der frühen Modelle (▶ Kap. 1.1) noch grundständig professionalisiert worden waren. So ergibt sich historisch sinnstiftend die Erweiterung psychoanalytischer Ideen über die Psyche eines Individuums auf die sozial-kollektive Psyche einer Familie als mehrpersonalem sozialen System und unter Einbezug transgenerationaler bis hin zu *gesellschafts*dynamischen Prozessen. Eine stärkere Grenzziehung systemtheoretischer Erkenntnistheorien und Interventionen zu andern Psychotherapieschulen erfolgte erst ab den 1960er und 1980er Jahren, v. a. in den Ansätzen der Kybernetik 1. und 2. Ordnung und der nachfolgenden Modelle (▶ Kap. 1.2, ▶ Kap. 1.3, ▶ Kap. 1.4).

2.2 Gemeinsamkeiten

2.2.1 Transdisziplinarität in systemtherapeutischen Ansätzen

Die Systemische Therapie verkörpert einen transdisziplinären Ansatz und ist seit jeher offen für Einflüsse anderer Psychotherapieverfahren. Insbesondere spiegeln sich Aspekte der psychoanalytischen Bindungstheorie, der Lerntheorie bis hin zu sozial-ökologischen und entwicklungspsychologischen Aspekten in den verschiedenen systemtherapeutischen Ansätzen wider. Im Folgenden seien einige ausgewählte Beispiele zur Verdeutlichung dargestellt. Eine umfassende Übersicht ist bei von Sydow et al. (2007) zu finden.

Die *Attachment Based Family Therapy (ABFT)* (Diamond et al. 2003) integriert Aspekte der Bindungstheorie (Bowlby 1969, 1973, 1980), Emotionsfokussierten Therapie (Auszra et al. 2016) und Kontextuellen Familientherapie (Böszörményi-Nagy et al. 2015) (▶ Kap. 1.1.1). Sie richtet sich an Familien mit Jugendlichen, die unter einer depressiven Störung leiden. Zunächst wird auf die Identifikation und Bearbeitung bindungsrelevanter Familienkonflikte aus Vergangenheit und Gegenwart fokussiert. Aufbauend auf einem verbesserten Bindungsstatus der Familie als Ganzem wird anschließend die Bezogene Individuation (▶ Kap. 1.1.2) des betroffenen sozialen Systems gestärkt. Themen der ABFT umfassen u. a. die Arbeit mit übermäßiger elterlicher Kritik, fehlender Motivation der Jugendlichen, elterlichem Stress, ineffektivem Erziehungsstil, dysfunktionaler Affektregulation und negativem Selbstkonzept spezifischer Familienmitglieder sowie der Familie als Ganzem.

Mehrzählige Beispiele existieren mit Bezügen zu lerntheoretischen und verhaltenstherapeutischen Ansätzen. Die *Behavioral Family Systems Therapy (BFST)* (Robin und Foster 1989) wurde zur Behandlung von Familien mit Jugendlichen, diagnostiziert mit einer Essstörung, entwickelt und wird inzwischen auch bei Diabetes genutzt. Sie fokussiert darauf, (sub-)systemische Verstrickungen und Hierarchieumkehr innerhalb eines betroffenen sozialen Systems zu erkennen und zu verändern. Es wird mit Problemlöse- sowie Kommunikationsfertigkeitstrai-

2.2 Gemeinsamkeiten

nings, Reframings und mit kognitiven Dysfunktionen einzelner Systemmitglieder sowie der Familie als Ganzem gearbeitet. Unrealistische Überzeugungen bzgl. des Essverhaltens sowie fehlgeleiteter Körperwahrnehmungen werden durch kognitive Restrukturierungen bearbeitet. Strategische Interventionen dienen der Modifizierung von Beziehungsmustern. Die *Funktional Family Therapy (FFT)* (Sexton 2009) verbindet systemisch-strukturelle Familientherapie mit behavioristischen Ansätzen. Erneut werden dysfunktionale Kommunikations- und Interaktionsmuster eines betroffenen sozialen Systems insgesamt erarbeitet und verändert. Die FFT geht davon aus, dass jedes Familienmitglied über tief verinnerlichte Erfahrungen verfügt, die sein Verhalten in Beziehung zu anderen Menschen positiv wie auch negativ prägen. Das betroffene soziale System wird dabei unterstützt, soziale Negativität in den familiären Interaktionen zu minimieren und die Kommunikationen positiver sowie funktionaler zu gestalten. Verschiedene Settings (z. B. Klinik, Wohnung) dienen der kontextsensiblen Erprobung sowie Stabilisierung veränderten Verhaltens und Steigerung seiner ökologischen Validität. Die FFT ist einer der ältesten schulenintegrativen Ansätze. Gleichzeitig ist ihre Zuordnung zur Familientherapie in der Systemischen Therapie vs. Verhaltenstherapie am wenigsten eindeutig. Die *Systemic Behavioral Family Therapy (SBFT)* (Brent et al. 1997) ist eine Kombination der FFT und BFST, mit Fokus auf der Identifikation dysfunktionaler Verhaltensmuster analog der FFT in der ersten Therapiephase und Training adaptiver Kommunikations- und Problemlösefähigkeiten analog der BFST in der zweiten Phase.

Ein Beispiel für die Verbindung systemtherapeutischer, verhaltenstherapeutischer und sozial-ökologischer Ansätze verkörpert die *Multisystemic Therapy (MST)* (Henggeler und Borduin 1990, Henggeler und Schoenwald 1998, Henggeler und Swenson 2005). Die Bedingungen der beschriebenen Probleme werden multikausal rekonstruiert und in ihren verschiedenen sozialen Kontexten angegangen. So bezieht sie über den familiären Kontext hinaus soziale Umwelten wie Schule und Peers in den Therapieprozess ein, ganz i. S. des ökosystemischen Ansatzes (Bronfenbrenner 1981), der sozial-ökologischen Theorie (Henggeler et al. 1990) und der sozialen Lerntheorie (Bandura 1977, Rotter 1954). Die MST arbeitet primär systemtherapeutisch und nutzt Elemente der anderen Ansätze zu ihrer Ergänzung. Es handelt sich um ein ambulantes Therapieangebot, welches ähnlich hochfrequent wie die Bedürfnisangepasste Behandlung im Offenen Dialog (▶ Kap. 11.3.2) mit einem 24 Stunden an sieben Tagen in der Woche erreichbaren Therapeutensystem v. a. in der natürlichen Umgebung des betroffenen sozialen Systems und damit ausgesprochen ökologisch valide stattfindet.

Die *Multidimensional Family Therapy (MDFT)* (Liddle 2002) ist ein Beispiel für die Integration systemtherapeutischer, verhaltenstherapeutischer, sozial-ökologischer und entwicklungspsychologischer Ansätze. Störungen werden im Kontext verschiedener Einflussfaktoren verstanden und deren Reduktion in verschiedenen sozialen Kontexten und mit verschiedenen Mechanismen über multiple Pfade angestrebt. Es werden individuelle Faktoren (z. B. Kognition, Emotionsregulation; Geschwister-, Eltern-Kind-, Paar-Beziehung, elterliches Erziehungsverhalten; psychosoziale Belastung), innerfamiliäre Beziehungsqualitäten (z. B. emotionale Unverbundenheit) und bedeutsame außerfamiliäre soziale Kontexte (z. B. Schule, Arbeitsplatz, Peers, Strafbehörden) einbezogen. Nach Exploration der Symptomatik werden neue Kommunikations- sowie Problemlösefähigkeiten und Ausdrucksmöglichkeiten für emotionale Erfahrungen im direkten Kontakt mit wichtigen Systemmitgliedern zur Reduktion sozialer Negativität und Verbesserung der Beziehungsqualität vermittelt. In vier Modulen werden die Jugendlichen, Eltern, familiäre Interaktionen und extrafamiliäre Beziehungen adressiert und über die Therapie hinweg zu einem größeren Ganzen der beschriebenen Symptomatik und ihrer Lösungsmöglichkeiten integriert.

2.2.2 Psychologische Ansätze in Systemaufstellungen

Die *Systemaufstellungen* (▶ Kap. 5.6.5) sind ein gutes Beispiel für die Verflechtung klassischer psychologischer Theorien in systemtherapeutischen Interventionen. Die vier Dimensionen Zugehörigkeit, Bezogene Individuation, Einklang und Zuversicht des Fragebogens zum Erleben in sozialen Systemen (EXIS) (Hunger et al. 2017), der v. a. der Evaluation von Systemaufstellungen dient (▶ Kap. 10.2.2), basieren auf Grundsätzen (Sparrer und Varga v. Kibéd 2008) sowie Ordnungsprinzipien (Schneider 2006; Weber 1993) (▶ Kap. 1.4.3) von Systemaufstellungen und finden sich in Erfahrungsberichten von Aufstellungsteilnehmenden besonders salient (Rogers 2010, Schneider 2006, Sparrer 2006) (▶ Kap. 10.2.3). Zugehörigkeit und Bezogene Individuation (▶ Kap. 1.1.2) verkörpern die beiden ersten und wichtigsten Prinzipien, die in sozialen Systemen wirken. In ähnlicher Weise werden Zugehörigkeit und Bezogene Individuation in der Psychologie als zwei fundamental menschliche, kognitive, emotionale und verhaltensbezogene Motivationen beschrieben. Als übergeordnetes Metaprinzip in Systemaufstellungen gilt, dass Neues nur Erfolg haben kann, wenn das, was ist bzw. sich nicht ändern lässt, auf intra- wie interpersoneller Ebene akzeptiert wird. Dieses Metaprinzip wird gegenwartsgerichtet im Erleben von Einklang und zukunftsbezogen im Erleben von Zuversicht in sozialen Systemen beschrieben. Einklang gilt in der Psychologie als ein Zustand, in dem sich die Interessen von Personen so zueinander verhalten, dass sie i. S. von Selbstakzeptanz und Akzeptanz anderer nicht widersprüchlich einander gegenüberstehen. Zuversicht ist ähnlich dem Zukunftsvertrauen, Zukunftsglauben und der Zukunftsperspektive das feste Vertrauen auf eine gute zukünftige Entwicklung.

2.3 Abgrenzungen

Im Unterschied zu den anderen Psychotherapieverfahren verlangt die Systemische Therapie einen *Paradigmenwechsel:* vom individuumszentrierten Ansatz hin zu einem systembezogenen Ansatz und vom kindzentrierten Modell (v. a. Kinder- und Jugendhilfe, -psychiatrie und -psychotherapie) sowie erwachsenenzentrierten Ansatz (v. a. Verhaltenstherapie, Tiefenpsychologisch fundierte Psychotherapie und Psychoanalytische Psychotherapie) hin zu einem Therapierational, in dem alle wichtigen Akteurinnen und Akteure in ihrer Beteiligung an der Entwicklung, Aufrechterhaltung und Veränderung einer Störung innerhalb eines betroffenen sozialen Systems gleicher Maßen wertgeschätzt und als Expertinnen und Experten ihrer Lebensgestaltung mit gleichen Rechten und Pflichten in den Therapieprozess einbezogen werden. Dabei wird schon jetzt klar: *Systemische Therapie ist mehr als nur ein Treffen mehrerer Personen*: es braucht eine spezifische Erkenntnistheorie (► Kap. 1, ► Kap. 3), Diagnostik (► Kap. 4), therapeutische Haltung, Beziehungsarbeit, Interventions- und Settinggestaltung (► Kap. 5, ► Kap. 8, ► Kap. 9, ► Kap. 11). Insofern ist die Systemische Therapie von der Vielzahl paar- und familientherapeutischer Ansätze abzugrenzen, die zwar ebenfalls im Mehrpersonensetting, jedoch nicht systemtherapeutisch arbeiten, wie z. B. die Cognitive Behavioral Couple Therapy (CBCT) (Epstein und Zheng 2017). Darüber hinaus wurden bereits originär systemtherapeutische Interventionen, wie z. B. die Symptomverschreibung (► Kap. 5.6.3) im Verhaltenstherapiemanual (Hand 2011), von anderen Psychotherapieverfahren integriert, jedoch ohne Bezugnahme zur systemtherapeutischen Erkenntnistheorie. Die Positive Konnotierung (► Kap. 5.6.1) erscheint technisch der kognitiv-verhaltenstherapeutischen Umstrukturierung verwandt, jedoch ist die systemtherapeutische Haltung (► Kap. 9) fundamental verschieden. Einen Überblick wesentlicher Merkmale der Störungstheorie und Therapieziele der Systemischen Therapie in Abgrenzung zu anderen Psychotherapieverfahren gibt Tab. 2.1 (► Tab. 2.1).

Tab. 2.1: Wesentliche Merkmale psychotherapeutischer Grundorientierungen (modifiziert nach Strauß 2021)

Störungstheorie	
Systemische Therapie	Störungen als Ausdruck dysfunktionaler Kommunikations- und Interaktionsstrukturen sozialer Systeme, Delegation, Unterbrechung bezogener Individuation, Verstrickung, Triangulation
Tiefenpsychologisch fundierte Psychotherapie & Psychoanalytische Psychotherapie	Frühkindliche Triebkonflikte, Verdrängungsprozesse, internalisierte (maladaptive) Beziehungsmuster, Entwicklungsdefizite, Konflikt-, Struktur- und Traumapathologie
Verhaltenstherapie	Dysfunktionale Lerngeschichte in der Person-Umwelt-Interaktion: Klassische und Operante Konditionierung, Soziales Lernen

Tab. 2.1: Wesentliche Merkmale psychotherapeutischer Grundorientierungen (modifiziert nach Strauß 2021) – Fortsetzung

Störungstheorie	
Humanistische Psychotherapie	Blockierte Selbstaktualisierungstendenz und Diskrepanz zwischen realem und idealem Selbst, Inkongruenz

Therapieziele	
Systemische Therapie	Aufdecken dysfunktionaler und Entwicklung funktionaler Kommunikations- sowie Interaktionsmuster sozialer Systeme in Interaktion mit ihren sozialen Umwelten als auch in sich selbst
Tiefenpsychologisch fundierte Psychotherapie & Psychoanalytische Psychotherapie	Aufarbeitung unbewusster Konflikte, Erkennen unbewusster Motive (Einsicht), Identifikation und Aufhebung von Entwicklungsdefiziten
Verhaltenstherapie	Wiederherstellung der Verhaltens- u. Erlebenskompetenz, Veränderung der Selbstkontrolle
Humanistische Psychotherapie	Entwicklung der dem Organismus innwohnenden Tendenz zur Entfaltung seiner Möglichkeiten

2.4 Allgemeine Wirkfaktoren

Das *Medizinische Modell* (▶ Kap. 10.2) psychischer Störungen beschreibt ein stark störungsspezifisches Vorgehen und fokussiert in seiner Wirksamkeitsmessung v. a. auf die Überlegenheit eines Psychotherapieverfahrens oder einer psychotherapeutischen Methode. Die Erkenntnis, dass psychotherapeutische Angebote stets unter bestimmten sozialen und kulturellen Rahmenbedingungen erfolgen, wird, wenn überhaupt, nur marginal reflektiert: Technik wird vor Kontext gesetzt (Borst 2019). Das Medizinische Modell begünstigt Abgrenzungen bis z. T. fundamental anmutende Grabenkämpfe zwischen Psychotherapieverfahren und -methoden. Im Gegensatz dazu beschreibt das *Kontextuelle Modell* psychischer Störungen (Wampold und Imel 2015) störungsrelevante allgemeine Wirkfaktoren (Common Factors). Sie basieren auf einer umfassenden Zusammenschau aus Meta-Analysen und erklären mit ca. 30 % mehr Varianz im Therapieergebnis als spezifische Wirkfaktoren mit ca. 15 % (Lambert 2013). Auch zeigen sich deutlich größere Effektstärken für die im Kontextuellen Modell berücksichtigten Faktoren (▶ Tab. 2.2). Dabei ist anzumerken, dass die klassische Definition des therapeutischen Bündnisses (Allianz) (Bordin 1979) ebenso auf die Systemische Therapie zutrifft, wenn sie als positive emotionale, vertrauensvolle Beziehung *(bond)* zwischen dem betroffenen sozialen System und dem Therapeutensystem in Bezug auf Aufgaben *(tasks)* und Ziele *(goals)* formuliert wird. Sie erweitert diese jedoch um die Vielfältigkeit therapeutischer Allianzen im Mehrpersonensetting (Friedlander et al. 2011) (▶ Kap. 9.1). Sowohl spezifische *als auch* allgemeine Wirkfaktoren bedingen gemeinsam positive Therapieergebnisse. Die Frage ist daher nicht, ob eher spezifische Techniken oder allgemeine Wirkfaktoren therapeutische Veränderungen bewirken, sondern *wie* sie im Veränderungsprozess mit weiteren Merkmalen des Therapiesystems (z. B. Ressourcen, Beziehungsverhalten, Setting) interagieren.

Die Systemische Therapie schließt an das Kontextuelle Modell und die Berücksichtigung allgemeiner Wirkfaktoren v. a. in der Theorie komplexer dynamischer und sich selbst organisierender Systeme *(Synergetik)* an (Haken und Schiepek 2005) (▶ Kap. 3.3). Sie macht deutlich, wie Veränderung in der Systemischen Therapie ebenso wie in anderen Psychotherapieverfahren angeregt wird: durch Erzeugung von *Instabilität (Fluktuationsverstärkung)* im Rahmen einer *Sicheren Basis (Metastabilität)*. Fluktuationsverstärkung beschreibt die verstärkende Destabilisierung bestehender Kognitions-, Emotions- und Verhaltensmuster. Es geht um Verstärkung, da die Ahnung, etwas am Lebenskonzept ändern zu wollen, betroffene soziale Systeme in Therapie bringt und die Destabilisierung somit schon vor Aufsuchen der Therapie stattgefunden hat (▶ Kap. 5.4.2). Der Erzeugung von Instabilitäten zur Fluktuationsverstärkung dienen v. a. Experimente im Rahmen systemtherapeutischer Interventionen (▶ Kap. 5.6). Metastabilität gründet in einer guten sowie sicheren therapeutischen Beziehung und bildet die Voraussetzung jeder

Tab. 2.2: Effektstärken therapeutischer Faktoren (modifiziert nach Wampold et al. 2015)

Kontextuelle Wirkfaktoren		Spezifische Wirkfaktoren	
Zielkonsensus	0.72	Unterschiede in den Verfahren	<0.20
Empathie	0.63	Kompetenz für eine störungsspezifische Therapie	0.14
Therapeutisches Bündnis (Allianz)	0.57	Adhärenz	0.04
Wertschätzung	0.56	Spezifische Techniken	0.01
Person des Psychotherapeuten in nicht-klinischen Studien	0.55		
Kongruenz	0.49		
Person des Psychotherapeuten in randomisiert kontrollierten Studien	0.35		
Kulturelle Anpassung der Therapie	0.32		
Erwartungen	0.24		

therapieprozessorientierten Fluktuationsmodifikation. Der Erzeugung von Metastabilität dienen das Joining, eine unbedingte Wertschätzung sowie Empathie, Ressourcen- sowie Lösungsorientierung, affektive und äußere Rahmung (z. B. Zeit, Raum, Kontrakt) (Borst 2019). Im Gegensatz zu Phasenmodellen, die der Eigendynamik menschlicher Entwicklungsprozesse eine normative Schrittfolge unterstellen (Howard et al. 1993, Stulz und Lutz 2007), lassen sich Generische Prinzipien als Bedingungen zur Gestaltung selbstorganisierender Entwicklungen in komplexen dynamischen Systemen beschreiben. Sie spielen in Therapien permanent eine Rolle, erhalten jedoch in unterschiedlichen Phasen unterschiedliche Bedeutung (▶ Tab. 2.3).

Tab. 2.3: Generische Prinzipien (Borst 2020)

Generisches Prinzip	Operation des Therapeutensystems	Leitfragen
Metastabilisierung	Affektlogische Rahmung	Wird der Therapieprozess als sicher erlebt? Wer kann dazu beitragen?
Identifikation von Mustern	Beobachtung und Beschreibung von Problemen und Lösungen	Welche Kognitions-Emotions-Verhaltens-Muster sind neu zu organisieren bzw. stabilisieren?
Sinnbezug	Erfassen von Bedeutungen, Verdeutlichen biografischer Kontinuität und Entwicklung	Ist der angestrebte Veränderungsprozess mit zentralen Lebenskonzepten kompatibel, d. h. ein attraktives Ziel?
Energetisierung	Förderung von Neugier, Intensivierung von Emotionen, Verstörung bestehender Muster	Welche motivationsfördernden und Muster unterbrechenden Bedingungen gibt es?
Destabilisierung & Fluktuationsverstärkung	Bahnung verändernder Erfahrungen, Erweiterung des Möglichkeitsraums	Welche Inkongruenzen werden erlebt und wie können sie behoben werden?
Resonanz, Synchronisation	Affektlogische Abstimmung	Wie lassen sich Momente (Kairos) nutzen, um problematische Muster in Lösungsmuster zu verändern?
Symmetriebrechung	Förderung von Entscheidungsprozessen, Unterstützung der Realisierung neuer Ordnungszustände	Welche Elemente können den Übergang in einen neuen Ordnungszustand rahmen?
Re-Stabilisierung	(Wieder-)Herstellung von Sinnbezug	Wie kann Schutz und Struktur in der neuen Ordnungsstruktur geschaffen werden?

3 Wissenschaftliche und therapietheoretische Grundlagen

3.1 Soziale Systeme

Ein System beschreibt in seiner ursprünglichen, aus dem Altgriechisch stammenden Wortbedeutung ein aus mehreren Einzelteilen zusammengesetztes Ganzes, in dem die einzelnen Elemente reziprok in Verbindung stehen und das sich in seiner Charakteristik von den umgebenden Systemen unterscheidet (Schweitzer und Hunger 2020). In der Systemischen Therapie wurden historisch zumeist Familien anhand biologischer oder legaler Verwandtschaftsverhältnisse (Kannegießer und Rotax 2016) als soziale Systeme definiert. Dabei variieren die Beschreibungen dessen, was als Familie zu verstehen ist, je nach wissenschaftlicher Disziplin (Cierpka 2008, 2012). Systemische Therapeuten und Therapeutinnen definieren die Familie als intimes Beziehungssystem, welches einem gemeinschaftlichen Lebensvollzug folgt und als soziales System durch Kriterien der Abgrenzung, Privatheit, Dauerhaftigkeit, Nähe und Emotionalität von anderen sozialen Systemen unterschieden werden kann (Schneewind 1999). Eine solche Definition ist offener für auch alternative Familienkonstellationen bis hin zu erweiterten sozialen Bezugssystemen (Holland und Crowley 2013) und berücksichtigt die Vielfältigkeit interpersonaler Zusammensetzungen dyadischer und triadischer Beziehungen innerhalb eines sozialen Systems (*ich-du*; z. B. Vater-Kind, Geschwister; Vorgesetzter-Mitarbeiter, Kollegen), aus der Meta-Perspektive auf das soziale System (*wir*; z. B. Familie; Team) und eines Systemmitglieds innerhalb des sozialen Systems (*ich-innerhalb-des-Systems*) (▶ Kap. 4.4.1).

3.2 Grundprinzipien der Systemischen Therapie

Grundprinzipien der Systemischen Therapie wurden historisch vielfach als Antagonisten und in Abgrenzung zu erkenntnistheoretischen Annahmen anderer Psychotherapieverfahren formuliert. Im modernen Verständnis verkörpern sie jedoch eher sich ergänzende (@) Wirklichkeitskonstruktionen (Kannicht und Schmid 2015, Klein und Kannicht 2011, Schweitzer und v. Schlippe 2016, v. Schlippe et al. 2016).

3.2.1 Wahrheit @ Sozial verhandelte Realitäten

Der Radikale Konstruktivismus (v. Förster 1997, v. Förster et al. 2008) (▶ Kap. 3.6.1) und die Systemtheorie (Luhmann 1984, 2017) (▶ Kap. 3.5.1) bilden die erkenntnistheoretischen Grundlagen der Systemischen Therapie. Aus einer Fülle möglicher Erklärungen wählt das menschliche Gehirn im Dienste der Komplexitätsreduktion einige wenige Erklärungen aus (Wahr-Nehmungen). Gleichfalls bestimmen wir (unbewusst) mit, wie wir auf Anregungen unserer Umwelt reagieren (Wahr-Gebungen). Die uns umgebenden sozialen Systeme reagieren ebenso reziprok auf ihre Art und Weise und rückgekoppelt auf die von uns gezeigte Reaktion. In diesem Verständnis zwischenmenschlicher Interaktion eröffnet sich ein mehrperspektivischer Blick auf die Konstruktion geteilter und über Kommunikation sozial verhandelter Realitäten (KybernEthik) (▶ Kap. 3.6.1). Sinngebung wird zum Bindeglied des interaktiven Geschehens, denn erst wenn das Gegenüber die von der anderen Person gesendeten Mitteilungen als sinnhaft und damit nützlich enkodiert, entsteht eine sozial erlebbare Begegnung. Um Sinn zu stiften braucht es immer zwei Sinnelemente innerhalb eines sozialen Systems. Insofern ist Sinn nur systemisch zu haben (Emlein 2010), und das gilt auch für das sich zwischen einem betroffenen sozialen System und dem Therapeutensystem entwickelnde Therapiegeschehen.

3.2.2 Expertentum @ Therapeutische Beziehung auf Augenhöhe

Die Systemische Therapie versteht den therapeutischen Prozess i. S. des Radikalen Konstruktivismus (v. Förster 1997, v. Förster et al. 2008) (▶ Kap. 3.6.1) und der Kybernetik 2. Ordnung (Bateson 1941, 1983) (▶ Kap. 1.3.1) als eine Begegnung zweier Expertensysteme: das betroffene soziale System als Experte für sein Leben und wie es dieses gestalten möchte; das Therapeutensystem als Experte für den Prozess und die Auswahl geeigneter Frage- sowie Interventionstechniken. Betroffene soziale Systeme tragen die Verantwortung, Anregungen und Interventionen nur dann zu folgen, wenn sie für sie selbst in ihrem Leben zumindest angenommen einen Mehrwert beinhalten (Sinnhaftigkeit, Nützlichkeit). Therapeutinnen und Therapeuten tragen die Verantwortung für das Navigieren im therapeutischen Prozess und damit für die Gestaltung eines sicheren und geschützten Raums, den Aufbau einer tragfähigen und belastbaren therapeutischen Beziehung und für die Choreographie der eingebrachten systemtherapeutischen Methoden.

3.2.3 Ursache-Wirkung @ Zirkularität

Ursache-Wirkung-Zusammenhänge wie z. B. »Er trinkt, weil er seinen Vater nachahmt« oder »Er trinkt, weil er sich mehr Nähe zu seinem Sohn wünscht« beschreiben lineare Interaktionen im Dienste der Komplexitätsreduktion. Ein zirkuläres Wirklichkeitsverständnis (Reziprozität) (Watzlawick et al. 2011) (▶ Kap. 1.2.1) wie z. B. »Das Trinken des Einen ermöglicht die Nähe zum Anderen, und umgekehrt« erweitert oftmals zu eng fokussierte Wahrnehmungen. Zirkuläre Fragen und Arbeiten auf der Gegenwartsbühne (▶ Kap. 5.5.2) dienen einem besseren Verständnis der sich wechselseitig bedingenden Kommunikations- und Interaktionsmuster. Dazu bedarf es der Beschreibung dessen, was erlebt wurde, und diese muss an einem bestimmten Punkt beginnen, so wie sie an einem anderen Punkt endet. Was als Beginn (Ursache) und als Folge (Wirkung) beschrieben wird, ist dabei Ergebnis (un-)willkürlicher, jedoch oft interessengeleiteter Interpunktionen (▶ Kap. 1.2.1). So mag es einfacher erscheinen, die Geschichte mit einer Anschuldigung des Partners oder der Partnerin zu beginnen wie z. B. »Du lässt immer Deine dreckige Wäsche im Schlafzimmer liegen!«, anstelle eine Veränderungsmotivation bei sich selbst wahrzunehmen wie z. B. »Ich möchte gesehen werden und sehe dabei nicht, dass Du die Zeit, in der Du nicht auf Deine Socken schaust, nutzt, um mir an anderer Stelle eine Freude zu bereiten!«.

3.2.4 Steuerbarkeit @ Selbstorganisation

Lebende Systeme werden als komplex, offen, adaptiv und informationsverarbeitend sowie aus sich selbst referierend (Eigendynamik) und sich selbst organisierend verstanden (Autopoiese, Synergetik) (Haken 2011; Maturana 1985) (▶ Kap. 1.3.2, ▶ Kap. 3.3). Soziale Systeme bestehen aus verschiedenen Elementen, die kontextabhängig miteinander und mit ihrer Umwelt interagieren. Jedes Lebewesen entschlüsselt Impulse aus seiner Umgebung auf seine Weise, wodurch ein betroffenes soziales System zu einem gegebenen Zeitpunkt mit einer gegebenen Elementekonfiguration offen für Veränderungsimpulse (Interventionen) erscheint und zu einem anderen Zeitpunkt bei der gleichen Intervention nicht mitgehen kann. Kommunikation wird zu einem fragilen Unterfangen, v. a. wenn es um sinnstiftende Kommunikation geht (Luhmann 1984, 2017) (▶ Kap. 3.5.1), die nun eher unwahrscheinlich erscheint und doch so oft funktioniert. Auch stellen sich Zweifel an einer gezielten und planmäßigen Veränderbarkeit sozialer Systeme ein. Die Systemische Therapie löst diese Herausforderung v. a. durch ihre Haltung in der Begegnung mit den sie aufsuchenden betroffenen sozialen Systemen (▶ Kap. 9). Dabei ist es v. a. vorwiegend eine echte und professionelle Neugierde, die Therapeutensystemen erlaubt, statt enttäuscht zu reagieren, wenn betroffene soziale Systeme nicht das machen, was von ihnen erwartet wird, umso mehr dem nachzugehen, was das betroffene soziale System zu den unerwarteten Handlungen bewegt haben könnte.

3.2.5 Defizitdenken @ Ressourcendenken

Pathogenetische Lösungsversuche weisen auf noch nicht entdeckte oder genutzte Ressourcen eines betroffenen sozialen Systems hin. Dabei geht häufig der Blick auf die (noch) verborgenen Kräfte und alternativen Fähigkeiten verloren, wenn Menschen von ihren Problemen erzählen. Jedoch stärkt der Blick auf die Fähigkeiten, Fertigkeiten und Kompetenzen eines betroffenen sozialen Systems, und reziprok des Therapeutensystems, die Selbstwirksamkeit aller Beteiligten im Therapiegeschehen. Die Systemische Therapie versteht betroffene soziale Systeme in ihrem Ausdruck einer spezifischen Symptomatik als grundständig kompetent und alle Ressourcen für eine gelingende Problemlösung in sich tragend: oftmals braucht es nur ein genaueres Hinschauen, um ein Samenkorn zur Initiierung einer erfolgreichen therapeutischen Veränderung zu finden, eine Frage, um es zu versprachlichen oder eine Erlaubnis, um es zu nutzen (Potentialhypothese) (Berg et al. 2003, de Shazer et al. 1994) (▶ Kap. 1.3.3). Dabei ist ein die Problematik übersteigender Blick auf potenzielle Wirklichkeitskonstruktionen in der Zukunft vielfach hilfreich (▶ Kap. 5.5.3).

3.2.6 Eigenschaften @ Kontextbezug

Die Psychologie interessierte sich historisch v. a. für die Erforschung von Eigenschaften (Charakter, Traits) und weniger für die Umwelten (Situationen, Kontexte). Eigenschaften werden als relativ stabile Dispositionen zu bestimmtem Verhalten verstanden. Ein spezifisches Verhalten zeigt sich jedoch (wahrscheinlich) niemals in allen Situationen gleich *(Konsistenzproblem)*. Um eine Eigenschaft zu konstruieren braucht es die Abstraktion vom konkret Beobachtbaren als Indikator für das nicht Offensichtliche, die Eigenschaft, und damit eine allgemeinere Beschreibung. Globale Beschreibungen bedingen jedoch Übergeneralisierungen und verhindern, Variationen im Verhalten zu erkennen. Variable Sachverhalte (Verhalten) werden zu statischen Objekten (Charaktere), zu Verdinglichungen, die sich kommunikativ in Beschreibungen äußern wie z. B. »Er *ist* (immer) aggressiv!« vs. »Er *verhält* sich (in bestimmten

Situationen) aggressiv (und in anderen Situationen nicht)!«. Die Systemische Therapie achtet gegenteilig darauf, statische Zuschreibungen kontextbezogen zu diskriminieren und flexibilisieren. Das Prädikat einer Beschreibung gilt nicht länger als dem Subjekt inhärent, sondern als die Funktion einer Beziehung anzeigend *(Verflüssigung)*: die Tochter *ist* nicht magersüchtig, sie *zeigt* Magersucht indizierendes Verhalten, und tut dies in einer bestimmbaren Anzahl sozialer Situationen, jedoch nicht immer und überall. So eröffnen sich vielfältige Handlungsmöglichkeiten, wenn deutlich wird, dass ein bestimmtes Verhalten eines betroffenen sozialen Systems in einer anderen Situation ganz anders ausfallen könnte oder sich bereits im Therapiegeschehen anders als im Alltag zeigt. Insofern muss auch eine systemtherapeutische Diagnostik an die Theorie dynamischer Modelle (Synergetik) (Schiepek et al. 2013) anknüpfen, die das Verhalten eines sozialen Systems als durch mindestens drei Faktoren beeinflusst beschreibt: der Kontext, in dem das betroffene soziale System sich verhält, seine eigene Art als geronnene Lebenserfahrungen sinnstiftender Reaktionen in der Begegnung mit anderen sozialen Systemen, und die Reziprozität beider Faktoren: V = f Reziprozität[(Kontext; Eigen-Art)].

3.2.7 Fakten @ Denkkollektive

Wie die Klassifikation menschlicher Störungen (▶ Kap. 4.3) deutlich macht, erklärt sich, *wie* und *was* als gesund oder krank definiert wird, multikausal. Das *wie* es zu einer Einordnung kommt beschreibt die Erkenntnisbildung und das *was* deren Inhalt. Neben natur- und geisteswissenschaftlichen Erklärungen werden geschichtliche Aspekte (Fleck 1979 [1935]; Hacking 1999, 2006) und radikal konstruktivistische Konzepte (v. Förster 1997, v. Förster et al. 2008) (▶ Kap. 3.6.1) bedeutsam. Fleck (1979 [1935]) beschreibt dieses Phänomen am Beispiel der *Wassermann-Reaktion*. Von Wassermann (1923) konnte sein bahnbrechendes serologisches Verfahren zum Nachweis von Infektionskrankheiten erst veröffentlichen, nachdem er bereits lange Zeit zur Blutveränderung bei Tuberkulose geforscht hatte. Das wohlhabende Bürgertum gab zur damaligen Zeit nur ungern Forschungsgelder für die weiße Pest, der

3.2 Grundprinzipien der Systemischen Therapie

Krankheit des Proletariats, aus. Um seine Erkenntnisse zu retten, änderte von Wassermann seinen Fokus. Die Lustseuche (Syphilis), ein Ministerialdirektor und ein von dieser Krankheit betroffenes Bürgertum brachten der Wassermann-Reaktion schließlich ihren Erfolg. Sie ist das, um *was* es geht, ihr Erfolg das *wie* ein soziales System dynamisch agiert und als *Denkkollektiv* mit einem spezifischen *Denkstil* Krankheit, Gesundheit und Diagnostik definiert sowie reziprok von seiner eigenen Definition betroffen ist. Ähnlich argumentiert Hacking (1999, 2006), wenn er wissenschaftliche Klassifikationssysteme wie das Diagnostic and Statistical Manual of Mental Disorders (DSM) (American Psychiatric Association 2013; dt. Übersetzung Falkai und Wittchen 2015) und die International Classification of Diseases for Mortality and Morbidity Statistics (ICD) (dt. Übersetzung Dilling et al. 2015; Word Health Organisation (WHO) 2015) als Ansichten über Störungskategorien eines sozialen Denkkollektivs, v. a. Psychiaterinnen und Psychiater, mit einem spezifischem Denkstil, v. a. biobehaviorale Wirklichkeitskonstruktion, beschreibt. Würden Systemische Therapeutinnen und Therapeuten das DSM oder ICD herausgeben, es sähe fundamental anders aus *(making of people)*. Die Wahl eines wissenschaftlichen Schreibstils, in dem nicht mitgedacht wird, dass die Person des Verfassers einen wichtigen Einfluss auf ihren Text hat, lässt die Klassifikationen als stabile, eigenständige und scheinbar gegebene Fakten erscheinen (v. Maanen 2011). Ein Trugschluss, denn die Störungskategorien verändern sich stetig in der Interaktion von Wissenschaftlerinnen und Wissenschaftlern mit dem von ihnen geschaffenem Wissen *(looping effect)*. Ein Blick in die Geschichte der Homosexualität und Transgeschlechtlichkeit verdeutlicht, dass Homosexualität im DSM bis 1973 und im ICD sogar bis 1991 als psychische Störung galt. Transsexualität wurde sogar erst 2019 aus dem ICD gestrichen. Aus noch in der Antike Gesunden wurden Kranke, und wieder Gesunde. Krankheit bzw. Gesundheit erscheinen damit grundlegend denkstil-relativ, fachspezifisch und nur temporär gültig.

3.3 Synergetik

Die Systemische Therapie als transdisziplinärer Ansatz integriert Sichtweisen verschiedener Wissenschaften und überträgt sie auf die Erforschung und Therapie sozialer Systeme. Ursprünglich in der Physik und Mathematik verortet, beschreibt die *Theorie dynamischer Systeme (Synergetik)* (Cacchione 2020, Schiepek et al. 2013) Entwicklungsprozesse komplexer nonlinearer Systeme. Sie wurde in den 1960er Jahren durch den deutschen Physiker Hermann Haken (*1927) begründet. Dabei diente das quantenoptische Phänomen des Laserlichts der Veranschaulichung. Gasatome in einer Gasröhre werden durch einen durch sie hindurchgeleiteten Strom energetisch angeregt und senden nach einem Anregungsstoß eine Lichtwelle aus. Ist die energetische Anregung gering, so emittieren die Atome ihre Lichtwellenzüge unkorreliert in Form eines mikroskopischen Chaos. »Es ist, also ob man eine Hand voll Steine ins Wasser wirft, und dabei eine wild bewegte Wasseroberfläche entsteht« (Haken 2011, S. 178). Ab einer gewissen Stromstärke ordnen sich die Anregungen so, dass die Lichtwellen im Takt ausgesandt werden und eine gleichmäßige (kohärente) Lichtwelle entsteht. Das Laserlicht koordiniert umgekehrt das Licht-emittierende Verhalten der Gasatome. So findet eine Wechselwirkung zwischen den Teilen als auch eine Kreiskausalität i. S. von Bottom-up- und Top-down-Prozessen statt. Diese Erkenntnisse wurden zunächst v. a. in der Erforschung der Epilepsie sowie motorischen Koordination genutzt, später auch mit Blick auf psychiatrische Erkrankungen (Haken 2011, Tass 2003). So wird das Gehirn heute als ein synergetisches, d. h. komplexes, selbstorganisierendes System verstanden und die Annahme einer inneren Schaltstelle i. S. eines Homunkulus historisch gesetzt. Stattdessen wird von einer Koordinationsleistung des Gehirns im Hinblick auf die Milliarden von Neuronen, organisiert in vielen vernetzten Subsystemen und Neuronenpopulationen, insgesamt ausgegangen. Nichtlineare Prozesse bringen über zahlreiche aktivierende und inhibierende Feedback-Schleifen komplexe und ständig wechselnde Synchronisations- und Resonanzeffekte hervor.

3.3 Synergetik

> **Was ist Synergetik?**
>
> Die Synergetik ist die Theorie und Wissenschaft der Selbstorganisation. Sie erklärt, wie Muster entstehen und sich verändern, wie das Neue in die Welt kommt, warum Systeme oft sehr rigide sowie stabil funktionieren und andere oder dieselben zu anderen Zeiten nach kleinsten äußeren oder sogar inneren Schwankungen ein völlig geändertes Verhalten aufweisen.

Dynamische Systeme wie das Gehirn und soziale Beziehungen bilden i. S. der Selbstorganisation (Autopoiese) Ordnungsmuster in Abhängigkeit der kontextuellen Bedingungen aus sich selbst hervor. Grundvoraussetzung von Selbstorganisation ist das Vorliegen eines Systems aus mehreren Elementen, die in nichtlinearer Wechselwirkung miteinander stehen. Von außen auf das System einwirkende Einflussgrößen *(Kontrollparameter)* modifizieren die Intensität und Qualität der Beziehungen zwischen den Elementen, die sich dabei nicht-linear zueinander zeigen. Bereits kleinste Veränderungen in einem Systemparameter können umfassende Änderungen der Systemordnung bedeuten *(Schmetterlingseffekt)*. Kohärentes Verhalten *(Ordner, Ordnungsmuster)* wird nur im Gesamtsystem möglich, d. h. über die einzelnen Elemente hinweg *(Übersummativität)* und in Rückwirkung auf ihre Beziehungen *(Kreiskausalität)*. Äußere Impulse stimulieren innere Ordnungsvorgänge, wobei das System selbst auswählt, welche Art von Anregung es sinnstiftend und zur Zustandsveränderung *(Phasenübergang)* nützlich erlebt. Informationen können somit als Kontrollparameter verstanden werden, wobei Information i. S. von Bedeutungswahrnehmung bzw. -gebung (▶ Kap. 3.6.1) erst im Organismus entsteht (▶ Kap. 3.5.1). Diesbezügliche Filter *(Randbedingungen)* sind z. B. die Biografie eines Systems. In der Regel verändern sich Randbedingungen relativ langsamer als Ordner, und Ordner langsamer als die Elemente. Stabilere Zustände innerhalb der Dynamik eines Systems, z. B. ein für ein betroffenes soziales System charakteristisches Verhaltensmuster, bezeichnen den (vorläufigen) Endpunkt eines Bewegungsprozesses. Sie sind ähnlich dem Endpunkt in der Bewegung eines Pendels zu verstehen, bzw. eines Entwicklungsprozesses eines betroffenen sozialen Systems, wie z. B. die (scheinbare) Chronifizierung eines depressiven ebenso wie euthymen Zustands. Sie beschreiben Systemeigenschaften, die gerade wegen ihrer (nur) relativen Stabilität bei Bedarf veränderbar erscheinen (▶ Kap. 2.4).

> **Wozu dient Psychotherapie?**
>
> Psychotherapie wird als ein *Schaffen von Bedingungen für Selbstorganisationsprozesse (Generische Prinzipien)* der sozialen, psychischen und/oder biologischen Systeme eines betroffenen sozialen Systems verstanden, unter kooperativer Beteiligung aller bedeutsamen Systemmitglieder im Therapieprozess. Ziel ist es, eine ausgewogene Balance zwischen Dynamiken der Veränderung (Fluktuation) und Beständigkeit (Stabilität) zu finden (▶ Kap. 2.4). Die *Komplexität (K)* eines Therapieprozesses lässt sich beschreiben als eine Funktion der *Fluktuation (F)* und *Distribution (D)* psychischer Korrelate i. S. von $C = f(F, D)$. Dabei beschreibt Fluktuation das Verhältnis der Stärke einer Veränderung zur Zeitspanne (z. B. Amplitude) und Distribution die Verteilung der gemessenen Werte innerhalb dieser Zeitspanne (Schiepek 2003).

3.4 Soziologie

3.4.1 Systemtheorie

»Es bedarf eines zweiten Sinnelements, damit Sinn als Sinn identifiziert wird: Sinn ist nur systemisch zu haben.«
(Emlein 2010, S. 171)

Ziel des deutschen Soziologen und Gesellschaftstheoretikers Niklas Luhmann (1927–1998) war der Entwurf einer fruchtbaren und konsistenten Systemtheorie. Fruchtbarkeit zeigt sich für ihn im Potenzial seiner Theorie, Überraschendes und Neues zu generieren, und Konsistenz in der Verwendung eines Minimums an Grundbegriffen. Ist diese Theorie in der Lage, reflexiv über sich nachzudenken, sich einzubeziehen und Kritiken so zu behandeln, wie sich selbst, wird sie zur *Supertheorie*. Die *Theorie sozialer Systeme* (Luhmann 1984, 2017) als ein Fundament der Systemischen Therapie wird diesem Anspruch in vielen Teilen gerecht. Im Zentrum steht die Frage nach dem Sinnbezug, d.h. wie Menschen Bedeutungen generieren. Erst durch Sinngebung entsteht Verbindung innerhalb und zwischen sozialen Systemen. Um Sinn zu konstruieren, muss eine Person etwas mitteilen und eine andere Person das Kommunizierte als Sinn beobachten sowie kommunikativ daran anschließen: »Es bedarf eines zweiten Sinnelements, damit Sinn als Sinn identifiziert wird: Sinn ist nur systemisch zu haben« (Emlein 2010, S. 171). In dieser Annahme begründet sich der durch die Systemtheorie eingeleitete Paradigmenwechsel weg von der Idee individuumsbezogener sowie intrapsychisch festgelegter Kognitionen auf mehrpersonale sowie interpsychisch bezogene Kommunikationsakte als Basisreferenz jedes therapeutischen Tuns (▶ Kap. 2.4). Dem Radikalen Konstruktivismus (▶ Kap. 3.6.1) folgend kann Kommunikation nur vom Empfänger, nicht vom Sender, verstanden werden. »Das heißt ganz radikal: Sinn (= Form) kommt immer erst im Nachhinein – und von anderswo her […] Sinn ist die (philosophische) Voraussetzung dafür, dass Psychotherapie möglich ist – nur dass Sinn so und auch anders anfallen kann […]« (Emlein 2010, S. 170). Diese Idee schließt direkt an das Konzept der Autopoiese (▶ Kap. 1.3.2) an, unterscheidet sich von ihr allerdings in Bezug auf soziale und damit denkende Elemente vs. biologisch beschriebener Systeme ohne selbstreflexiven Bezug. Sie ist ebenfalls im Prinzip der Nützlichkeit (▶ Kap. 3.2.1) und der Idee des Expertenstatus betroffener sozialer Systeme (▶ Kap. 3.2.2) zu finden. Insofern misst sich die Qualität Systemischer Therapie stets daran, inwiefern sie in der Lage ist, betroffene soziale Systeme in ihrer »Sinnlichkeit« zu unterstützen.

3.4.2 Kontextsensibilität

Störungen werden in der Systemischen Therapie als ein geteiltes Konstrukt von Diagnostizierenden, Therapeutensystemen, betroffenen sozialen Systemen und dem sozialen Kontext, in dem sie miteinander interagieren, verstanden. Eine wichtige Neuerung der 1950er Jahre war das zirkuläre Wirklichkeitsverständnis: Krankheiten werden nicht mehr primär im Kontext der Entstehungsgeschichte innerer Wirklichkeiten untersucht; es wird ebenso der Kontext der sozialen Systeme, in denen die Krankheiten entstehen und aufrechterhalten werden, betrachtet. So können Verhaltensweisen bzw. Symptome, die zuvor bizarr und unverständlich erschienen, als durchaus sinnvolles Verhalten in einem besonderen Kontext, und als (scheinbar) unsinniges Verhalten in einem anderen Kontext, beschrieben werden. Die zentrale Erkenntnis lautet: *Ein menschliches »Problem« wird nicht als »Störung« angesehen, die eine Person »hat«, sondern als Qualität eines sozialen Feldes*: als bestmöglicher Lösungsversuch für eine Entwicklungsaufgabe, die alle wichtigen Systemmitglieder eines betroffenen sozialen Systems einschließt. Die gemeinsame Erzeugung von Sinn ist eines der wesentlichsten Kennzeichen sozialer Systeme. Zunehmend rückte daher auch die Einbeziehung des Mehrpersonensettings in den Vordergrund (▶ Kap. 8), um alle wichtigen Bezugspersonen an der Diagnostik und Behandlung teilhaben zu lassen. Das zirkuläre Fragen (▶ Kap. 5.5.2) wurde entwickelt, um Beziehungen zwischen wichtigen Systemmitgliedern zu explorieren, zunächst unter physischer Anwesenheit aller Beteiligten und später darüberhinausgehend auch zur virtuellen Installation abwesender Systemmitglieder im Behandlungsraum.

Konsequenz kontextsensiblen Denkens

- Erfrage: »Wer gehört dazu, wenn etwas zu einem Problem wird?«, »Wer beschreibt das Problem wie?« Oder allgemeiner: »In welchem sozialen System macht ein Problem Sinn?«, statt zu fragen: »Wer hat das Problem, seit wann und warum?« Dabei gilt es nicht nur die biologischen bzw. legal definierten Systemzusammensetzungen zu erfragen, sondern alle subjektiv als bedeutsam wahrgenommenen sozialen Bezugspersonen.
- Erfrage: »Wer hat das betroffene soziale System vermittelt?«, »Welche Hoffnungen, Wünsche und Befürchtungen sind mit der Vermittlung verbunden?«

> Beachte und erfrage bzw. hypothetisiere, welche Unterschiede es
> macht, und was anders erzählt würde, je nachdem, ob das Therapie-
> system freiwillig oder im Zwangskontext agiert.

3.5 Anthropologie

Im Speziellen die *Psychologische, Psychiatrische und Medizinische Anthropologie* spiegelt mit ihrer Untersuchung psychologischer, psychiatrischer und medizinischer Phänomene innerhalb verschiedener Kulturen in vielen forschungsorientierten Ansätzen grundlegend Aspekte und Erfahrungsmöglichkeiten der Systemischen Therapie wider (Hunger 2014). Prinzipien des Joinings, der Erzeugung neuer Information, der professionellen Neugierde, Neutralität sowie vielgerichteten Parteilichkeit und allen voran der wechselseitigen Verflochtenheit sozialer Phänomene sind für sowohl die Anthropologie als auch Systemischen Therapie handlungsleitend. Neugierde im anthropologischen Sinne schließt den professionellen Umgang in der Berührung mit Fettnäpfchen als Hüter des impliziten Wissens eines sozialen Systems ein und macht aus scheinbaren »Fehlern« in wahrsten Sinne der Umkehr der Wort-Buchstaben »Helfer« (Bernard 2018). Neutralität beschreibt die Balance zwischen einem zu starken Aufgehen in dem interessierenden sozialen (Gesellschafts-)System und dem zu starken Verhaftetbleiben im eigenen kulturellen Kontext. Anthropologen sind sich dabei stets bewusst, dass sie als Teil der von ihnen erforschten sozialen Systeme gleichzeitig deren soziale Dynamiken verändern und diese Reziprozität innerhalb ihrer Feldforschung reflektieren müssen (Krause 2003, 2012). Mit Gregory Bateson (▶ Kap. 1.3), der diese Reflexion der Reziprozität in der Kybernetik 2. Ordnung wissenschaftlich salonfähig machte, verfügen Anthropologie und Systemische Therapie über eine sie beidseitig fundamental prägende Figur. In den Konzepten und methodischen Forschungsansätzen des Strukturfunktionalismus erscheinen anthropologische und systemtherapeutische Herangehensweisen annähernd deckungsgleich.

3.5.1 Strukturfunktionalismus

Der Strukturfunktionalismus beschreibt soziale Systeme als sich selbstorganisierende, autopoietische Systeme. Im Fokus steht die Frage, wie solche Systeme ihren Bestand sichern und welche Funktion ihrer jeweiligen Struktur zur Befriedigung ihrer grundlegenden Bedürfnisse zukommt. Die Handlungen einzelner Individuen werden weniger bedeutsam. Es geht um das Verständnis von Gesellschaften als komplexen Systemen und die Gewinnung zentraler Informationen darüber, welchen Nutzen *(Funktion)* soziale Institutionen für die Aufrechterhaltung *(Struktur)* eines Gesellschaftssystems *(Kultur)* haben. Alfred Radcliffe-Brown (1881–1955), englischer Sozialanthropologe sowie Psychologe und Mitbegründer des Strukturfunktionalismus, untersuchte v. a. *Organisationsformen segmentärer Gesellschaften* als einer Form menschlichen Lebens ohne staatliches Herrschaftssystem (Radcliffe-Brown 1952, 1957). Eine staatenlose Selbstregulierung nicht-industrialisierter Gesellschaften erscheint möglich, wenn gleichartige Subsysteme (z. B. Lineage, Kinship) gleichrangig und in einem gegenseitig machtvollen Gleichgewicht zueinanderstehen und auf Augenhöhe respektvoll miteinander interagieren. Kooperations- und Konfliktbeziehungen regulieren sich weitgehend selbst in größtmöglicher Flexibilität. Übertragen auf eine ausgewogene Koexistenz von Kulturen erscheint ein stark ausgeprägter Kulturrelativismus, in dem jede Kultur i. S. einer sozial verhandelten Realitätsgebung für sich ihren einzigartigen Wert verkörpert und ihre Beschreibung als anders, jedoch nicht mehr ihre Bewertung als besser oder schlechter, zulässig. Damit verknüpfen sich Strukturfunktionalismus, Radikaler Konstruktivismus (▶ Kap. 3.6.1), die Theorie der Autopoiese (▶ Kap. 1.3.2) und der Synergetik (▶ Kap. 3.3).

3.5.2 Teilnehmende Beobachtung

Bronisław Kasper Malinowski (1884–1942), polnischer Sozialanthropologe und ebenfalls einer der Urväter des Strukturfunktionalismus, interessierte sich grundlegend für die Erklärung von Phänomenen und ihrer Funktion für die Kultur aus der Gegenwart vs. Historie heraus (Malinowski 1922). Er entwickelte die Teilnehmende Beobachtung, die ein emisches Verständnis eines sozialen Systems aus seiner Innenperspektive *(grasp the native's point of view)* und unter Berücksichtigung seiner Interaktion mit dem es erforschenden Subjekt ermöglicht (Malinowski 1979). Als Teilnehmende Beobachterinnen und Beobachter *(Participating Observer)* beobachten Anthropologinnen und Anthropologen z. B. das Leben von Tauchern, ohne jedoch an deren Tauchgängen teilzunehmen (Bernard 1987). Im Gegensatz dazu ist der Beobachtende Teilnehmer *(Oberserving Participant)* stärker in das Feld eingebunden, z. B. durch Ausbildung als Gefängniswärterin, um die Behandlung von Gefangenen möglichst nah beschreiben zu können (Fleisher 1989). Vielfältige Herausforderungen ergeben sich in z. B. Fragen des Feldzugangs, der Fertigkeiten der Feldforscherin oder des Feldforschers, der zeitlichen Aspekte bzw. der Dauer der Feldforschung und dem stets erneut zu reflektierenden Balanceakt zwischen dem Aufgehen in der interessierenden Gesellschaft und dem Verhaftetbleiben im eigenen kulturellen Heimatkontext (Bernard 2018). Prinzipien und Handlungsstrukturen der Teilnehmenden Beobachtung finden sich in der Systemischen Therapie v. a. in ihrer grundlegenden Haltung (z. B. Joining) (▶ Kap. 9), Aspekten der äußeren Rahmung (z. B. Zeit, Ort, Setting, Dauer) (▶ Kap. 8) und Verhandlung bezogener Autonomie und Handlungsweisen in der Interaktion von betroffenem sozialen System sowie Therapeutensystem. In der Realisierung Aufsuchender Therapien (▶ Kap. 8.3) erscheint die Systemische Therapie der Teilnehmenden Beobachtung fast deckungsgleich, wenngleich der interventive Charakter deutlich zugunsten der Systemischen Therapie ausgeprägt ist.

3.6 Philosophie

»Es gibt keine Beobachtung ohne Beobachter.«
(v. Förster et al. 2008)

3.6.1 Radikaler Konstruktivismus und KybernEthik

Die Systemische Therapie versuchte von Beginn an mit alternativen Perspektiven (scheinbare) Wirklichkeiten zu erfassen. Dabei kam es zu einer grundlegenden Veränderung in der Art und Weise, wie bedeutsame Wissenschaftlerinnen und Wissenschaftler auf den Menschen schauten. Der Radikale Konstruktivismus und mit ihm die Leitidee, dass jede Beobachtung unbedingt von der Person abhängt und beeinflusst wird, die diese Beobachtung anstellt, bildet das erkenntnistheoretische Pendant zur Kybernetik 2. Ordnung (▶ Kap. 1.3), wohingegen die Kybernetik 1. Ordnung auf das Wechselspiel zwischen den Systemteilen beschränkt bleibt (▶ Kap. 1.2). Die Idee des Radikalen Konstruktivismus soll im Folgenden anhand der Trias Wahr-Nehmung, Wahr-Gebung und KybernEthik verdeutlicht werden (v. Förster et al. 2008).

Wahr-Nehmung

Zur Komplexitätsreduktion wählt das menschliche Gehirn aus einer Fülle möglicher Erklärungen einige wenige Erklärungen aus: wir nehmen etwas wahr (Wahr-Nehmung). Ein Beispiel mag das für den Menschen bewusst sichtbare Spektrum (Licht) zwischen 380 bis 780 nm (Nanometer) sein. Ultraviolett- oder Infrarotstrahlung nehmen wir hingegen nicht bewusst wahr. Filter in der Auswahl bilden sozio-kulturelle, individuell-familiäre, professionelle bis hin zu (epi-)genetischen und psychobiologischen Prägungen. Sie beziehen sich auf alle Mitglieder eines betroffenen sozialen Systems, inkl. des Therapeutenteams und involvierter Dritter.

3.6 Philosophie

> **Konsequenz von Wahr-Nehmungsprozessen**
>
> - Wenn wir uns ein Urteil über ein soziales System bilden, ist es hilfreich zu denken, dass wir es immer auch anders beschreiben könnten.
> - Wir müssen uns überlegen, ob eine von uns favorisierte Beschreibung hilfreich ist oder eine andere Beschreibung ggf. mehr Handlungsmöglichkeiten eröffnet.
>
> An die Stelle der Wahrheit (»es ist so«) tritt das Kriterium der Nützlichkeit (»es ist hilfreich für den weiteren Prozess, es auf diese Art und Weise zu verstehen«).

Wahr-Gebung

Reaktionen einer Person stellen für eine andere Person einen Reiz dar, sich auf die eine oder andere Art und Weise zu verhalten. Es kommt zu einer rückgekoppelten Reaktion, die dem Gegenüber wiederum einen Reiz zu einer ausgewählten Reaktion anbietet. Soziale Systeme versuchen i. S. des menschlichen Grundbedürfnisses nach Zugehörigkeit und sozialer Einbindung sowie individueller Kohärenzerfahrung ihre Beschreibung der Welt und wie diese auf sie reagiert zu bestätigen. Dabei wird das Konzept der selbsterfüllenden Prophezeiung (Madon et al. 2011) im Kontext sich selbst organisierender Systeme (Autopoiese) zentral. Erst in zweiter Instanz stellt sich die Frage, ob die Erfüllung dieser Prophezeiung mit Blick auf gesundheitliche Aspekte funktional oder dysfunktional erscheint (▶ Abb. 3.1).

> **Konsequenz von Wahr-Gebungsprozessen**
>
> - Machen wir uns ein Bild von einem sozialen System, erhöht sich die Wahrscheinlichkeit, dass es sich unseren Annahmen entsprechend verhält.

3 Wissenschaftliche und therapietheoretische Grundlagen

- Wenn wir mit einem sozialen System Probleme haben, können wir uns fragen, wie wir es geschafft haben, ein »problematisches System« zu erzeugen.
- Wenn wir uns auf dieses Denken einlassen, ist es schwieriger, keine Verantwortung für eine bestimmte Anschauung zu übernehmen: »Eine Störung gehört niemandem ganz und gar; sie ist stets ein geteiltes Konstrukt!«
- Wir können Störungen als eine Möglichkeit der Bezeichnung sozialer Systeme verstehen und als Einladung zu der Frage, wie wir sie auch anders sehen könnten.

Abb. 3.1: Wahr-Nehmung und Wahr-Gebung: Reziprozität sozialer Interaktionen. Bewertungen stellen Reaktionen einer Person dar, die für eine andere Person einen Reiz zu einer rückgekoppelten Reaktion anbieten.

KybernEthik

Die KybernEthik ist ein Kunstbegriff (v. Förster et al. 2008). Folgen wir den Prozessen von Wahr-Nehmung und Wahr-Gebung, beginnt das Fundament unserer Überzeugungen instabil zu werden. Ethische Standpunkte lassen sich nicht mehr aus dem (scheinbaren) Sosein der Welt begründen, sondern begründen sich in unserer Verantwortungsübernahme bzgl. unserer Weltsicht. Damit wird auch deutlich, dass radikal konstruktivistisches Denken nicht Beliebigkeit impliziert, sondern ein Denken in Konsequenzen mit Bezug auf die Ethik unseres Denkens, Fühlens und Handelns.

> **Konsequenz von kybern-ethischem Denken, Fühlen und Handeln**
>
> - Wir tragen die Mitverantwortung für unsere Sicht auf die Welt und das Menschsein: Es ist jeden Tag neu unsere Entscheidung, für welche Wirklichkeit wir uns entscheiden!
> - Wir müssen begründen, warum wir die Welt so sehen und die Verantwortung für die Konsequenzen dieser Sicht übernehmen!

3.6.2 (Nicht-)Störungsorientierung

Ziel der Systemischen Therapie ist weniger, ein Individuum mit einer eng umschriebenen Störung zu behandeln als vielmehr ein betroffenes soziales System bei der Lösung einer anstehenden Entwicklungsaufgabe zu unterstützen. Störungen werden als Sinnkonstruktionen verstanden, die ein mögliches Lösungsszenario an einer bedeutsamen Schwellenphase eines sozialen Systems darstellen. In der Systemischen Therapie gibt es vielfache Aushandlungsprozesse rund um die Frage, wie sehr, und ob überhaupt, sie sich (nicht-)störungsorientiert zeigen will. Die Nachteile einer zu einseitigen Favorisierung, Ablehnung oder auch Weder-noch-Haltung in Bezug auf die Störungsorientierung und Vorteile einer Sowohl-als-auch-Haltung diskutiert Lieb (2013) (▶ Tab. 3.1). Dabei versteht auch die stärker störungsspezifische Systemische Therapie *Diagnosen als Zuschreibungen* von außen, nicht als internale Merkmale einer Person oder eines sozialen Systems. Sie werden als Wirklichkeitskonstruktionen, nicht als Wahrheiten, verstanden, insofern jede Diagnose auf sozialer Verhandlung beruht (▶ Kap. 3.2.7). Diagnosen dienen der *Kopplung* Systemischer Therapie an Personen und Systeme, die mit klinischen Kodierungen arbeiten, und ermöglicht Kommunikation mit Expertinnen und Experten, die solche Diagnosen verwenden. Störungen können sich dabei auf Unterbrechungen eines gesunden wie auch kranken Zustandes beziehen, wobei Gesundheit und Krankheit nicht qualitativ, sondern stets nur quantitativ unterscheidbar sind, z.B. als ein zu viel oder zu wenig einer bestimmten Emotionalität. Systemische

3 Wissenschaftliche und therapietheoretische Grundlagen

Therapie ist gekennzeichnet durch eine theoretisch fundierte sowie kontextsensible Art zu Denken und eine Haltung gegenüber dem Menschsein, die insbesondere von Respekt und Wertschätzung geprägt ist (▶ Kap. 3.2, ▶ Kap. 9). Insofern bleibt sie auch im Rahmen einer Störungsorientierung neutral gegenüber den Phänomenen, bezeichnet diese nicht als gut oder schlecht, sondern als sinnstiftend und erfragt bzw. erprobt auch andere Arten der Sinnstiftung (▶ Kap. 3.5.1) (Schweitzer et al. 2016).

Tab. 3.1: Vier Haltungen einer (Nicht-)Störungsorientierung (modifiziert nach Lieb 2009)

Position 1 Pro Störungsorientierung	Position 2 Störungsorientierung und Nicht-Störungsorientierung
Problem: Einengung des therapeutischen Handlungsraums auf spezifische Kodierungen, u. a. Vorzug von F-Diagnosen gegenüber Z-Diagnosen; Störungsbilder erhalten ontologischen Status, als gäbe es sie »tatsächlich«	*Vorteil:* Vereinigung der positiven Aspekte der anderen Positionen und konstruktiver Diskurs mit Experten der Position 1, 2 und 3
Position 3 Weder Störungsorientierung noch Nicht-Störungsorientierung	Position 4 Nicht-Störungsorientierung
Problem: Gleich-Gültigkeit gegenüber scheinbar »tatsächlichem« Leid; Gefahr, weder störungsspezifisch noch störungsrelevant zu arbeiten	*Problem:* Identitätsbildung durch Negation von etwas, Gebundenheit an dieses Etwas inkl. viel Energieumsatz zur Negation (Vermeidung) des Etwas

4 Kernelemente der Diagnostik

4.1 Besonderheiten

Diagnostik verweist in ihrer ursprünglichen, aus dem Altgriechisch stammenden Wortbedeutung auf ein gründliches Kennenlernen, um weitere Schritte z. B. im therapeutischen Prozess entscheiden zu können. Die systemtherapeutische Diagnostik umfasst die gezielte Erhebung von Informationen über das Denken, Erleben und Verhalten eines oder mehrerer sozialer Systeme (Schmidt-Atzert und Amelang 2012). Sie unterscheidet sich von anderen Psychotherapieverfahren grundlegend in ihrer diagnostischen bzw. therapeutischen Haltung (▶ Kap. 9) und ihren prinzipiellen Grundannahmen (▶ Kap. 3.2). Systemtherapeutisch Diagnostizierende halten eine Diagnose nicht für wahr. Sie muss vielmehr nützlich und sinnstiftend im Diskurs und seitens des betroffenen sozialen Systems erlebt werden. Systemtherapeutisch Diagnostizierende sehen sich als Expertinnen und Experten z. B. in der Auswahl spezifischer Diagnostiken, nicht jedoch in der Expertise für die alltägliche Lebensgestaltung des betroffenen sozialen Systems. Verhandlungen auf Augenhöhe bleiben auch in der systemtherapeutischen Diagnostik fundamental. Dazu werden zweierlei Kompetenzen notwendig. Einerseits geht es um das Einbringen einer professionell-neugierigen Haltung und Sichtung problem- sowie ressourcenassoziierter Kommunikations- und Interaktionsmuster. Andererseits gilt es, Fach- und Feldkompetenz auch im Hinblick auf evtl. inhaltliche Stellungnahmen, z. B. bei Gutachteranfragen, einzubringen. Erneut ist das Ziel, gemeinsam in Dialog zu kommen. Metakommunikation wird zum zentralen Mittel der Selbst- und Prozesssteuerung mit kleinen Schleifen, die Fragen wie z. B. »Wenn ich

4 Kernelemente der Diagnostik

Ihnen berichte, zu welchem Schluss ich nach unserer heutigen Sitzung komme, ergibt sich daraus eine Anregung für Sie?« erlauben. Fach- und Feldkompetenz trifft auf sinnstiftende Wahr-Nehmungen und Wahr-Gebungen (▶ Kap. 3.6.1) eines für seine Lebenswelt verantwortlichen und handlungsmächtigen betroffenen sozialen Systems. Systemtherapeutisch Diagnostizierende sind sich bewusst, dass das Verständnis zu einer *diagnostizierten Störung stets ein sozial-kollektives, denkstil-relatives, fachspezifisch und nur temporär gültiges Unterfangen* darstellt. Störungen können klassifiziert werden, ohne sie festzuschreiben, und ermöglichen so einen *konstruktiven Diskurs* auch mit betroffenen sozialen Systemen sowie Expertinnen und Experten einer ausgeprägten Störungs- sowie (Nicht-)Störungsorientierung bzw. Weder-Noch-Haltung (▶ Kap. 3.6.2).

4.2 Diagnostik und Intervention

Aus systemtherapeutischer Sicht erscheint die Trennung von Diagnostik und Intervention artifiziell. Allein das Finden einer gemeinsamen Sprache für eine Störung und die durch Reziprozität gekennzeichnete Involviertheit der Systemmitglieder in der Entwicklung, Aufrechterhaltung und Veränderung der Symptomatik hebt die Störung auf eine Ebene der Beeinflussbarkeit und Gestaltbarkeit durch das betroffene soziale System selbst wie auch des Therapeutensystems und weiterer relevanter Umwelten. Jeder Akt des Diagnostizierens erscheint i. S. der Kybernetik 2. Ordnung (▶ Kap. 1.3) beeinflusst durch den Diagnostizierenden selbst. Die Grenzen zwischen der Beschreibung von etwas und der Beeinflussung des zu Beschreibenden heben sich auf.

Konsequenz von interventiven Diagnostikprozessess

Wenn wir mit betroffenen sozialen Systemen über Symptome sprechen und diese i. S. von Rückkoppelungsprozessen beschreiben, so konstruieren wir gleichfalls eine Ebene der Beeinflussbarkeit und Gestaltbarkeit. An die Stelle von Diagnostik vs. Intervention tritt Diagnostik als Möglichkeit zur Intervention und Intervention als Möglichkeit zur Diagnostik.

4.3 Soziale Interaktionsstörungen

Es existiert kein empirisch abgesichertes Klassifikationssystem zur Diagnostik *Sozialer Interaktionsstörungen*. Die Gründe dafür sind v. a. sozialkollektiv verhandelt und spiegeln sich in (berufs-)politischen Machtkämpfen wider. Bereits in der Revision zum DSM-5 betonten Michael First, Mitherausgeber des DSM-IV, und David Reiss, Mitbegründer des DSM, die Notwendigkeit zur Integration von Klassifikationsmöglichkeiten Sozialer Interaktionsstörungen (Kupfer et al. 2002; Reiss und Emde 2003). In mehreren Expertengesprächen wurde die Nosologie im DSM-5 zwar deutlich verbessert, geplante epidemiologische Feldstudien zur Erhöhung der diagnostischen Reliabilität und Validität wurden aufgrund interner Machtkämpfe um Finanzmittel jedoch nicht realisiert. Die Revision des DSM-5 zur Berücksichtigung sozialer Prozesse im Spektrum psychischer Störungen rückte in den Hintergrund. Letzten Endes dominieren weiterhin wie auch in der ICD biobehaviorale Diagnosen. Soziale Interaktionsstörungen werden nur wenig genau und an wenig relevanter Stelle benannt. Parallel zur DSM-Gruppe arbeitete die Weltgesundheitsorganisation (WHO) an der Revision zum ICD-11 und nutzte Erkenntnisse des DSM-Revisionsprozesses mit besonderem Fokus auf die Eltern-Kind-Beziehung. Grundstein legte die von der DSM-Gruppe nicht mehr verwirklichte und von der ICD-Gruppe aufgegriffene dritte Konferenz im Jahr 2010. Als Ergebnis findet sich in den *Kriterien zur Erfassung von Eltern-Kind-Problemen (Parent-Child Relationship Problems, PCRP)* (Wamboldt et al. 2015) der Vorschlag zu einer detaillierteren Diagnostik familiärer Beziehungsprobleme für die ICD-11 (▶ Tab. 4.1). Ein Entscheidungsbaum zur Überführung eines betroffenen sozialen Systems in die verschiedenen Therapiesettings ist in den Ausführungen zu Indikationen und Kontraindikationen Systemischer Therapie dargestellt (▶ Kap. 7).

Tab. 4.1: Kriterien zur Erfassung von Eltern-Kind-Problemen (PCRP) (nach Wamboldt et al. 2015) – Unter Berücksichtigung der Entwicklungsbedürfnisse des Kindes und des soziokulturellen Kontextes, diagnostizierte PCRP bei mind. 1 A-Kriterium und mind. 2 B-Kriterien.

Kriterium A	
Beziehungsunzufriedenheit oder Beziehungsstress an mehr als 50 % der Tage im letzten Monat, ...	...einhergehend mit 1. Überdauerndem Gefühl des Unglücklichseins mit der Beziehung (Elternteil oder Kind) 2. Gedanken, wegzurennen (Kind) 3. Gedanken, Fürsorge abzugeben (Elternteil) 4. Wahrgenommenes Bedürfnis nach Hilfe im Rahmen der Beziehungsgestaltung (Eltern, Kind, Therapeut)

Kriterium B	
Bedeutsamer Einfluss der Beziehungsunzufriedenheit auf das Verhalten, die Gefühle, die Gedanken in dem betroffenen sozialen System ...	...einhergehend mit (seitens Eltern oder Kind) 1. Verhaltensproblemen: a) Schwierigkeiten in der Konfliktlösung; b) Überinvolviertheit; c) Unterinvolviertheit 2. Kognitiven Problemen: Attribuierung negativer Verhaltensweisen als Persönlichkeitsmerkmale (stabil, intern) und positiver Verhaltensweisen als Situationsmerkmale (instabil, external) 3. Affektiven Problemen: Überdauerndes Erleben von Ärger, Apathie oder Traurigkeit

4.4 Erhebungsverfahren

4.4.1 3-Ebenen-Modell

Das *3-Ebenen- Modell* (Cierpka 2008, Hunger 2018) kann als Rahmenmodell für die Auswahl von Verfahren zur systemtherapeutischen Diagnostik und Bildung therapiebezogener Heuristiken zur Fallkonzeption und Therapieplanung verstanden werden. Es beschreibt Familie als soziales System auf drei Ebenen. Die *Familie-als-Ganzes* bildet eine Ebene, die wiederum die Subebene der dyadischen und triadischen Beziehungen *ich-du/ihr* und die Subebene des Individuums *ich-innerhalb-der-Familie* umfasst. Gleichwohl bildet die Ebene Familie-als-Ganzes eine Subebene des gesellschaftlichen Systems *wir-ihr*. Jede (Sub-)Ebene bzw. jedes (Sub-)System kann als Funktionssystem verstanden werden, das sich in Abgrenzung zu anderen Funktionssystemen beschreiben lässt, wobei die einzelnen Funktionssysteme miteinander in Wechselwirkung stehen. So ergeben sich vier Betrachtungsweisen (▶ Abb. 4.1) mit dazu entsprechenden Fragestellungen für die Systemdiagnostik (▶ Kasten 4.1).

Kasten 4.1: Fragestellungen der Familien- und Systemdiagnostik (Hunger 2018), in Anlehnung an Cierpka (2008)

Übergeordnete Fragestellungen

a) Welche Funktionen und Dysfunktionen zeigen sich bei Betrachtung der (Sub-)Systeme, mit Blick auf die Entstehung, Aufrechterhaltung und Veränderung ihres Erscheinungsbildes?
b) Wie lassen sich die beobachteten Funktionen und Dysfunktionen beschreiben, erklären und bewerten, wenn wir qualifizierende und quantifizierende Aussagen zugrundelegen?

Spezifizierende Fragestellungen

1. Wie organisiert sich das Individuum innerhalb seines Beziehungsgefüges in dem betroffenen sozialen System?
2. Wie organisieren sich die dyadischen und triadischen Beziehungen in dem betroffenen sozialen System?
3. Wie organisiert sich das betroffene soziale System als Ganzes?
4. Wie organisiert sich das betroffene soziale System in seiner sozialen und gesellschaftlichen Umwelt?

4 Kernelemente der Diagnostik

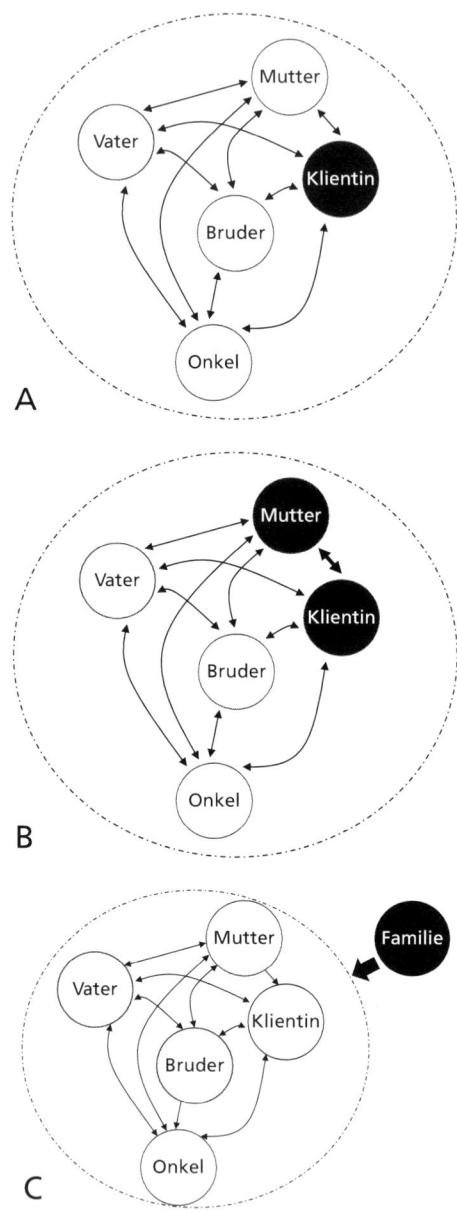

4.4 Erhebungsverfahren

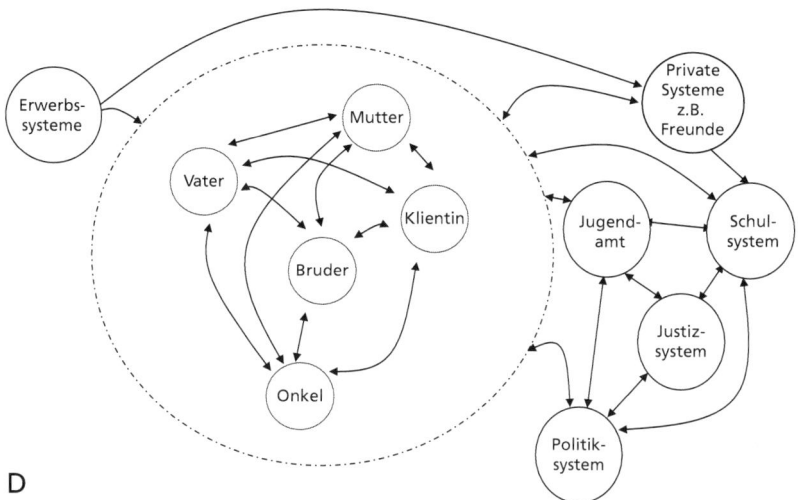

D

Abb. 4.1: A–D: Betrachtungsweisen für die Systemdiagnostik (Hunger 2018), in Anlehnung an Cierpka (2008)
A) Ebene des Individuums *(ich-innerhalb-des-sozialen-Systems)*
B) Ebene der dyadischen und triadischen Beziehungen *(ich-du/ihr)*
C) Ebene des sozialen Systems als Ganzes (wir)
D) Ebene des sozialen Systems im Kontext anderer sozialer Systeme (wir-ihr)

4.4.2 Fragebogen

Für die Ebene des Individuums *(ich-innerhalb)*, der dyadischen und triadischen Beziehungen *(ich-du/ihr)* und der Ebene des Systems als Ganzes *(wir)* existieren gut validierte Diagnostikinstrumente: die Inhalts- und Kriteriumsvaliditäten sind sehr gut bis gut; Retest-Reliabilitäten sind für einige, aber nicht alle Fragebogen vorhanden (▶ Tab. 4.2). Dabei werden v. a. dyadische und triadische Beziehungen untersucht. Triadische Beziehungen und das individuelle Erleben in sozialen Systemen werden weniger häufig betrachtet. Umfassender Entwicklungsbedarf besteht in der Erfassung der Interaktion sozialer Systeme im Kontext ihrer sozialen Umwelten. Bisher gibt es dazu kein Fragebogeninventar. Insofern ist zu überlegen, ob interviewbasierte Verfahren wie die Soziale Netzwerkdiagnostik (▶ Kap. 5.5.2) in der Lage sind, diese Lücke zu schließen.

Tab. 4.2: Fragebogeninventare zur deutschsprachigen Familien- und Systemdiagnostik
Ausführlichere Informationen sowie beispielhafte Studien sind im Online-Supplement bei Hunger (2018) einsehbar.

Titel und Autoren	Theorie, Dimensionen, Versionen und Normierung
Ebene des Individuums *(ich-innerhalb)*	
Selbstbeurteilungsbogen (FB-S) Anm.: Die FB-S sind ein Modul der Familienbögen (FB) (Cierpka und Frevert 1994) (Cierpka et al. 1996)	Theorie: *Prozessmodell* Dimensionen: *Aufgabenerfüllung, Rollenverhalten, Kommunikation, Emotionalität, Affektive Beziehungsaufnahme, Kontrolle, Werte und Normen* Versionen: 28 Items (ca. 45 min.) Normierung: 218 Familien
Erleben in sozialen Systemen Fragebogen (EXIS) (Hunger et al. 2017) (Hunger und Schweitzer 2014)	Theorie: *Systemmodell* Dimensionen: *Zugehörigkeit, Autonomie, Einklang, Zuversicht* Versionen: 12 Item (ca. 10 min.) Normierung: im Prozess
Ebene der dyadischen und triadischen Beziehungen *(ich-du/ihr)*	
Zweierbeziehungsbogen (FB-Z) Anm.: Die FB-S sind ein Modul der Familienbögen (FB) (Cierpka et al. 1994) (Cierpka et al. 1996)	Theorie: *Prozessmodell* Dimensionen: *Aufgabenerfüllung, Rollenverhalten, Kommunikation, Emotionalität, Affektive Beziehungsaufnahme, Kontrolle, Werte und Normen* Versionen: 28 Items (ca. 45 min.) Normierung: 218 Familien
Paarklimaskalen (PKS, PKS-K) (Schneewind 2002) (Moos 1979)	Theorie: *Sozial- bzw. Paarklima* Dimensionen: *PKS: Zusammenhalt, Offenheit, Konfliktneigung, Selbstständigkeit, Leistungsorientierung, Kulturelle Orientierung, Aktive Freizeitgestaltung, Organisation, Kontrolle; PKS-K: Verbundenheit, Unabhängigkeit, Aktivität* Versionen: PKS: 54 Items (ca. 20 min.); PKS-K: 24 Items (ca. 10 min.) Normierung: 490 Paare

4.4 Erhebungsverfahren

Tab. 4.2: Fragebogeninventare zur deutschsprachigen Familien- und Systemdiagnostik
Ausführlichere Informationen sowie beispielhafte Studien sind im Online-Supplement bei Hunger (2018) einsehbar. – Fortsetzung

Titel und Autoren	Theorie, Dimensionen, Versionen und Normierung
Gießen-Test – Paardiagnostik (GT-Paar) (Brähler und Brähler 1993) (Hinz et al. 2001)	Theorie: *Beziehungsstruktur* Dimensionen: *Soziale Resonanz, Dominanz, Kontrolle, Grundstimmung, Durchlässigkeit;* Beurteilungsformen: *Selbstbild des Mannes, Selbstbild der Frau, Urteil des Mannes über die Frau, Urteil der Frau über den Mann* Versionen: 40 Items (ca. 15 min.) Normierung: 1.601 Paare
Dyadic Adjustment Scale (DAS, DAS-K) (Spanier 1976) (Dinkel und Balck 2006)	Theorie: *Prozessmodell* Dimensionen: *Konsens, Zufriedenheit, Kohäsion* Versionen: DAS: 32 Items (ca. 10 min.); DAS-K:12 Items (ca. 5 min.) Normierung: fehlt
Partnerschaftsfragebogen (PFB, PFB-K) (KliemJob et al. 2012) (KliemKröger et al. 2012) (Hahlweg 2016) (Hinz et al. 2001)	Theorie: *Partnerschaftszufriedenheit* Dimensionen: *Streitverhalten, Zärtlichkeit, Gemeinsamkeit/Kommunikation* Versionen: PFB: 31 Items (ca. 10 min.); PFB-K: 9 Items (ca. 1 min.) Normierung: PFB: 114 Paare; PFB-K: 1390 Paare
Einschätzung von Partnerschaft und Familie (EPF) (Klann et al. 2006)	Theorie: *Partnerschaftszufriedenheit* Dimensionen: *Inkonsistenz, Konvention, Globale Unzufriedenheit, Affektive Kommunikation, Problemlösung, Aggression, Gemeinsame Freizeitgestaltung, Konflikte und Finanzen, Sexuelle Unzufriedenheit, Rollenorientierung, Konflikte mit Herkunftsfamilie, Unzufriedenheit mit Gegenwartsfamilie* Versionen: 150 Items (ca. 20 min.) Normierung: 412 Einzelpersonen
Dyadisches Coping Inventar (DCI) (Bodenman 2008)	Theorie: *Systemisch-transaktionale Stresstheorie* Dimensionen: *Stressäußerung, Positives supportives dyadisches Coping, Negatives supportives dyadisches Coping, Delegiertes dyadisches Coping;* Beurtei-

4 Kernelemente der Diagnostik

Tab. 4.2: Fragebogeninventare zur deutschsprachigen Familien- und Systemdiagnostik
Ausführlichere Informationen sowie beispielhafte Studien sind im Online-Supplement bei Hunger (2018) einsehbar. – Fortsetzung

Titel und Autoren	Theorie, Dimensionen, Versionen und Normierung
	lungsformen: *Selbstbild des Mannes, Selbstbild der Frau, Wahrgenommenes Coping der Frau, Wahrgenommenes Coping des Mannes* Versionen: 37 Items (ca. 10 min.) Normierung: 2.399 Paare
Familie/System als Ganzes *(wir)*	
Familienbögen (FB) (Cierpka et al. 1994) (Cierpka et al. 1996) (Sidor und Cierpka 2016)	Theorie: *Prozessmodell* Dimensionen: *FB: Aufgabenerfüllung, Rollenverhalten, Kommunikation, Emotionalität, Affektive Beziehungsaufnahme, Kontrolle, Werte und Normen; FB-A-K: Aufgabenerfüllung, Kommunikation, Emotionalität, affektive Beziehungsaufnahme, Kontrolle* Versionen: FB: je 28 Items pro Perspektive FB-S, FB-Z, FB-A (je ca. 45 min.); FB-A-K: 14 Items (ca. 5 min.) Normierung: FB: 218 Familien; FB-A-K: 1.442 Familien
Familienklimaskalen (FKS, FKS-K) (Schneewind 1987) (Moos und Moos 1981)	Theorie: *Sozial- bzw. Familienklima* Dimensionen: *Beziehung, Persönlichkeitsreifung, Systemerhaltung* Versionen: FKS: 116 Items (ca. 30 min.); FKS-K: 49 Items (ca. 15 min.) Normierung: 570 Familien
Family Adaptability and Cohesion Evaluation Scales (FACES) (Olson et al. 1979)	Theorie: *Circumplex Modell des Ehe- und Familiensystems* Dimensionen: *Kohäsion, Adaptabilität* Versionen: 20 Items (ca. 20 min.) Normierung: 2.453 Erwachsene, 412 Adoleszente
Evaluation of Social Systems (EVOS) (Aguilar-Raab et al. 2017)	Theorie: *Circumplex Modell; McMaster-Modell, Beavers Systemmodell* Dimensionen: *Beziehungsqualität, Kollektive Wirksamkeit* Versionen: 13 Items (ca. 10 min.) Normierung: fehlt

Tab. 4.2: Fragebogeninventare zur deutschsprachigen Familien- und Systemdiagnostik
Ausführlichere Informationen sowie beispielhafte Studien sind im Online-Supplement bei Hunger (2018) einsehbar. – Fortsetzung

Titel und Autoren	Theorie, Dimensionen, Versionen und Normierung
Familien-Identifikations-Test (FIT) (Remschmidt und Mattejat 1999)	Theorie: *Real- und Ideal-Ich* Dimensionen: *Soziale Aktivität, Assertivität, Soziale Resonanzfähigkeit, Emotionale Labilität* Versionen: 12 Items (ca. 5 min.) Normierung: 264 Kinder, Jugendliche und deren Eltern

4.4.3 Interview und szenische Methoden

Zur Exploration komplexerer Systemprozesse stehen der systemtherapeutischen Diagnostik v. a. Interviewverfahren und szenische Methoden zur Verfügung. Genogrammarbeiten (▶ Kap. 5.5.1) ebenso wie Systemaufstellungen (▶ Kap. 5.6.5) dienen der Erfassung mehrgenerationaler Dynamiken. Die Soziale Netzwerkdiagnostik (▶ Kap. 5.5.2) übersteigt biologische und legale Systemgrenzen und erfasst alle bedeutsamen Mitglieder eines betroffenen sozialen Systems. Da alle Verfahren ausgewählte Kernelemente der systemischen Therapie (▶ Kap. 5) darstellen, werden sie in den entsprechenden Kapiteln ausführlicher dargestellt. Weitere strukturell, interaktionell und projektiv orientierte Verfahren sind darüber hinaus an anderer Stelle zu finden (Arnold et al. 2008).

4.4.4 Rating

Seit den 1980er Jahren bemüht sich die Division 43 Family Psychology der American Psychological Association (APA) um die Etablierung einer beziehungsorientierten Diagnostik. Ein Erfolg ist die *Global Assessment of Relationship Functioning Scale (GARF)* (Stasch und Cierpka 2006). Sie erinnert stets an die Berücksichtigung des Beziehungskontextes entlang der drei Domänen *Problemlösung* (z. B. Fähigkeit, Ziele und Regeln auszuhandeln; Umgang mit Stress; Kommunikationsfähigkeit), *Organi-*

sation (z. B. Aufrechterhalten von (Sub-)Systemgrenzen; Funktionieren in Hierarchien; Kontrolle von Verantwortung) und *Emotionales Klima* (z. B. gegenseitige Wertschätzung; Bindung). Dabei bedarf es bereits im Instruktionsteil der GARF der Spezifizierung des einzuschätzenden sozialen Systems (▶ Kap. 3.1, ▶ Kap. 4.4.1). Mit der GARF-Skala wird das Ausmaß eingeschätzt, in dem eine Beziehung die affektiven und/oder lebenspraktischen Bedürfnisse eines betroffenen sozialen Systems erfüllt (81–100: »Die Beziehungseinheit funktioniert nach Selbstbericht der Beteiligten und aus der Perspektive von Beobachtern zufriedenstellend.«; 01–20: »Die Beziehungseinheit ist zu dysfunktional geworden, um die Kontinuität von Kontakt und Bindung aufrecht zu erhalten.«).

5 Kernelemente der Systemischen Therapie

Zu den Kernelementen der Systemischen Therapie zählen v. a. ihre erkenntnistheoretischen Grundprinzipien (▶ Kap. 3.2). Aufgrund der hohen Komplexität innerhalb des therapeutischen Geschehens entwickelte sie Transparenz garantierende Therapieelemente wie das Reflektierende Team, systemtherapeutische Grundhaltungen wie die vielgerichtete Parteilichkeit (Allparteilichkeit) und professionelle Neutralität, Elemente zur Gesprächs- und Prozesssteuerung, Auftragskonstruktion, Interventionen zur Arbeit mit Symptomen, Ambivalenzen und zum Abschluss von Systemischer Therapien.

5.1 Transparenz: Reflektierendes Team

Reflektierende Teams (Andersen 2011) ermöglichen, therapeutische Prozesse transparenter zu machen und betroffene soziale Systeme als autonome, handlungsmächtige Wesen zu betrachten. Erkenntnistheoretische Grundlage bildet der Radiale Konstruktivismus (▶ Kap. 3.6.1), in dessen Menschenbild jedes soziale System seine ganze eigene Wahrnehmungsversion spezifischer Situationen erzeugt. Dies gilt sowohl für Mitglieder eines betroffenen sozialen Systems als auch für das Therapeutensystem. Veränderungen in der Wahrnehmung bedürfen einer zugewandten und gleichzeitig bedeutsamen Irritation. Um sinnstiftende Unterschiede zu bilden braucht es Fragen, die zumindest das betroffene soziale System, und manchmal auch das Therapeutensystem, gerade wenn es sich mit dem betroffenen sozialen System in einer Problemtrance (▶ Kap. 5.4.3) verstrickt hat, zuvor selbst noch nicht gestellt hat. Die Betrachtung dessen, *was* die unmittelbare Interaktion der Systemmitglieder i. S. der Kybernetik 1. Ordnung ausmacht, bedarf i. S. der Kybernetik 2. Ordnung einer positiv konnotierenden Reflexion dessen, *wie* miteinander interagiert wird. Das Mailänder Team (▶ Kap. 1.2.4) entwickelte dazu das Reflektierende Team. Um Verstrickungen beim Joining und im therapeutischen Prozess möglichst früh zu erkennen, arbeiteten zwei Therapeuten oder Therapeutinnen direkt mit dem betroffenen sozialen System und zwei weitere Therapeuten oder Therapeutinnen beobachteten die Interaktionen im Therapiegeschehen durch eine Doppelglasscheibe im Nebenraum. Bei Bedarf wurde das Therapiegeschehen unterbrochen und Beobachtungen des Reflektierenden Teams im Nebenraum eingeholt. Die Mitglieder des betroffenen sozialen Systems waren dabei nicht involviert. Ein technischer Defekt, ein nicht auf lautlos gestelltes Mikrophon im Nebenraum, brachte ein großes Überraschungsmoment und eine positiv bedeutsame Unterschiedsbildung im Störungsgeschehen des betroffenen sozialen Systems, als die Systemmitglieder den Äußerungen des Reflektierenden Teams und des mit ihm interagierenden Co-Therapeutenteams im Nebenraum zuhörten. In positiver Konsequenz werden Reflektierende Teams heute oftmals im Therapieraum direkt installiert, räumlich durch Abstand gekennzeichnet als ein beobachtendes Subsystem des Therapiegeschehens (▶ Abb. 5.1). Aufgabe des Reflektierenden Teams ist ein aufmerksames Zuhören und die Formulierung von Fragen, zunächst innerlich und später verbalisiert, wie die beschriebene Symptomatik ergänzend erklärt werden könnte. Nach einer frei wählbaren Zeit bittet das Therapeutensystem in Rücksprache mit dem betroffenen sozialen System das Reflektierende Team, seine Wahrnehmungen inkl. der Einfälle und Fragen transparent zu machen. Dazu reden die Mitglieder des Reflektierenden Teams miteinander und nicht zum Therapiesystem, d. h. zu dem sich zwischen betroffenem sozialem System und Therapeutensystem aufspannenden interaktionalen Raum. Sie reden über ihre Wahrnehmungen (*»Ich nehme wahr...!«*), nicht über vermeintliche Tatsachen oder Charakteristika des Therapiesystems, und sie stellen sich Fragen, von denen sie annehmen, dass sie zu einer bedeutsamen Unterschiedsbildung im Denken, Fühlen und Verhalten des betroffenen sozia-

5.1 Transparenz: Reflektierendes Team

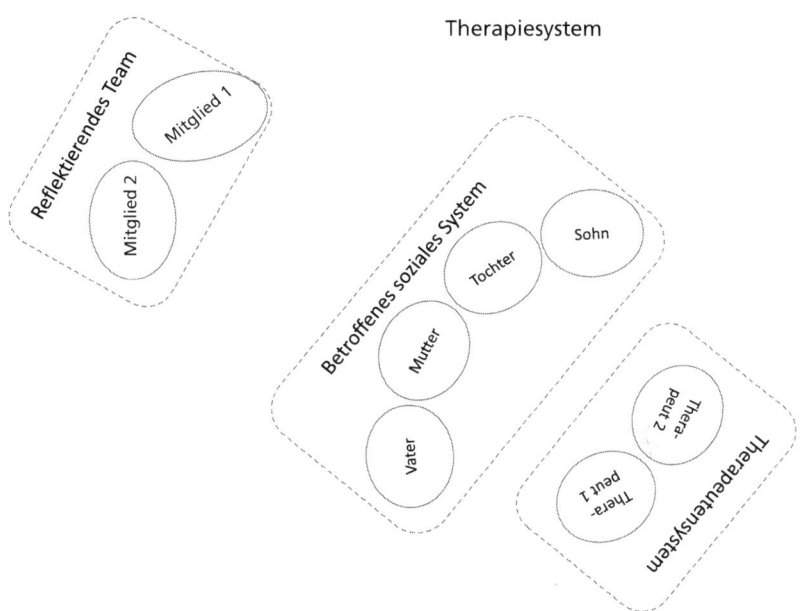

Abb. 5.1: Aufbau eines Therapiesystems in der Systemischen Therapie

len Systems mit Blick auf dessen Anliegen beitragen (»...*und ich frage mich...?*«). Anschließend bindet das Therapeutensystem an das betroffene soziale System zurück und erfragt wiederum dessen Einfälle und Fragen in Reaktion auf die Wahrnehmungen, Fragen und Rückmeldungen des Reflektierenden Teams. Das betroffene soziale System wird somit eingeladen, *eine Konversation über die Konversation des Reflektierenden Teams über die Konversation des Therapiesystems* mitzugestalten. Es entsteht ein selbstreferentieller und damit selbstorganisierender Dialog (Autopoiese) (▶ Kap. 1.3.2) über das, *was* zur Steuerung des Selbsterhalts des betroffenen sozialen Systems dient (Kybernetik 1. Ordnung) (▶ Kap. 1.2) und *wie* diese Steuerung Veränderung erfahren kann (Kybernetik 2. Ordnung) (▶ Kap. 1.3). Die oftmals divergente Vielstimmigkeit nicht nur innerhalb eines betroffenen sozialen Systems, sondern oftmals auch im Therapeutensystem, v. a. das professionell gerahmte Vorleben, dass diese Vielstimmigkeit gehört und wohlwollend verhandelt werden darf, gilt als zentraler Wirkmechanismus zur Lösung von Störungen innerhalb

89

der Systemischen Therapie. Eine zukunftsweisende und bereits evidenzbasierte Version des Reflektierenden Teams zeigt sich insbesondere im Therapieansatz des Offenen Dialogs (▶ Kap. 11.3.2).

5.2 Systemtherapeutische Grundhaltung

5.2.1 Vielgerichtete Parteilichkeit (Allparteilichkeit)

Die *vielgerichtete Parteilichkeit (Allparteilichkeit)* beschreibt das therapeutische Prinzip, nicht einseitig Partei für eine Person in einem betroffenen sozialen System zu ergreifen, sondern sich für jede Person (vielgereichtet) parteilich einzusetzen. Das Konzept entspringt der Kontextuellen Therapie (Böszörményi-Nagy et al. 2015) und ihrer Beschreibung unsichtbarer Bindungen (Loyalitäten) sowie einer altersangemessenen (transgenerationalen) Verteilung von Verantwortlichkeiten (Kontenausgleich) als Indikatoren einer salutogenetischen Beziehungsgestaltung (▶ Kap. 1.1.1). So kann ein Fokus der Therapie sein, wie die (scheinbar) widersprüchlichen Gerechtigkeitsanliegen ausgehandelt und balanciert werden können. Das Kernelement der vielgerichteten Parteilichkeit entspricht diesen Überlegungen. *Jede Seite hat ihre Anliegen, berechtigterweise, und für jede Seite kann das Therapeutensystem daher Partei ergreifen.* Wenn alle Anliegen in einem Therapiesystem einen Sinn erhalten, kann dies die Systemmitglieder dazu motivieren, Kompromisse einzugehen oder nach alternativen Auswegen für das der beschriebenen Symptomatik zugrundeliegende Bedürfnis zu suchen. Dabei ist die Anerkennung existentieller Bedürfnisse und der Dank für geleistete Fürsorge oftmals der Ausweg aus einer verfahrenen (system- und selbst-)destruktiven Situation.

Die Geschichte vom Rabbi und den Dorfbewohnern

Ein Rabbi hält in seinem Wohnzimmer als Dorfrichter Gerichtssitzungen ab. Eines Vormittags kommt ein höchst erregter Dorfbewohner und schildert die Untaten seines Nachbarn. Der Rabbi hört sich alles an und sagt am Ende: »Da hast Du aber recht.« Kaum zwei Stunden später taucht der Nachbar auf und schildert in allen Einzelheiten, was sich der andere hat zuschulden kommen lassen. Der Rabbi hört aufmerksam zu und sagt: »Da hast Du aber recht.« Die Frau des Rabbis betritt das Wohnzimmer und stellt ihren Mann zur Rede: »Sag mal, bist Du eigentlich noch bei Trost. Erst kommt der eine, und Du sagst: ›Da hast Du aber recht.‹ Kurz darauf kommt der andere, und Du sagst: ›Da hast Du aber recht.‹ So geht das doch nicht!« Der Rabbi denkt eine Weile nach und sagt: »Da hast Du recht.« (Trenkle 2017)

5.2.2 Neutralität

Neutralität beschreibt die gleichmäßige Anerkennung verschiedener Meinungen, Sichtweisen und Handlungsweisen von Mitgliedern eines betroffenen sozialen Systems, die entlang ihrer eigenen Sinngebung und nicht notwendigerweise zu den anderen Systemmitgliedern kompatibel soziale Realitäten verhandeln (▶ Kap. 3.6.1). Nachhaltige Veränderungen entstehen weniger durch Fremdvorgaben als vielmehr durch die aus dem System selbst heraus entwickelten Lösungen (▶ Kap. 1.3.2). Sinnstiftende Lösungsszenarien werden v. a. über offene Fragen, wie z. B. W-Fragen (Wer? Mit wem? Wann? Wo? Was?) i. S. system- und selbstreflexiver Prozesse angeregt. Eine neutrale Haltung ist eine stark von Respekt bestimmte Haltung gegenüber (1) der *Sinnhaftigkeit von Symptomen*, (2) der *Ambivalenz* des betroffenen sozialen Systems mit Blick auf eine (Nicht-)Veränderung und (3) der *Autonomie* eines Systems in der Frage, welchen Angeboten es Bedeutung beimisst. Neutralität, ebenso wie Neutralitätsverlust, ist also nie statisch gegeben, sondern ein dynamisch-interaktiver Prozess, der in der Zeit oszilliert und nur in der Interaktion des Therapeutensystems mit dem betroffenen sozialen System herstellbar erscheint. Kurzsupervisionen seitens des Therapeutensystems durch das betroffene soziale System, wie z. B. in der Frage: »Erleben Sie sich als Familienmitglieder vom Therapeutensystem gleichberechtigt gesehen und wertgeschätzt, oder kommt es zu Bevorzugungen bzw. Benachteiligungen?«, ebenso wie mit sich selbst, wie z. B.: »Habe ich alle Beteiligten gleichermaßen im Blick, oder erlebe ich Antipathien gegenüber ausgewählten Personen?«, dienen der Erkundigung über den Status der verhandelten (Nicht-)Neutralität.

Ebenen der Neutralität umfassen zum einen die *Konstruktneutralität*, wenn die verschiedenen Sichtweisen, Problem- und Lösungserklärungen innerhalb eines betroffenen sozialen Systems gleichermaßen wertgeschätzt werden. Der Aufmerksamkeitsfokus richtet sich auf die Analyse der Bevorzugung ausgewählter Wirklichkeitskonstruktionen. Konstruktneutralität wird verloren, wenn das Therapeutensystem mehr Wert auf bestimmte Erklärungsmodelle legt (Neutralitätsverlust gegenüber einzelnen Systemmitgliedern) oder seine Sichtweise gegen die Sichtweise des betroffenen sozialen Systems stellt (Neutralitätsverlust gegenüber dem betroffenen sozialen System als Ganzem). *Beziehungsneutralität* (soziale Neutralität) entsteht, wenn das Therapeutensystem sich auf die verschiedenen Systemmitglieder und ihre Beziehungsangebote gleichermaßen einlassen kann. Beziehungsneutralität wird verloren, wenn das Therapeutensystem sich (non-)verbal mehr für bestimmte Systemmitglieder interessiert als für andere, wie z. B. durch Zugestehen unterschiedlicher Redezeiten, freundlicher vs. skeptischer Gesichts- und Körpersprache. Die *Problem-Lösungs-Neutralität* (Ergebnisneutralität) entsteht, wenn gleichermaßen gelten darf, welche Lösung von wem, und ob überhaupt, sich wie durchsetzt. Ihr Aufmerksamkeitsfokus richtet sich auf die Auflösung einseitiger Fokussierungen von Veränderungsmöglichkeiten. Besonders bedeutsam ist hier, die Wirkungen von (Nicht-)Veränderungen im System zu befragen.

Grenzen der Neutralität ergeben sich darin, dass auch die Systemische Therapie eine warmherzige, empathische und zugewandte therapeutische Beziehung lebt und darin streng genommen Neutralität verliert. Emotionale Bewertungen eines interaktionellen Geschehens zeigen sich in Bruchteilen einer Sekunde in Gestik und Mimik (Primärreaktionen) und damit schneller als in den ihnen nachfolgenden kognitiven Bedeutungsgebungen (Sekundärreaktionen). Auch hier wird, meist unbewusst, Neutralität verloren. Weitere Grenzen einer neutralen Haltung bestehen im Kontext unsere Werte verletzender Handlungen wie z. B. sexueller sowie emotionaler Missbrauch. Eine neutrale Haltung schützt hier den Täter, nicht die Opfer! Die Vermeidung normativen Einflusses an dieser Stelle ist als Kunstfehler Systemischer Therapie anzusehen. Dennoch darf nicht übersehen werden, dass auch innerhalb von Zwangskontexten, Gestaltungsmöglichkeiten für eine neutrale therapeutische Beziehungsarbeit existieren (Conen und Cecchin 2018).

5.3 Gesprächssteuerung

5.3.1 Fokussieren

Erkenntnistheoretisch ist davon auszugehen, dass Probleme bedeutsam werden, wenn ein betroffenes soziales System sich in seinen Denk-, Fühl- und Handlungsspielräumen, und damit seiner Lebenswelt, zu eingeengt erlebt. Fokussierungen alternativer Wirklichkeitskonstruktionen und das Eintauchen in diese dienen der *Fokuserweiterung* und damit einer zunehmenden System- und Selbstwirksamkeit. Gleichfalls erscheinen Probleme oft nicht klar abgrenzbar und entbehren der Möglichkeit, sie isoliert zu bearbeiten. In Abhängigkeit der Zentralität des Problems für die Identität und Lebensgestaltung des betroffenen sozialen Systems strahlen Probleme von einem Lebensbereich in andere Lebensbereiche aus. Fokussierungen i. S. einer gemeinsam mit dem betroffenen sozialen System getroffenen inhaltlichen und zeitlichen Priorisierung dienen der Beibehaltung eines roten Fadens in der therapeutischen Prozesssteuerung mit Blick auf das in der Auftragskonstruktion formulierte Anliegen (▶ Kap. 5.4).

5.3.2 Zuhören

Selbsterzählungen können als Suchprozesse verstanden werden, Erlebtes in Resonanz und Sinnstiftung (▶ Kap. 3.6.1) zu bringen. Manchmal ist das Aussprechen dessen, was erlebt wurde, der bedeutsamste Schritt zur Unterschiedsbildung in Abgrenzung zu dem bisher scheinbar Unmöglichen. *Achtsames Zuhören* ist v. a. gefragt, wenn Personen erstmalig über ein Erlebnis berichten und noch wenig geübt in dessen Verbalisierung als auch Steuerung der subjektiv erlebten Reaktion des Zuhörenden auf das Gesagte erscheinen. Gleiches gilt für seelisch schwerwiegende bis traumatische Erlebnisse. *Interessiertes Nachfragen* ist v. a. hilfreich, wenn eine Erzählung nur stockend in Gang kommt. Gründe hierfür reichen von einer sich noch entwickelnden Enkulturation in die Wirklichkeiten der Systemischen Therapie bis hin zu großer Scham, sich mit der Erzählung auf eine bestimmte Weise zu zeigen. Einblicke in die Haltung sowie Arbeitsweisen der Systemischen Therapie und versichernde, wertschätzende Rückmeldungen unterstützen Prozesse der Selbstöffnung seitens des betroffenen sozialen Systems. *Kritisches Nachfragen* macht die professionelle Haltung des Nicht-Wissens systemischer Therapeutinnen und Therapeuten deutlich, wenn sich das, was für ein betroffenes soziales System so selbstverständlich erscheint, für das Therapeutensystem als wundersame Schlussfolgerung, unerklärliche Analogie, Erklärung oder Bewertung darstellt. Durch stets erneut wertschätzend-skeptisches Nachfragen wird das betroffene soziale System in die Lage versetzt, ebenfalls stets erneut Gründe dafür finden zu müssen, wozu seine bisherige Erzählung der Welt so sein muss, und wozu diese Welt nicht auch völlig anders erzählt werden kann. Indem die Problemerzählung infrage gestellt wird, wird gleichsam in symbolisch-kommunikativer Form das Problem selbst, ebenso wie seine Unveränderlichkeit, in Frage gestellt (▶ Kap. 1.3.4, ▶ Kap. 5.5.3).

5.3.3 Positionieren

Viel systemtherapeutische Ansätze der Kybernetik 1. Ordnung (▶ Kap. 1.2) arbeiten direktiv und nutzen vielfach Positionierungen. In Form von *Angeboten* eignen sie sich besonders, wenn Anregungen nur schlecht als Fragen formulierbar erscheinen. Dabei sollte stets erfragt werden, ob das betroffene soziale System (Lösungs-)Ideen des Therapeutensystems überhaupt hören möchte oder ob das Therapeutensystem eher fragestellende Instanz bleiben und das betroffene soziale System in seinem Prozess begleiten soll, bis es selbst eine für sich stimmige Lösung gefunden hat. *Rahmungen* beschreiben Setzungen, inkl. Grenzen, im Therapiesystem. Sie werden umso bedeutsamer, je komplexer das Arbeitsfeld ist, in dem die Therapie stattfindet. Nicht selten gibt es Anliegen Dritter (z. B. Jugend-, Familien-, Arbeitsgericht; Vorgesetzte), die möglicherweise auch die Informations- bis hin zur Schweigepflicht betreffen. Rahmungen sollten direkt zu Therapiebeginn erfolgen, um schützende Begrenzungen, v. a. bei Selbst- und Fremdgefährdung, ebenso wie neue Grenzerfahrungen zu ermöglichen, z. B. wenn das Therapeutenteam sich ehrlich für die Anliegen eines betroffenen sozialen Systems interessiert. Es geht auch darum zu verdeutlichen, dass Systemische Therapie sich nicht im Fahrwasser strafvollziehender Behörden bewegt, auch wenn sie mit diesen interagiert (▶ Kap. 6). *Konfrontationen* dienen der wertschätzenden Gegenüberstellung alternativer Wirklichkeitskonstruktionen und damit der Erzeugung konstruktiver Spannungen im Therapiegeschehen. Ziel ist es, herauszufinden, wozu die eine oder andere Art und Weise einer System- und Selbstkonstruktion dient. Ebenso können Konfrontationen genutzt werden, um Positionierungen und Rollen, z. B. auch (un-)bewusste Verschiebungen in der Verantwortungsübernahme, deutlich zu machen.

5.4 Auftragskonstruktion

»Wer fragt, ist interessiert. Wer fragt, ist klug. Wer fragt, führt das Gespräch. Wer fragt, schafft Bewegung. Wer fragt, gestaltet menschliche Begegnung.«
(Kindl-Beilfuß 2008)

5.4.1 Leitideen

Leitidee Konstruktion

Die Systemische Therapie ist sich der vielgestaltigen Hoffnungen und Befürchtungen, die mit der Aufnahme einer Psychotherapie verbunden sind, in mehrfacher Hinsicht bewusst. Auf der einen Seite arbeitet sie mit v. a. lösungsorientierten Therapeutensystemen, begründet in ihrer Professionalisierung i. S. der Kybernetik 2. Ordnung (▶ Kap. 1.3, ▶ Kap. 5.5.3), trifft aber häufig auf scheinbar stark problemorientierte betroffene soziale Systeme, begründet in ihrer kulturell geprägten Annahme, dass eine bedeutsame Problempräsentation die Wahrscheinlichkeit für die Ziehung einer gültigen Eintrittskarte (ticket to admission) (Goldberg et al. 1988) in die (krankenkassenfinanzierte) Psychotherapie erhöht. Darüber hinaus schärft die Arbeit unter v. a. den soziologischen und philosophischen Prämissen der Systemischen Therapie (▶ Kap. 3.4, ▶ Kap. 3.6) die Wahrnehmung für die verschiedenen *Sinnkonstruktionen zu einem Störungsgeschehen* seitens aller im Therapiegeschehen involvierten Mitglieder. Insofern geht es gerade zu Therapiebeginn nicht um Klärung von Aufträgen, so als bestünden diese bereist und müssten in der Therapie nur noch entpackt werden. Es geht um die gemeinsame Konstruktion von Aufträgen im Wissen darum, dass Menschen im Moment ihrer Begegnung, gerahmt von der Zeit und den sie umgebenden Kontextbedingungen, sich, das Gegenüber und gemeinsame Denk-, Fühl-, und Handlungsoptionen erst entwerfen und kennenlernen können. Besonders deutlich wird dies, wenn betroffene soziale Systeme Vorstellungen und Wünsche mitbringen, die aus professioneller Sicht keine salutogenetischen Ziele darstellen (z. B. »Wir möchten uns nie wieder streiten!«), andere Ziele jedoch aus einer entwicklungspsychologischen Perspektive sehr wünschenswert erscheinen (z. B. »Wir möchten Meinungsverschiedenheiten zukünftig konstruktiver austauschen können!«). Umso bedeutsamer wird die achtsame und konstruktive Kooperationsbildung v. a. zu Therapiebeginn, in der alle bedeutsamen Systemmitglieder, inkl. betroffenem sozialen System und Therapeutensystem, ihr laien- sowie professionsbezogenes System- sowie Selbstverständnis, gegenseitige Erwartungen und Befürchtungen austauschen können.

Leitidee Suggestibilität

Auch wenn betroffene soziale Systeme im Erstkontakt vordergründig problemorientiert erscheinen, so befinden sie sich zu diesem Zeitpunkt nicht mehr am Tiefpunkt ihrer Krise. Wer sich am Tiefpunkt z. B. einer depressiven Episode erlebt, liegt eher unter der Bettdecke als dass er Kontakt zu einer Psychotherapeutin oder einem Psychotherapeuten außerhalb seines Bettes sucht! Wer sich für Psychotherapie interessiert, hat zumeist einen längeren Entscheidungsweg durchlaufen und bestimmte Vorstellungen von dem, was er sich erhofft, dabei oft weniger informierte Erwartungen von dem, was ihn erwartet. Insofern befinden sich betroffene soziale Systeme gerade bei Aufnahme einer Psychotherapie in einem Zustand hoher Suggestibilität und damit *Offenheit für neue Informationen und Beeinflussungen.*

Diese Beeinflussbarkeit gilt es zu nutzen, und zwar in Form einer ersten Ressourcen- und Kompetenz- sowie Zielaktualisierung. Wie wichtig diese wird, machen Studien deutlich, die eine bedeutsame Assoziation zwischen dem Therapieergebnis und dem Grad der Zielklarheit als auch des Zielkonsens in der therapeutischen Beziehung berichten (Cooper und Law 2018). Prior (2010) nutzt daher bereits den telefonischen Erstkontakt zur Einstimmung und Vorbereitung auf das erste Therapiegespräch (▶ Kap. 5.4.2).

Leitidee Freiwilligkeit vs. Zwang

Die Auftragskonstruktion in der Systemischen Therapie scheint ein hohes Maß an *Freiheitsgraden* sowohl seitens des betroffenen sozialen Systems als auch des Therapeutensystems vorauszusetzen. In Zwangskontexten sind diese eingeschränkter, z. B. durch Vorgaben der Institution, die ein freies Aushandeln des Therapiekontraktes wie in der Forensik oder Familientherapie auf richterliche Anweisung begrenzen. Als Konsequenz zeigen sich weniger eigen- bis fremdmotivierte Auftragslagen und besuchende oder klagende Beziehungsangebote (▶ Kap. 9.2.2). Gleichwohl werden betroffene soziale Systeme äußerst selten, wenn überhaupt, in Hand- und Fußschellen gewalttätig vor ein Therapeutensystem gesetzt. Meist setzen sie doch irgendwie selbst, wenn auch unmotiviert, einen Fuß vor den anderen. In dem sie jeden Schritt selbst tun, bringen sie eine wenn auch noch so kleine, vage und manchmal wenig gut versprachlichte oder gar bewusste Ahnungen mit, wozu sie diesen Weg gegangen sind und was sie dabei angetrieben hat. Es gilt, diese Ahnung

i. S. eines Samenkorns mit seinem *Wachstumspotential* (▶ Kap. 1.1.4) aufzunehmen und ihm auch in Zwangskontexten Entfaltungsmöglichkeiten zu eröffnen. Unfreiwilligkeit stellt somit nicht notwendigerweise ein Hindernis für eine gute Auftragskonstruktion dar (Conen et al. 2018). Gleichwohl tun sich in diesen Fällen Therapiesysteme einen großen Gefallen, wenn sie sich die einschränkenden Kontextbedingungen bewusst machen und Eckpfeiler der Therapie bewusst positionieren (▶ Kap. 5.5.3). Andernfalls besteht die Gefahr, Aufträge zu konstruieren, die an der sozialen, ökologischen und gesellschaftlich-institutionell bedingten Lebenswelt nicht nur des betroffenen sozialen Systems, sondern auch des Therapeutensystems vorbeigehen.

5.4.2 Telefonischer Erstkontakt

»Wer eine Therapie mit dem ersten offiziellen Gesprächstermin beginnen lässt, hat das Beste schon versäumt!«
(Prior 2010)

Prior (2010) berücksichtigt den Kontext der Auftragskonstruktion mit der Leitidee der Suggestibilität in besonderer Weise. Ausgehend von der Idee, dass bei Anfrage für eine Psychotherapie betroffene soziale Systeme in besonderer Weise offen sind für neue Informationen, rahmt er bereits in einem telefonischen Vorgespräch die im Erstgespräch anzuschließende Problem- und Ressourcenaktualisierung sowie Aufnahme erlebter erfolgreicher wie auch nicht erfolgreicher Taten in der Annäherung an das formulierte Anliegen. Ziel ist die *Enkulturation* des betroffenen sozialen Systems in einen systemtherapeutisch geprägten Wirklichkeitsraum, der ihm abverlangt, nicht nur problem- sondern auch lösungsbezogen zu denken, zu fühlen und zu handeln, ohne Angst zu bekommen, aufgrund einer zu geringen Problemorientierung keinen Platz in einer Psychotherapie zu bekommen.

5.4.3 Perspektiven: Anlass, Anliegen, Auftrag, Übereinstimmung

Loth (1999) unterscheidet drei Bereiche der Auftragskonstruktion: Anlass, Anliegen und Auftrag. Sie können als aufeinanderfolgende Phasen der Auftragsklärung verstanden werden, vermischen sich jedoch oftmals prozessorientiert im Gespräch. Auch ändern sich Auftragslagen im Verlauf eines Therapiegeschehens, wenn betroffene soziale Systeme zunehmend Vertrauen gewinnen oder sich veränderte Problemperspektiven zeigen. Daher sind regelmäßige Rücksprachen bedeutsam und die Auftragskonstruktion nicht mit einem Erstgespräch abgeschlossen, sondern ein im Therapieprozess stets erneut wiederkehrendes Thema.

Anlass

Der Anlass bezieht sich auf die *Problemaktualisierung*. Er ist als »*Ortbegehung*« zu verstehen, in dem so lange verweilt wird, bis die Problemlage genügend und detailliert beschrieben wurde. Dabei kann es sinnvoll erscheinen, nicht zu lange im Problem zu verweilen und Gefahr zu laufen, in einer *Problemtrance (problem-talk)* (Schmidt 2018, 2019) zu landen. Wenn im Therapiegeschehen eine deutliche Einschränkung der Kreativität zur Entwicklung alternativer Lösungsszenarien seitens des betroffenen sozialen Systems oder des Therapeutensystems erlebt wird und sich somatische Marker (z. B. Kopfschmerzen, Nervosität) melden, ist es unbedingt Zeit, vom Problem zum Anliegen zu wechseln.

Anliegen

Das Anliegen bezieht sich auf Vorstellungen seitens des betroffenen sozialen Systems, wie ein Leben ohne das Problem aussieht und was es bis zum Ende der Therapie zu erreichen gilt. Es geht um die *Lösungsaktualisierung*, bestenfalls in Realisierung einer *Lösungstrance (solution-talk)* (Schmidt 2018, 2019). Mit z. B. der Wunderfrage (▶ Kap. 5.5.3) können Wünsche im Rahmen des Hypothetischen thematisiert werden. Fragen nach besseren Zuständen in der Vergangenheit rahmen die Auseinandersetzung mit Ausnahmen, wie »Wann war es das letzte Mal weniger/ gar nicht da?« und »Wie geschieht das schon jetzt?«. Neben der Zielrahmung sind auch das Konkretisieren von Zielen (▶ Tab. 5.1) und ihre positive Formulierung grundlegend bedeutsam. Antwortet ein betroffenes soziales System im Vermeidungsmodus, wie z. B. »Unser Ziel ist es, uns nicht mehr so arg um die Kinder zu sorgen!«, empfiehlt sich die

Frage nach einem Annäherungsziel (grosse Holtforth et al. 2007), wie »Was würden Sie stattdessen machen?«. Wenn jemand weiß, was er nicht mehr will, bedeutet dies noch lange nicht, dass er eine Vorstellung von der Alternative hat. Ohne die Vorstellung einer Alternative i. S. eines attraktiven Annäherungsziels ist es jedoch schwer, Schritte der Veränderung zu planen. Die Arbeit auf dem Weg *zu* sowie *mit* positiv formulierten Anliegen verändert meist die Stimmung im Therapiegeschehen, indem sich Zuversicht und Hoffnung breit machen als eine der ersten Dimensionen zur erfolgreichen Initiierung therapeutischer Veränderungen (Hunger et al. 2017; Stulz et al. 2007).

Tab. 5.1: Kriterien eindeutig definierter Ziele (erweiterter SPEZI)

Kriterium	Schlüsselwort	Musterfrage
Sprache	Worte; Metaphern; Symbole	»Wie würden Sie das in Ihren Worten beschreiben?«; »Haben Sie ein Bild, ein Lied, irgendeinen Gegenstand, der das symbolisiert?«
Sinne (VAKOG)	Visuell; Auditiv; Kinästhetisch; Olfaktorisch; Gustatorisch	»Was sehen/hören/riechen/schmecken Sie, und wie bewegen Sie sich?«
Spezifisch	»Wie genau«; »Ganz konkret«; »Im Einzelnen«	»Woran, ganz konkret, merken Sie, dass sie exakt am Zielpunkt stehen?«
Positiv	»stattdessen«; »wie dann« vs. »nicht«; »kein«; »die anderen«	»Wenn es nicht so sein soll, wie soll es stattdessen sein?«
Eigenerreichbar	»Sie«-Fragen; »Ich«-Aussagen vs. »man«, »die anderen«	»Was können Sie dazu beitragen?«
Zubehör vorhanden	»Zubehör«; »Fertigkeiten«; »Fähigkeiten«	»Welches Zubehör brauchen Sie?«; »Welche Fertigkeiten und Fähigkeiten sind wichtig?«
In Balance mit der Umwelt	»passend«, »im Gleichgewicht«; »im Ausgleich«, »ausgeglichen«	»Wenn Sie sich so zu sich selbst und anderen verhalten, wie hoch ist dann die Passung zwischen Ihnen und Ihrer Umwelt?«

Auftrag

Oftmals haben betroffene soziale Systeme eine Vorstellung davon, was sie von sich selbst erwarten und was sie sich vom Therapeutensystem erhoffen *(Beiträge, Kontrakte)*. Für den Fall, dass dem nicht so ist, erscheint es gewinnbringend, die Frage zu rahmen, z. B. »Ich habe noch eine Frage, zu der es manchmal bereits eine Antwort gibt, und manchmal auch (noch) keine: Haben Sie eine Vorstellung, was ihr ebenso wie mein Beitrag bei dem angestrebten Veränderungsprozess sein kann?« Wenn das betroffene soziale System keine Vorstellung hat, kann die Rahmung der Systemischen Therapie, ihrer Grundprinzipien und Kernelemente darin unterstützen, Handlungsoptionen mitzudenken. Manchmal erscheint dem Gesprächsverlauf die positive Zustimmung des betroffenen sozialen Systems implizit. In diesem Fall bedarf es keiner expliziten Nachfrage nach dem Auftrag. Hilfreich können jedoch kleine Zwischenbilanzen sein, wie »So wie wir gerade miteinander sprechen, ist das hilfreich für Sie?« Derartige Kurzsupervisionen durch das betroffene soziale System geben dem Therapeutensystem Sicherheit, dass es sinnstiftend und nützlich arbeitet.

Übereinstimmung

Sind Anlass, Anliegen und Auftrag konstruiert, gilt es ihre innere *Stimmigkeit* zu überprüfen, z. B. in ihrer Formulierung als attraktive Annäherungs- vs. Vermeidungsziele. Der Auftrag muss nicht nur für das betroffene soziale System Sinn ergeben, sondern gleichfalls für das Therapeutensystem. Manchmal erscheinen Lösungen für das beschriebene Problem oder Therapiesystem ungeeignet, weil unerreichbar und unrealistisch. Das *Steuerungsdreieck* (Kannicht et al. 2015) gibt eine gute Orientierung mit Frageangeboten an das Therapeutensystem: »Überzeugt mich der gewählte *Problemfokus* des betroffenen sozialen Systems?«, »Ist die Wahl der *Zusammensetzung* des sozialen Systems und Settings (z. B. Familie, Paar, Einzel; private und professionelle Dritte) passend?«, »Stimmen die gewünschten *Interventionen* und die Rolle des *Therapeutensystems* mit dem konstruierten Anliegen überein?«. Entsteht der Eindruck, dass Anlass, Anliegen und Auftrag in der Rahmung durch das Steuerungsdreieck nicht zueinander passen, empfiehlt sich ihre erneute Verhandlung, und zwar solange, bis sich ein für das Therapiesystem insgesamt stimmiges Bild ergibt. In dieser Phase kann das Therapeutensystem Vorbehalte dem Auftrag gegenüber entweder nutzen, um Fragen an das betroffene soziale System zu stellen, wie es sich eine Lösung vorstellt, oder es kann seine Vorbehalte explizit benennen und einen stimmigeren Auftrag aushandeln.

5.5 Prozesssteuerung: Bühnenmodell

Systemische Therapeutinnen und Therapeuten benötigen für eine reflektierte und weniger reflexhafte Prozesssteuerung Möglichkeiten zur Auswahl verschiedener therapeutischer Zugänge mit Blick auf ein im Therapiesystem formuliertes Anliegen. Es gibt verschiedene systemische Konzepte der Prozesssteuerung (Kannicht et al. 2015). Das Bühnenmodell verkörpert eine Grundtechnik zur Fokussierung verschiedener Perspektiven auf das Problem, seine Lösung und die Mittel und Wege der Zielerreichung. Wichtig ist dabei, stets zusammen mit den Systemmitgliedern zu schauen, welche Fokussierung welcher Bühne, d. h. Gegenwart, Zukunft oder Vergangenheit, wann und mit wem am ehesten zu einer positiven Veränderung der aktuellen Lebenslage durch Stimulierung neuer Handlungsmöglichkeiten herbeiführen kann. Dementsprechend ergeben sich unterschiedliche Fokusse für die zu explorierenden Themen und zu nutzenden therapeutischen Techniken. Innerhalb des Therapieprozesses können auch alle drei Perspektiven zum Einsatz kommen.

5.5.1 Hintergrund: Transgenerationalität

»Je mehr wir über unsere Familie wissen, desto mehr wissen wir über uns selbst. Und desto mehr Freiheiten haben wir zu bestimmen, wie wir selbst leben wollen.«
(McGoldrick et al. 2016)

Die Hintergrundbühne erfragt die historische Gewordenheit eines betroffenen sozialen Systems und seiner Anordnung rund um ein Störungsgeschehen. Sie fokussiert auf die Biografie des betroffenen sozialen Systems, auf mehrgenerationale Aspekte i. S. unsichtbarer Bindungen, Delegationen, (nicht) balancierter Beziehungskonten sowie (nicht) gelungener Bezogener Individuationen, Verstrickungen und unhinterfragter Wirklichkeiten. Sie schließt v. a. an die historisch frühen Modelle der Systemischen Therapie und der Kybernetik 1. Ordnung an (▶ Kap. 1.1, ▶ Kap. 1.2). Die Hintergrundbühne eignet sich vorrangig zur Arbeit mit chronischen Problemen, also *Problemen, die eine Chronologie und Historie beschreiben* und insofern als biografisch bezogene Störungen verstanden werden. Ein Therapiefokus besteht darin zu verstehen, was in der Gegenwarts- und Herkunftsfamilie los war *(lebensgeschichtliche Prägungen)*, welche internen sowie externen Bedingungen auf die (Ur-) Großelterngeneration wirkten, welche auf die Elterngeneration und welche auf das aktuelle System *(Reinszenierungen)*. Im Mittelpunkt steht dabei die Funktion eines Symptoms als Bindeglied von aktuellen und familienhistorischen Lebensoptionen. Ziel ist das Finden der auslösenden Problematik oder des ungelösten Themas zum besseren Verständnis der im Hintergrund wirkenden transgenerationalen Dynamiken. Ein bedeutsames Element der Systemischen Therapie zur Verdeutlichung mehrgenerationaler Beziehungen, Kommunikationen und Interaktionen ist die Genogrammarbeit und der Eigenbericht.

Genogrammarbeit

Die Genogrammarbeit (McGoldrick et al. 2016; Petry und McGoldrick 2013) erfragt und analysiert die Beziehungsmuster eines betroffenen sozialen Systems im Rahmen der Visualisierung des Familienstammbaums mit dem Ziel der Hypothesenbildung für das weitere therapeutische Geschehen. Basisdaten umfassen biologische Fakten (z. B. Alter, Geschlecht, Geburts- sowie Todesdatum) und Verwandtschaften (z. B. Geschwister, Großeltern, Eltern, Kinder, Heirat, Scheidung). Häufig werden Herzensbindungen (z. B. Ex-Partnerinnen und -partner) und Kinder aus früheren Beziehungen, abgetriebene oder totgeborene Kinder, ebenfalls berücksichtigt. Je nach Erkenntnisinteresse rücken familiäre Beziehungserfahrungen und überlieferte Beziehungsgeschichten in den Vordergrund (z. B. zugewandte oder konflikthafte Beziehungen, psychische Störungen und körperliche Krankheiten). Erlebnisorientierte Varianten nutzen Fotos, Symbole und weitere Medien zur erlebnisorientierten Ankerung bedeutsamer Erfahrungen. Dabei hat sich die Zeichengebung bei der Genogrammerstellung in den letzten Jahren zunehmend konventionalisiert, sie ist inzwischen als Software-Programm erhältlich (http://www.genopro.com/). Eine Abbildung einer Genogrammarbeit sowie der Hypothesenbildung rund um das Störungsgeschehen findet sich in der Darstellung des klinischen Fallbeispiels (▶ Kap. 6, ▶ Abb. 6.1, ▶ Kasten 6.1).

Die Genogrammarbeit endet jedoch nicht mit der einmaligen Aufzeichnung familiärer Verhältnisse i. S. eines statisch wirkenden Familienstammbaums. Dies ist erst der Anfang der Genogrammarbeit. Es geht um die Hinterfragung objektiv wirkender Fakten. Visualisierungen dienen dem Überblick über die meist komplexen Beziehungen innerhalb von und zwischen Generationen. Die Distanzierung zwischen dem »in mir Erlebten« und »Visualisiertem« erhöht individuelle und systembezogene Freiheitsgrade und damit die Entwicklung alternativer Sichtweisen hin zu einer positiveren Veränderung des Beziehungsgefüges und der bedeutsamen Kommunikations- und Interaktionsmuster. Die Organisation der Beziehungen macht Verantwortlichkeiten, Hierarchien, Strukturen und Grenzen transparent (z. B. Eltern- vs. Geschwistersysteme). Wenn erkennbar wird, wer wie im System agiert und wirkt, können Ideen darüber entwickelt werden, welche Beziehungsdynamiken einer Veränderung bedürfen, wer davon profitiert und wer dabei verliert. Zirkuläre Kommunikations- und Interaktionsmuster können besser adressiert und nachvollzogen werden. Ein beispielhafter Ablauf eines Genogramminterviews mit Fokus auf soziale Ängste kann folgende Inhalte umfassen: (1) Demografie (z. B. Eltern, Geschwister, Partnerin bzw. Partner, Kinder, Großeltern); (2) Symptom als Identifikations- und Abgrenzungsangebot (»Gab es Ängste oder andere bedeutsame gesundheitliche Probleme in der Familie?«, »Wie gelang ein guter oder auch schlechter Umgang damit?«; (3) Geschichte der Angst als Auslösekonstellation (»Wann traten die Ängste erstmals auf?«, »Wie war das Beziehungsgefüge damals?«); (4) Interaktionskreisläufe im Umgang mit der

Angst (»Was wurde von wem versucht, um die Ängste zu lindern?«, »Mit wem und wo wird die Angst stärker, schwächer oder tritt gar nicht auf?«); (5) Angst als Indikator einer anstehenden Entwicklungsaufgabe (»Wie schreibt sich die Geschichte fort, wenn die Angst nicht mehr da ist?«, »Wie, wenn sie noch eine Weile bleibt?«); (6) Motivation zur Veränderung (»Wer oder was gibt Kraft bzw. nimmt Kraft zur Veränderung?«) (Schweitzer, Hunger et al. 2020).

Eigenbericht

Gerade zu Therapiebeginn kann es hilfreich sein, einem betroffenen sozialen System zur Formulierung bedeutsamer Informationen auch außerhalb des Therapiegeschehens genügend Zeit zu geben. Eigenberichte ermöglichen Zeit zur Reflexion und fördern die Fähigkeit, sich bewusst zu machen, wie mit Blick auf intime System- und Selbstdarstellungsprozesse umgegangen werden will. Sie können einem verbesserten Symptomverständnis und zur Aktualisierung, Klärung sowie Priorisierung von Ressourcen- und Problemkontexten dienen, ebenso wie der Vorbereitung z. B. einer Genogrammarbeit (▶ Kap. 5.5.1) oder sozialen Netzwerkdiagnostik (▶ Kap. 5.5.2). Ausgewählte Themen eines Eigenberichts können folgende Aspekte ansprechen: (1) Lebensgeschichte (»Was waren besonders stärkende, was besonders belastende Lebensereignisse?«, »Welche Regeln und Glaubenssätze begleiteten Sie in den verschiedenen Phasen Ihres Lebens?«); (2) Aktuelle Situation (»Wie zeigen sich die Symptome, im Privaten wie Beruflichen?«); (3) Ressourcen (»Was soll sich nicht ändern, weil es schon jetzt sicher und gut erlebt wird?«); (4) Ziele und Visionen (»Was darf sich verändern?«, »Wie sieht ein gewünschtes Ergebnis aus?«); (5) Herkunftsfamilie (vgl. Genogramminterview); (6) Partnerschaft und Gegenwartsfamilie (Demografie; »Wie lange kennen Sie sich schon?«, »Gibt es frühere Beziehungen, die heute noch eine Rolle spielen (Herzensbindungen)?«); (7) Beruflicher Werdegang (Lebenslauf; »In welchen Tätigkeiten fühlen Sie sich sicher und kompetent?«, »Welche Vorgesetzten, Kolleginnen und Kollegen machen Sie nervös?«); (8) Freizeit (»Wie verbringen Sie Ihre Freizeit?«, »Wie häufig leben Sie freie Zeiten?«); (9) Finanzielle Situation (»Wie (un-)zufrieden sind Sie mit Ihrer finanziellen Situation?«); (10) Religiosität und Spiritualität (»Wie wichtig ist Ihnen eine religiöse bzw. spirituelle Zugehörigkeit?«, »Sollen Glaubensaspekte einen Platz im Therapiegeschehen bekommen?«, »Was kann das Therapeutensystems (nicht), was ein Seelsorger (nicht) kann?«).

5.5.2 Gegenwart: Zirkularität

»Die Frage ist der Auftakt zu mehr, sie ist der Beginn eines Miteinanders, das erst endet, wenn die Fragen ausgehen.«
(Kindl-Beilfuß 2008)

Die Gegenwartsbühne erfragt die aktuelle Performanz eines betroffenen sozialen Systems rund um ein Störungsgeschehen. Sie fokussiert auf die Beschreibung menschlicher Kommunikation als Ausdruck eines rückgekoppelten Regelkreislaufs zwischen der gezeigten Symptomatik und den beteiligten Personen, ihrem Kampf um die Definition der Beziehung, auf Verstrickungen durch Verletzung systembezogener Strukturen, Grenzen und Hierarchien. Damit schließt sie v. a. an die systemtherapeutischen Modelle der Kybernetik 1. Ordnung an (▶ Kap. 1.2). Die Gegenwartsbühne eignet sich vorranging zur Arbeit mit *Krisen* und *erst kurzfristig aufgetretenen Störungen*. Der Fokus der Therapie liegt auf der Beschreibung der *Reziprozität von Kommunikations- und Interaktionsmustern*. Im Mittelpunkt steht die Funktion des beschriebenen Symptoms innerhalb des betroffenen sozialen Systems. Ziel ist die Nachzeichnung zirkulärer Ursache-Wirkungs-Beziehungen und damit die Auflösung der Schuldfrage: in reziproken Beziehungen hat niemand Schuld allein, denn alle bedeutsamen Systemmitglieder haben Anteil und sind damit mitverantwortlich i. S. von handlungsmächtig für die Entstehung, Aufrechterhaltung und damit auch Möglichkeit zur Veränderung des Störungsgeschehens (Borst 2017). Ein bedeutsames Element der Systemischen Therapie zur Verdeutlichung reziproker Beziehungen zeigt sich in den Zirkulären Fragen und der Sozialen Netzwerkdiagnostik.

Zirkuläre Fragen

Systemische Fragen ermöglichen es, die kommunikativen und interaktiven Teufelskreise eines betroffenen sozialen Systems vor dem Hintergrund des in der Auftragskonstruktion erarbeiteten Anliegens (▶ Kap. 5.4) besser zu verstehen. Zirkuläre Fragen adressieren dyadische Interaktionen, wenn z. B. eine Therapeutin oder ein Therapeut (A) fragt, wie eine Person (B) über eine andere Person (C) denkt: A => B (B-C). Ebenso können triadische Interaktionen betrachtet werden, wenn die Therapeutin oder der Therapeut (A) fragt, wie eine Person (B) das Wechselspiel zweier oder mehrerer anderer Personen (C, D, etc.) erlebt: A => B (C-D-etc.). Diese Art zu fragen mag zunächst befremden, dennoch ist das, was damit erfragt wird, Bestandteil unseres täglichen Zusammenlebens: Wir reagieren nicht oder nur z. T. auf das, was andere tun, sondern vielmehr auf das, was wir denken, was andere über uns denken (Erwartungs-Erwartungen). Wenn das betroffene soziale System als Ganzes anwesend ist und herausarbeitet, was jedes Systemmitglied über die anderen Personen denkt, dann erfahren alle etwas Neues (Simon und Rech-Simon 1998).

Die kommunikativen und interaktiven Teufelskreise können bildlich nachgezeichnet werden, z. B. im Rahmen einer Externalisierung (▶ Kap. 5.6.4). So kann das betroffene soziale System die Art und Weise seiner Umsetzung der Axiome menschlicher Kommunikation (▶ Kap. 1.1) verständlicher nachvollziehen und erkennen, dass jeder Beginn einer Erzählung durch Interpunktion (un-)bewusst gewählt wird. Ebenso wird deutlicher, dass jede Kommunikation einen Inhalts- und Beziehungsaspekt verkörpert und es im Störungsgeschehen meist weniger um die Inhalte als um die zugrundeliegenden Bedürfnisse innerhalb der Beziehungsgestaltung geht. Daraus resultierend können gut informierte alternative Kommunikationswege zu der eigentlich angestrebten Bedürfnisbefriedigung entwickelt und erprobt werden. Ausgewählte Kategorien inkl. Beispiele Systemischer Fragen finden sich in der Darstellung des klinischen Fallbeispiels (▶ Kap. 6, ▶ Tab. 6.1).

Soziale Netzwerkdiagnostik

Soziale Netzwerke werden als »ein unter einem spezifischen Erkenntnisinteresse vorgenommener Ausschnitt der sozialen Beziehungen eines Individuums zu anderen Personen unter Einbeziehung der Beziehung dieser Personen untereinander« (Hass & Petzold 1999) verstanden. Gut integrierte soziale Netzwerke zeichnen sich durch eine angemessene Anzahl (Quantität) und Prosozialität (Qualität) der in ihnen wirkenden sozialen Beziehungen aus (Eaker et al. 2007). Dabei zählt die Quantität eines sozialen Netzwerks zu den strukturellen Aspekten und die Qualität eines sozialen Netzwerkes zu den funktionalen Aspekten (▶ Tab. 5.2).

Tab. 5.2: Strukturelle und Funktionale Aspekte sozialer Netzwerke (Hunger et al. 2019)
Eine Vorlage zur Nutzung in der Praxis kann bei der Autorin angefragt werden.

Kategorien	Beispiele
Strukturelle Aspekte	
Größe	»Wer gehört dazu, und wer nicht?«
Demografie	»Wie alt ist [Person]?« »Welches Geschlecht hat [Person]?«
Beziehungsart	»In welcher Beziehung stehen Sie zu [Person]?«
Beziehungsdauer	»Seit wann kennen Sie [Person]?«
Kontakthäufigkeit	»Wie oft sehen und/oder sprechen Sie mit [Person]?«
Funktionale Aspekte	
Positive soziale Unterstützung	»Wie sehr erleben Sie, dass [Person] sich um Sie sorgt?«
Soziale Negativität	»Wie sehr fühlen Sie sich von [Person] kritisiert?«
Systemerleben	»Wie sehr erleben Sie sich im Einklang mit [Person], d. h., dass sie gut im Kontakt bleiben können auch wenn nicht immer alles harmonisch läuft?«

Die soziale Netzwerkdiagnostik (Hunger et al. 2019) erfasst in einem halb-strukturierten Interview anhand von drei konzentrisch angeordneten Kreisen die sozialen Beziehungen eines betroffenen sozialen Systems, welches im Mittelpunkt dieser Kreisstruktur positioniert wird (▶ Abb.

5.4). Dabei werden ressourcen- und störungsspezifische Netzwerke unterschieden. Ressourcenspezifische Netzwerke, z. B. soziale Unterstützungsnetzwerke, erfragen Personen(gruppen), die das betroffene soziale System darin unterstützen, mit alltäglichen Situationen vertrauensvoll und sicher umzugehen. Das betroffene soziale System wird gebeten, Holzsteine stellvertretend für die Personen(gruppen), die es sehr unterstützen, in den ersten Kreis, Personen(gruppen), die es nicht so sehr, aber auch etwas, unterstützen in den zweiten Kreis, Personen(gruppen), die es ein bisschen unterstützen in den dritten Kreis, und Personen(gruppen), die es gar nicht unterstützen, obwohl es sich das wünscht, außerhalb der Kreise zu platzieren. Zu allen genannten Personen(gruppen) werden strukturelle und funktionale Aspekte erfragt. In gleicher Weise, jedoch invertiert für die Anordnung der konzentrischen Kreise, wird in störungsspezifischen Netzwerken, z. B. sozialen Angstnetzwerken, vorgegangen (▶ Abb. 5.2).

Unterstützungsnetzwerk

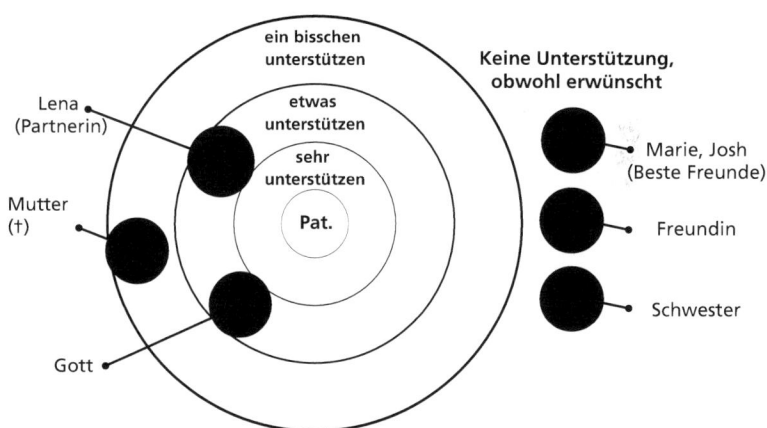

A (Gruppen von) Menschen, die mich darin unterstützen,
mit alltäglichen Situationen vertrauensvoll und sicher umzugehen

5 Kernelemente der Systemischen Therapie

Soziales Angstnetzwerk

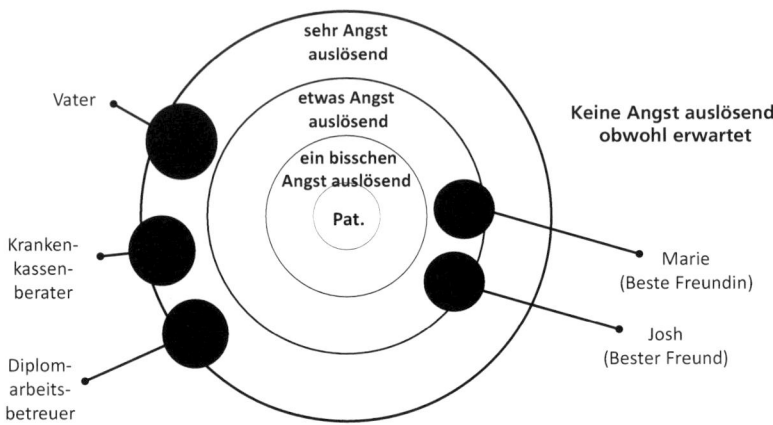

B

(Gruppen von) Menschen, die in alltäglichen Situationen Angst auslösen u./o. solche Situationen repräsentieren

Abb. 5.2 A–B: Soziales Unterstützungs- und Angstnetzwerk (Hunger et al. 2019)
Eine Vorlage zur Nutzung in der Praxis kann bei der Autorin angefragt werden.

5.5.3 Lösung: Wunder und Ausnahmen

»*Sei realistisch, glaube an Wunder.*«
(Berg et al. 2003)

Die Lösungsbühne erfragt, wie es noch werden kann. Sie fokussiert insbesondere die Potentiale und hypothetischen Zukunftsszenarien eines betroffenen sozialen Systems, reflektiert vielfältige Wirklichkeitskonstruktionen im Wissen um die Selbstorganisation (Autopoiese) sozialer Systeme und der in ihnen wirkenden herrschenden sowie unterdrückenden Geschichten der Beziehungsgestaltungen. Die Lösungsbühne schließt somit v. a. an die systemtherapeutischen Modelle der Kybernetik 2. Ordnung an (▶ Kap. 1.3). Grundlegend erscheint die Annahme, dass die Erzählung einer persönlichen Geschichte auf unseren Geisteszustand wirkt. Sprechen wir über Probleme, erzeugen wir Probleme; sprechen wir über

Lösungen, erzeugen wir Lösungen. Die Grundhaltung beschreibt ein fundamental ehrliches Interesse systemischer Therapeutinnen und Therapeuten besonders für die Kompetenzen betroffener sozialer Systeme, sowie für das, was davon bereits gelebt wird (*Potentialhypothese*). Das markante »Wow!« von Insoo Kim Berg, der Mitbegründerin des Lösungsorientierten Ansatzes (▶ Kap. 1.3.3), bei allen Aussagen, die eine Annäherung an die Lösung deutlich machen, ihre lebendige Art und ihr charmanter Umgang mit Menschen, sind dafür sinnbildlich. Die Lösungsbühne eignet sich besonders zur Arbeit mit an *Zukunftsszenarien* oder *Stabilisierung* orientierten betroffenen sozialen Systemen. Dazu gehören solche sozialen Systeme, die erfolgversprechende Veränderungen der beschriebenen Symptomatik leichter in der Fokussierung zukunftsgerichteter Szenarien entwickeln, z. B. wenn *auslösende Momente wenig gut sowie genau* berichtet werden, *spezifische Auslöseszenarien bereits längere Zeit erfolglos gesucht* wurden und eine hohe Motivation *weg vom aktuellen Problemzustand* besteht, ohne den genauen Zielzustand schon formulieren zu können. Ebenso gehören dazu betroffene soziale Systeme, die eine *Stabilisierung und Konsolidierung bereits erfolgreicher Veränderungen* anstreben. Übergeordnetes Ziel ist die Entwicklung eines Drehbuchs für ein Leben ohne das Problem in Abgrenzung vergangenheits- und gegenwartsbezogener Inszenierungen eines Lebens mit dem Problem. Bedeutsame Elemente der Systemischen Therapie zur Arbeit mit zukunftsbezogenen Lösungsszenarien sind die Wunderfrage sowie Arbeit mit hypothetischen Lösungsszenarien und systemrelevanten Ausnahmen.

Grundregeln der Lösungsbühne

- Repariere nicht, was funktioniert.
  - Wenn etwas funktioniert, mache mehr davon.
  - Wenn etwas nicht funktioniert, versuche etwas anderes.
- Kleine Änderungen können große Wirkungen nach sich ziehen.

Grundhaltungen der Lösungsbühne

- Therapie darf einfach wirken.

- Auch Humor ist erlaubt, als wohlwollend distanzierendes Element (»Humor ist, wenn man trotzdem lacht!«) und als notwendiges psychotherapeutisches Basiselement (»Eine Psychotherapie ohne Humor ist wie eine medizinische Operation ohne Narkose!«)
- Veränderung strengt an: der erste Schritt ist zumeist der schwerste Schritt, zieht aber bedeutsame Veränderungen nach sich, und darf daher klein gewählt werden (Schmetterlingseffekt).
- Patientensysteme sind stets kooperativ.
  - Ein »Nein« ist keine Ablehnung von etwas (z. B. Therapeutin oder Therapeut, Intervention, Veränderung), sondern stets ein »Ja« zu etwas stärker sinnstiftend Anderem.
  - Wenn Patientensysteme etwas nicht mitmachen, dann in Kooperation zu »das, was Du vorschlägst, hilft mir nicht weiter!«

Wunderfrage

Die Wunderfrage ist spontan in der Interaktion von Insoo Kim Berg, der Ehefrau Steve de Shazers (▶ Kap. 1.3), mit einer Klientin entstanden, die in großer Verzweiflung äußerte: »Vielleicht kann mir nur ein Wunder helfen!« (de Jong und Berg 2003, S. 138). Insoo Kim Berg maß dieser Äußerung Bedeutung zu, erachtete sie als sinnstiftend (▶ Kap. 3.4.1), nahm die Klientin in die Verantwortung für die Konstruktion ihrer Wirklichkeit (▶ Kap. 3.6.1) und konstruierte zusammen mit ihr das Wunder direkt im folgenden Therapiegeschehen. Erkenntnistheoretisch ergibt sich die Wunderfrage als sozial konstruierte Annahme, dass ein Wunder jederzeit geschehen kann, welches die Probleme, derentwegen ein betroffenes soziales System Unterstützung sucht, zum Verschwinden bringt. Dass das Wunder geschehen ist, wird erst nachträglich gemerkt, wenn Anzeichen dafür seitens der Systemmitglieder wahrgenommen werden. Konsequenterweise ergibt sich im Therapieprozess ein gemeinsam zu gestaltender Suchprozess, der Lösungsräume eröffnet, die notwendigerweise ihrer Konkretisierung und damit Verankerung im Hier-Jetzt bedürfen. Es geht nicht nur um die Konstruktion der Wunderwelt, sondern ganz praktisch der Überprüfung ihrer Auswirkungen auf die alltagspraktische Welt des betroffenen sozialen Systems. Insofern ist die *Wunder*frage ebenso eine *Realitäts*frage (▶ Abb. 5.3).

Wortlaut der Wunder- bzw. Realitätsfrage

»... Angenommen, es geschieht eines Nachts,
während Sie schlafen, ein Wunder,
und das Problem,
weswegen Sie hier sind,
ist gelöst.«

Konsequenzen der Wunder- bzw. Realitätsfrage im Hier-Jetzt

- Wer bemerkt zuerst, dass das Problem verschwunden ist, nicht mehr da ist?
- Woran bemerken Sie es selbst?
- Was ist anders?
- Was passiert als nächstes? Und dann? Und dann?

Abb. 5.3: Wirkmechanismus der Wunderfrage

Es gibt vier gute Gründe, die Wunderfrage zu stellen. (1) Sie dient der *Entwicklung von Therapiezielen* und denkt die Zielkonstruktion vom Ende her. (2) Sie ermöglicht die *emotionale Erfahrung des Lösungszustandes (virtuelles Wunder)* und im sinnlichen Eintauchen in das Wunder (VAKOG, ▶ Kap. 5.2.3) wird ein Teil davon direkt im Therapiegeschehen erfahrbar. Das ist übrigens auch der wichtigste Grund, die Wunderfrage zu stellen. (3) Sie lässt einen *Blick auf die Ausnahmen des Problems* zu, wenn dieses verschwindet. Dazu ist es wichtig, auch die Details im

Wunder zu erfragen, z. B. »Geschieht das Wunder eher im großen Stil oder scheinbar unbemerkbar, sozusagen in kleinen Stücken?«. So steigen die Anhaltspunkte, auch im Alltag zu bemerken, wenn es bereits geschehen ist. (4) Sie gibt einen *Anstoß zu einer Fortschrittsgeschichte*. Betroffene soziale Systeme berichten gerade zu Therapiebeginn v. a. Rückschritte in ihrem Leben und wie sich Dinge zum Schlechteren entwickelten. Die Wunderfrage ermöglicht eine Unterbrechung dieser Problemaktualisierung hin zu einer Erlebenswelt, die durch Verbesserungen und Fortschritte gekennzeichnet ist, im Therapieraum aktualisiert sowie unmittelbar erlebt wird und deren Konsequenzen im Alltag direkt spürbar werden können. Sie erleben einen gestärkten Selbstwert und eine erhöhte Selbstwirksamkeitserwartung, ihr Leben in ihren eigenen Händen so gestalten zu können, wie sie es sich wünschen. Das ist das besonders Gesunde an der Wunderfrage.

Frage nach Ausnahme

Die Frage nach besseren Zuständen in der Vergangenheit, als die Welt noch als in Ordnung erlebt wurde, rahmen die Auseinandersetzung mit Ausnahmen und damit die Exploration von Problemabweichungen. Dazu gehört auch die Erfragung von Denk-, Fühl- und Verhaltensweisen, die bereist Lösungsszenarien darstellen, wie z. B. »Wieviel leben Sie bereits von dem, was Sie als Anliegen formuliert haben?«. Der Ressourcenaktivierung folgen die Ressourcenklärung und anschließend die Umsetzung der erarbeiteten Ressourcen. Dabei können *Ressourcen aktiviert* werden, wenn betroffene soziale Systeme beschreiben, was sie im Leben bereits gut gemeistert haben, wenn Kraftquellen und ihre »eigen-mächtige« Nutzung sinnlich spürbar werden (VAKOG, ▶ Kap. 5.2.3). Nicht selten erscheint der räumlich inszenierte Wechsel vom »Patientenstuhl«, (oftmals) der »Problemplatz«, hin zu einem »Ausnahmeplatz« für eine erlebnisorientierte Erfahrung der Lösung hilfreich. Dabei können zirkuläre Fragen die vertiefte Auseinandersetzung mit Ausnahmen begünstigen, wie »Was denken Sie, würde Ihr familiäres Umfeld sagen, was Sie in diesen Zeiten anders machen?«. Nicht selten handelt es sich bei Ressourcen um hochautomatisierte Routinen, die eher zu geschehen scheinen, als dass sie aktiv hergestellt würden (z. B. jeden Tag auf ein Neues aus dem Bett aufstehen). Die *Ressourcenklärung* dient der Ausdifferenzierung kraftvoller Situationen in Zeitlupe und macht deutlich, auf welche Art und Weise ein betroffenes soziales System in der Ausnahmesituation bereits zum »Lösungsopfer« geworden ist. Wenn verstanden wurde, welche Ressourcen wann und wie hilfreich erscheinen, gilt es, diese *Ressourcen zu nutzen*, im ganz konkreten Alltag. Die Wahrscheinlichkeit eines gelingenden Transfers steigt dabei unter Berücksichtigung möglichst vielseitig verwendbarer und einfacher Ideen und Taten seitens des betroffenen sozialen Systems. Die Rahmung von Anliegen und Zielvorstellungen über Ausnahmen und hypothetische Lösungen unter Anwendung der Wunderfrage kann einseitig linear sowie bidirektional zirkulär erfolgen. Ein Ablaufschema ist in Abb. 5.3 dargestellt (▶ Abb. 5.3).

5.6 Experimente: Arbeiten mit Symptomen und Ambivalenzen

5.6.1 Positive Konnotierung

»*Gestalte die Lösung in einer Weise, dass die positiven Elemente des Problems nicht verloren gehen.*«

Positive Konnotationen entspringen der Erkenntnistheorie, dass betroffene soziale Systeme negative Bewertungen störungsbezogener Kommunikation sowie Interaktion bereits vielfach erlebt haben. Eine bedeutsame Unterschiedsbildung liegt daher gerade darin, etwas anderes zu tun, nämlich scheinbar unerwünschte Denk-, Fühl- und Verhaltensmuster positiv zu rahmen. So entstehen Zugänge, weil eben nicht zur Veränderung gemahnt wird, keine Gefahr seitens des Therapeutensystems besteht und das betroffene soziale System sich freiheitlicher in der Entwicklung und Erprobung kreativer Veränderungsideen erleben kann. Zwei Arten positiver Konnotationen können unterschieden werden. Die *positive Konnotation unerwünschter Eigenschaften* ergänzt eine negative Zuschreibung um positive Bedeutungsinhalte, ganz i. S. zweier Seiten einer Medaille. So wird z. B. »Meine Angst bringt mich um!« zu »Wer keine Angst hat, hat keine Phantasie!«, oder »Unsere Tochter ist stur wie ein Esel!« wird zu »Unsere Tochter hat eine ausgeprägt eigene Meinung und steht dazu!«. Die *positive Konnotation einer Störung* erweitert den Blickwinkel i. S. der Unterstellung einer inneren Weisheit des betroffenen sozialen Systems, wozu es bisher an der Störung anstatt an seiner Lösung festhält. Aussagen wie z. B. »Lieber saufe ich, als dass ich mich umbringe!«, »Wenn ich richtig zugedröhnt bin, lässt mich der Schmerz zumindest für einen Moment in Ruhe!« oder »Lieber kotze ich, als dass sich meine Eltern scheiden lassen!« machen die Vorteile eines Störungsgeschehens deutlich. Ziel der Arbeit mit positiven Konnotationen ist die Herbeiführung einer Musteränderung, indem das betroffene soziale System seinen Veränderungswunsch relativiert oder sogar das Therapeutensystem zu überzeugen versucht, dass sich trotz der Vorteile der unerwünschten Eigenschaften bzw. Störung die Veränderung lohnt. Günstigstenfalls kommt es zum Rollentausch, in der das Therapeutensystem seine Skepsis gegenüber der Veränderung äußert, wohingegen das betroffene soziale System von der Möglichkeit der Problemlösung überzeugt erscheint.

Leitfrage positiver Konnotationen

Positive Konnotationen dienen der Musterunterbrechung bei z. B. drohender Problemtrance, und der Entlastung, indem sie die Anstrengung, andere von der eigenen Position überzeugen zu müssen, auflöst sowie der Leitfrage Raum gibt: »Wie kann die Lösung in einer Weise gestaltet werden, dass die positiven Elemente der unerwünschten Eigenschaften bzw. Störung nicht verloren gehen, sondern wertgeschätzt werden können?«

Fragen zu den positiven Effekten des Problems

- Welche Vorteile ergeben sich aus der Existenz des Problems?
- Wie kann das Störungsphänomen als Kompetenz definiert werden?

- Inwiefern stellt die Störung bereits einen Lösungsversuch dar? Und wozu dient dieser Versuch?

Fragen zu den guten Gründen, das Problem nicht aufzulösen

- Was kostet eine Veränderung?
- Was ist der Preis, der für eine Veränderung zu zahlen ist?
- Was fehlt, wenn die Störung sich aufgelöst hat?

Die Gefahr positiver Konnotationen liegt darin, dass sie zynisch wirken können, v. a., wenn das betroffene soziale System sich nicht gut vom Therapeutensystem verstanden erlebt oder erahnt, einen sekundären Krankheitsgewinn unterstellt zu bekommen. Daraus resultiert die unbedingte und authentische Anerkennung auch der Belastung, die durch das Problem bereits entstanden ist bzw. zu entstehen droht, z. B. in Formulierungen wie »Ich sehe, wie sehr Sie das Problem belastet und Ihr Wunsch nach Veränderung ist sehr verständlich. Trotzdem interessiert mich, bevor sie mit einer Veränderung beginnen, welchen Preis sie möglicherweise bereit sind, dafür zu bezahlen, und wie dieser aussehen kann.«

5.6.2 Lösung-Problem-Zirkel

»Wer eine Seite der Medaille verneint, kann nicht die Mitte zwischen beiden Seiten erkennen.«

Zur Balancierung von Lösungen und Problemen dient die Betrachtung innerer Ambivalenzen betroffener sozialer Systeme. Meist zeigen sich mindestens zwei innere Stimmen, die miteinander ringen: eine Stimme, die zu Veränderungen sowie zur Lösung des Problems mahnt, und eine Stimme, die Veränderungen aus guten Gründen verhindern will. Die Wertschätzung beider Stimmen auch im Widerspruch zueinander ist bedeutsam, um inter- und intrapsychische (frühere) Erfahrungen und daraus resultierende Konsequenzen im Umgang mit alltäglichen Situationen hören zu können (Kannicht 2012; Klein et al. 2011). Der Lösungs-Problem-Zirkel eröffnet einen Rahmen, um die Vorteile der Lösung (»Was ist der Vorteil, wenn Sie ändern, was Sie ändern möchten?«) sowie Nachteile des Problems (»Was ist der Nachteil, wenn Sie mit anderen weiter so interagieren, wie sie es nicht wollen?«) zu erfragen. Ziel ist ein Verständnis der guten Gründe, das Problem beizubehalten (»Welche guten Gründe gibt es, nichts zu verändern?«) und die Lösung noch nicht zu leben, obwohl sie doch so einfach erscheint (»Was fehlt, wenn das Problem nicht mehr da ist?«). Die Wahrscheinlichkeit einer Musterunterbrechung erhöht sich, wenn im Verstehen der guten Gründe für die Problembeibehaltung das Therapeutensystem die Rolle der »Skeptikerin« einnimmt und komplementär das betroffene soziale System in die Verantwortung der »Überzeugenden«, dass die Lösung (doch) möglich erscheint, überführt.

5.6.3 Symptomverschreibung (Paradoxe Intervention)

»Wenn Du ein Symptom hast – nutze es!«

Aufgrund der in den 1950er Jahren noch wenig erfolgreichen psychotherapeutischen Behandlung ausgewählter Störungen (z. B. Anorexia nervosa, Schizophrenie) suchte das Mailänder Team (▶ Kap. 1.2.4) nach alternativen Behandlungsstrategien. In der Begegnung mit Paul Watzlawick (▶ Kap. 1.2.1) und Gregory Bateson (▶ Kap. 1.3) entwickelte es die Symptomverschreibung (Paradoxe Intervention) (Selvini Palazzoli et al. 1975). Erkenntnistheoretisch basiert sie auf einer bedeutsamen Unterschiedsbildung in der Aufforderung, etwas Unerwartetes zu tun, und zwar die Symptom(-komponenten) (z. B. physiologisch, motorisch, kognitiv, emotional) absichtlich (nicht) herbeizuführen (Reduktion, Eskalation). Sie ist besonders hilfreich, wenn negative Bewertungen und Veränderungsangebote bereits vielfach und mit nur mäßigem Erfolg erprobt wurden. Sie erscheint ebenso gewinnbringend, wenn (zu) frühe Veränderungen ohne alternative Lösungsszenarien das Überleben des betroffenen sozialen Systems bedrohen. So können die Symptome einer Zwangsstörung von sechs auf drei Stunden Duschzeit am Tag reduziert worden sein. Wenn aber attraktive alternative Ziele fehlen, mit was und wem die drei Stunden frei gewordener Zeit verbracht werden wollen,

5.6 Experimente: Arbeiten mit Symptomen und Ambivalenzen

können suizidale Tendenzen die Macht über die entstandene Leere gewinnen. Die Symptom(-komponenten) werden meist isoliert verschrieben. Es können Positiv-Symptome (»Tu' [zeige, denke, empfinde], was du sowie schon tust [zeigst, denkst, empfindest]«) adressiert werden (bei sozialer Angststörung: »Versuche möglichst stark, und noch stärker zu schwitzen, bevor Du einen Vortrag hältst!«; bei Teamkonflikten: »Streiten Sie sich auf alle Fälle mindestens einmal gemeinsam vor 8:15 Uhr!«). Ebenso können Negativ-Symptome (»Tu' [zeige, denke, empfinde] das nicht, was du nicht tust [zeigst, denkst, empfindest]«) adressiert werden (bei psychogener Erektionsstörung: »Auf keinen Fall im Urlaub Geschlechtsverkehr versuchen«; bei Arbeitgeber-Arbeitnehmer-Konflikten: »Auf keinen Fall ein gemeinsames freundliches Wort vor 8:15 Uhr äußern!«). In den Worten von von Schlippe und Schweitzer (2016) schaffen solche ritualisierten Musterverschreibungen eine zugleich humorvolle und absurde Zuspitzung: »Sie machen deutlich, was läuft, erkennen dies als sinnvoll an und erzeugen einen gewissen Druck, diesen Blödsinn nicht so weiterzumachen« (S. 334). Ziel von Symptomverschreibungen ist die willentliche Ausführung der verschriebenen Symptom(-komponenten), was paradoxer Weise deren Abschwächung bedingt und zur Steigerung des System- und Selbstwirksamkeitserlebens in dem betroffenen sozialen System führt (▶ Abb. 5.4).

Abb. 5.4: Wirkmechanismen der Symptomverschreibung

Die Rahmung der Symptomverschreibung kann dabei verstärkt direktiv in Anlehnung an das Mailänder Team und in Form eines Abschlusskommentars erfolgen. Von besonderer Bedeutung ist der Aufbau eines Spannungsbogens, die Möglichkeit zur Skepsis und Verbindlichkeit aller bedeutsamen Systemmitglieder, um die Erfolgswahrscheinlichkeit der Symptomverschreibung zu erhöhen. Im Heidelberger Ansatz (Hunger et al. 2016; Schweitzer und Hunger et al. 2020) wird die Symptomverschreibung als ein dreischrittiges Vorgehen umgesetzt, indem zuerst indem zuerst *Probleme*, dann *Lösungen* und schließlich die *Vermeidung* verschrieben werden. Die tatsächliche Umsetzung der verschriebenen Aufgaben *(in vivo)* erscheint dabei ebenso gültig wie die System- und Selbstreflexion in der hypothetischen Inszenierung der Verschreibungen *(in sensu)*. Wichtig ist, dass die aufzusuchenden Situationen und das zu zeigende Verhalten stets gemeinsam mit dem betroffenen System entlang seiner Ziele, Ressourcen und neugierig machender sozialer Kontexte erarbeitet und erprobt werden. Hilfreich erscheint gerade in der Entwicklung von Symptomverschreibungen die Einbindung eines Reflektierenden Teams (▶ Kap. 5.1). Ein Beispiel dieser Variante der Symptomverschreibung findet sich in der Darstellung des klinischen Fallbeispiels (▶ Kap. 6, ▶ Tab. 6.2).

5.6.4 Externalisierung

»Eine Erzählung ist nicht irgendeine Geschichte – sie ist eine Erfahrung!
Verändern Menschen ihre Geschichte, verändern sie ihre Erfahrung!
Sie werden zu den Geschichten, die sie über sich erzählen!«

Die Arbeit mit Externalisierungen entstammt dem Narrativen Ansatz (▶ Kap. 1.3.4) und basiert erkenntnistheoretisch auf der Idee, dass soziale Prozesse über Kommunikation und Interaktion unsere Identität mitformen: Eine persönliche Geschichte von sich zu erzählen, macht etwas mit unserem Geisteszustand und Erzählungen, die wir über uns und andere entwerfen, organisieren in reziproker Weise unsere Beziehungen.

Eine Erzählung ist nicht irgendeine Geschichte – sie ist eine Erfahrung

Erzählen Menschen über bedeutsame Erlebnisse, steigt ihre subjektiv erlebte Aufregung. Diese wird positiv gewertet nach Erzählung einer positiven Geschichte und negativ nach Erzählung einer negativen Geschichte (Rathner et al. 2018). Neuronale Plastizität (Hebb 1949) ermöglicht ein lebenslanges Lernen durch stetig sich verändernde Konfiguration und Interaktion der synaptischen Übertragung im

5.6 Experimente: Arbeiten mit Symptomen und Ambivalenzen

menschlichen Gehirn. In ihr begründet sich die therapeutische Bedeutsamkeit des Erzählens positiver Geschichten als authentisch zu lebender Methode der Systemischen Therapie.

Ziel der Narrativen Therapie ist es, die Beziehungskonstellation sowie ihre Qualitäten zu einem beschriebenen Problem zu verdeutlichen. Es geht um einen verbesserten Überblick über das, wie das »Zwischen-Uns« gestaltet ist und was darin wie wirkt. Die Leitfrage lautet, wie betroffene soziale Systeme ihre Beziehungen gestalten möchten, und dazu gehört auch ihre Beziehung zu einem Problem. Externalisierungen arbeiten vielfach szenisch, kreativ und künstlerisch. Dem Problem wird eine Gestalt gegeben, in Farbe sowie Form, in 2D bis 3D, und oftmals auch ein Name dafür gefunden. So wird das Problem sichtbarer, fassbarer und fühlbarer. Es kommt zum Ausdruck: »Das Problem darf sein!«. Die Nachwirkungen eines traumatischen Erlebnisses werden z. B. zu einem »gefährlichen Etwas« in Form einer großen schwarzen Wolke, wie in dem Kinderbuch »Kim, Tim Tiger und das gefährliche Etwas« (Jegodtka und Luitjens 2019). Im konstruierten Abstand des eigenen Systems zum Problem wird ein Raum eröffnet, der zu alternativer Begegnung mit dem Problem und damit Steigerung der Selbst- und Systemwirksamkeitserwartung einlädt, wenn Zuschreibungen wie z. B. »Wir sind bzw. ich bin das Problem!« sich wandeln in »Wir haben bzw. ich habe ein Etwas – und miteinander bestreiten wir eine problematische Beziehung!«. Es wird möglich, die Vor- und Nachteile eines Lebens mit sowie ohne das Problem zu reflektieren, seine gewünschte Aufenthaltsdauer besser bestimmen zu können und seine Loyalitätsbestrebungen zu wichtigen Bezugspersonen verstärkt wahrzunehmen. Die Kraft, einen verbesserten Umgang mit den Nachwirkungen des traumatischen Erlebnisses zu finden, kann als »die Kraft eines Tigers« wie in dem oben erwähnten Kinderbuch erlebt werden. Konsequenter Weise erhöhen Externalisierungen die Verantwortungsübernahme zu einer eigenmächtigeren Beziehungsgestaltung.

> **»Kim, Tim Tiger und das gefährliche Etwas«**
>
> Externalisierungen finden sich vielfach in Kinderbüchern. In dem Bilderbuch »Kim, Tim Tiger und das schreckliche Etwas« geht es um die weitreichenden Folgen eines traumatisierenden Geschehens, und wie der 5-jährige Kim in Beziehung zu dem Erlebnis daraus resultierenden Spannungen in seiner Familie und zu seinen Kindergartenfreunden begegnet. Renate Jegodtka und Peter Luitjens (www.syste mische-traumapaedagogik.de) haben als Traumapädagogen dieses Buch verfasst, um Kindern die Möglichkeit zu geben, sich mit der schwierigen Erfahrung eines einmalig traumatisierenden Geschehens auseinanderzusetzen. Das Buch ist mit dem Praxispreis der Systemischen Gesellschaft (SG) 2019 ausgezeichnet.

Externalisierungen können ebenfalls zur Evaluation genutzt werden. So können Bilder zu Therapiebeginn die Gestalt und Größe von beschriebenen Sorgen um die Familie bei lebensbedrohlicher Erkrankung der alleinerziehenden Mutter deutlich machen, die v. a. der älteste Sohn schultert. Im Bild zum Ende einer erfolgreichen Therapie kann sich eine veränderte Beziehungskonstellation verkörpern, wenn die »Sorgen-Gestalt« nicht mehr auf dem Rücken liegend, sondern gegenüberstehend und im Kontakt auf Augenhöhe erlebt wird, was weniger bedrohlich als vielmehr fürsorglich achtsam in einer existentiell unsicheren Lebenssituation wirkt.

5.6.5 Systemaufstellung

*»Verstrickung kann sich lösen, wenn es einen in der Familie gibt,
der das Herz aufmacht für alle, die dazu gehören,
und für alles, was war!« (Stefan Hausner)*

Systemaufstellungen werden v. a. in den neueren Ansätzen der Systemischen Therapie gewürdigt (▶ Kap. 1.4.3). Ausgehend von der Frage, warum ein Mensch etwas tut, was einem anderen schadet, und sich (scheinbar) gut dabei fühlt, entstand die Beschreibung der *Ursprungsordnungen*, die in sozialen Systemen wirken, wie z. B. das Prinzip der Zugehörigkeit, der (inversen) zeitlichen Reihenfolge und des Ausgleichs von Geben und Nehmen (Reziprozität). Sie werden heute i. S. der Integration systemisch-konstruktivistischer und phänomenologischer Ansätze als Heuristiken und nicht länger als universelle Gesetzmäßigkeiten verstanden (Drexler 2015, Schweitzer und Reinhard 2014, Sparrer und Varga v. Kibéd 2010, Weber 1993, Weber et al. 2005). Systemaufstellungen stellen Einzelinterventionen im Gruppensetting dar. Sie arbeiten mit räumlichen Inszenierungen von konflikthaften Beziehungsstrukturen. Repräsentierende (Stellvertreterinnen und Stellvertreter) stehen für die Mitglieder z. B. einer Familie, Organisation oder eines Themas. *Familienaufstellungen* fokussieren auf Dynamiken von Herkunfts- und Gegenwartsfamilien (z. B. Familien- und Paarkonflikte, transgenerationale Konflikte), *Organisationsaufstellungen* auf Anliegen aus der Arbeitswelt und institutionellen Kontexten (z. B. Teamkonflikte, Konflikte in der Unternehmenskultur) und *Strukturaufstellungen* auf die Beziehungen zwischen abstrakten Elementen (z. B. Glaubenssätze, Werthaltungen, Zielvorstellungen, Ressourcen, Hindernisse). Ziel von Systemaufstellungen ist ein besseres Verständnis des aktuellen Beziehungsgefüges, des individuellen Systemerlebens unter Berücksichtigung der (transgenerational vermittelten) Beziehungsdynamiken und der jeweiligen Beiträge der Systemmitglieder bzw. Elemente zur Entwicklung, Aufrechterhaltung und (Nicht-)Veränderung der beschriebenen Symptomatik. Systemaufstellungen machen Systemdynamiken sichtbar und das prozessuale Erleben im Therapiegeschehen von einer anfänglichen *Problemkonstellation* hin zu einer *Lösungskonstellation* wird als initial für eine Veränderung der bedeutsamen Beziehungen innerhalb des konstellierten Systems und ausgehend von Fallgeberin oder Fallgeber beschrieben (Sparrer 2006, Weber 1993, Weber et al. 2005). Zu Beginn wird das Anliegen an die Systemaufstellung konstruiert und entschieden, welches soziale System mit welchen Systemmitgliedern bzw. Elementen aufgestellt werden soll. Es werden Repräsentantinnen und Repräsentanten (ca. 8–26 Personen) ausgewählt und das Beziehungsgefüge im Raum inszeniert. Im Prozessgeschehen nehmen die Repräsentierenden unterschiedliche Positionen ein, berichten über ihre Befindlichkeit v. a. entlang der Dimensionen Nähe sowie Distanz und Zugewandtheit sowie Abgewandtheit, werden umgestellt, z. T. herausgenommen oder neu hinzugefügt, sprechen ritualisierte Sätze und vollziehen rituelle Gesten. Zentral bleibt die Rückbezogenheit (Reziprozität) des Aufstellungsgeschehens zur Fallgeberin oder zum Fallgeber. Häufig wird sie oder er an einem bestimmten Punkt im Prozessgeschehen in die Aufstellung hineingestellt, um z. B. Schritte zu einer möglichen Lösungskonstellation erfahrbarer zu machen. Ausführliche Informationen zur Historie, erkenntnistheoretischen Ansätzen, Forschungsansätzen und einer Manualisierung von Systemaufstellungen findet sich bei Weinhold, Bornhäuser, Hunger und Schweitzer (2014). Das deutsche Manual zu Systemaufstellungen kann bei der Autorin angefragt werden.

Die mit dem Prozessgeschehen verbundene Wahrnehmung alternativer Sichtweisen stellt die zuvor als kohärent und zirkulär wahrgenommene Verbindung von dem, was die Fallgeberin oder der Fallgeber glaubt, was das betroffene soziale System zu erleben scheint (Erwartungs-Erwartungen), und dem, wie es darauf reagiert, in Frage (Becvar und Becvar 2009). Veränderungen werden mit Blick auf die Fallgeberin oder den Fallgeber zunächst auf intraindividueller Ebene abgebildet. Sie zeigen sich auf der interpersonellen Handlungsebene in der Begegnung mit wichtigen Mitgliedern des betroffenen sozialen Systems, z. B. in einer von mehr Akzeptanz und Gelassenheit geprägten Haltung gegenüber zuvor sich schuldhaft erlebenden Eltern gegenüber ihren Kindern. Dem Prinzip der Reziprozität folgend bedingt dies wiederum mehr Freiheitsgrade zu alternativen Handlungsweisen auch im Gegenüber, z. B. wenn weniger Schuld sowie Selbstvorwürfe erlebt und Mut zu einer sich stärker auseinandersetzenden Beziehungsgestaltung wächst. Im besten Fall führt dies reziprok zu einer Veränderung und Stärkung des gesamten sozialen Systems (Hunger et al. 2017, Luhmann 2017). Gleichwohl wirken Systemaufstellungen direkt auf das kollektive Gewissen, insofern sie sich nicht auf die Arbeit mit ausschließlich Mitgliedern eines betroffenen sozialen Systems beschränken sondern in der Nutzung von repräsentierenden Vertreterinnen und Vertretern verschiedener sozialer Systeme zusammenbringen, die zu einer guten und gesunden Beziehungsgestaltungen auch in ihren sozialen Systemen motiviert erscheinen.

5.7 Abschlüsse

»Der Keim für ein gutes Ende liegt am Anfang.«
(Malzer-Gertz und Gertz 2018)

5.7.1 Erfolgreicher Abschluss und Nicht-Beginn von Therapien

Im Lösungsorientierten Ansatz (▶ Kap. 1.3.3 und ▶ Kap. 5.5.3) ist es stets denkbar, dass *Wunder bereits in der ersten Therapiesitzung* geschehen, kleine Schritte große Veränderungen schon zu Therapiebeginn bewirken und betroffene soziale Systeme schneller wieder gesunden als sie Zeit zur Entwicklung der Störung gebraucht haben (Malzer-Gertz et al. 2018). Insgesamt ist es wünschenswert, mit der Expertise des betroffenen Systems zu gehen und es zu seinem Erfolg zu beglückwünschen. Dies gilt umso mehr, wenn es bereits nach der ersten Sitzung zu der Erkenntnis gelangt, keine weitere Therapie zu benötigen. Dann ist die Unterstellung eines Annäherungsmodus zu Etwas anderem, z. B. mehr bereits gelebtem Gesundheitsverhalten, besonders nützlich (grosse Holtforth et al. 2011). Weniger hilfreich erscheint es, dem betroffenen System Inkompetenz zu unterstellen und es als noch nicht reif genug für eine vertiefte Auseinandersetzung mit dem Problem zu bewerten, ihm also einen Vermeidungsmodus zu unterstellen (ebd.). Wenn ein betroffenes soziales System trotz oder gerade wegen dieser Unterstellung nicht zu einer zweiten oder folgenden Sitzung kommt, wird die Therapie oftmals als nicht begonnen formuliert. Diese Aussage macht deutlich, wie sehr die Interpretation von (Miss-)Erfolgen über die Fokussierung des betroffenen sozialen Systems reguliert wird. Gleichfalls ist i. S. des Radikalen Konstruktivismus (▶ Kap. 3.6.1) zu fragen, wie es das Therapeutensystem geschafft hat, das betroffene soziale System und nicht sich selbst im Aufbau einer tragfähigen und belastbaren therapeutischen Beziehung als inkompetent zu erleben.

> **Anzeichen der Therapiebeendigung in der ersten Sitzung**
>
> Wenn ein betroffenes soziales System bereits in der ersten Sitzung mitteilt, es ginge ihm schon ganz gut oder zumindest besser, es habe etwas verstanden und erlebe sich stark genug, um stabil die nächsten Schritte auch ohne professionelle Begleitung zu gehen, können Therapien in der ersten Sitzung beendet werden.
>
> Wenn ein betroffenes soziales System zwar keine Verbesserung mitteilt, sich aber bereits in der ersten Sitzung nicht handlungsmächtig in dem bestehenden Therapiekontext erlebt, ist eine Therapie ebenfalls zu beenden bzw. nicht zu beginnen. Dabei sollte das betroffene soziale System für seine differenzierte und mutige Wahrnehmung unbedingt wertgeschätzt werden! Es ist hinreichend bekannt, dass wenn die therapeutische Beziehung nicht passend erlebt wird, ein positives Therapieergebnis unwahrscheinlicher wird (Crits-Christoph et al. 2013). Authentische betroffene soziale Systeme sollten daher unbedingt darin unterstützt werden, ein passendes Alternativangebot zu finden.

5.7.2 Abbruch in Therapien

Abbrüche in Therapien sind meist durch ein abruptes Ende nach einiger Zeit der Therapie gekennzeichnet. Auch kann es vorkommen, dass ein betroffenes soziales System gar nicht mehr auftaucht. In diesem Fall gilt es seitens des Therapiesystems zu entscheiden, wie es gut loslassen kann und wie eine gute Nachsorge aussehen kann. *Nachsorgeinterventionen* können geplant ebenso wie spontan genutzt werden. Narrative Ansätze (▶ Kap. 1.3.4) bieten die Möglichkeit zu Nachsorge-Briefen, wie im klinischen Fallbeispiel dargestellt (▶ Kap. 6.4). *Lösungsinterventionen* ermöglichen es, ein betroffenes soziales System loszulassen, indem ihm (imaginativ) gute Wünsche für die nächsten Schritte mit auf den Weg gegeben werden und nach Bedarf auch das, was in der Therapie geteilt wurde, symbolisch zurückgegeben wird. Dazu können subjektiv bedeutsame Rituale genutzt werden, v. a. in der Supervision. So wird die symbolische Rückgabe einer Gewissensschuld in Form eines Steines möglich, als Konsequenz einer zu starken Verantwortungsübernahme seitens des Therapeutenteams für die Lösung eines seitens des betroffenen sozialen Systems eingebrachten Problems. Die zu starke Verantwortungsübernahme hatte zur Konsequenz, dass sich die anfänglich kundige therapeutische Beziehung in zunehmend klagende Interaktionen entwickelte und schließlich den Beziehungsabbruch bedingte (▶ Kap. 9).

5.7.3 Beendigung im Konsens

Die Abschlussphase bei im Konsens beendeten Therapien ist gekennzeichnet durch stabilisierende Rekonstruktionen des miteinander zurückgelegten Therapieweges. Systemische Therapeutinnen und Therapeuten gratulieren den betroffenen sozialen Systemen, mit denen sie gemeinsam an Lösungen für Probleme arbeiten durften, zeichnen mit ihnen deren Fortschritte und Erfolge i. S. von Bilanzierungen mit Skalierungsfragen nach, nutzen Rituale, stabilisieren Veränderungen mit Hilfe seitens der betroffenen sozialen Systeme selbst verfassten Urkunden, trauern um nicht Erreichtes mit, helfen bei Versöhnungen und entwickeln gemeinsam mit den Systemmitgliedern eine Zukunftsperspektive mit oder ohne Einladungen zu *Ehrenrunden im alten Muster* (Schweitzer und Hunger et al. 2020). Ziel ist es, die in der Therapie gemachten Erfahrung auch für den Umgang mit möglichen Neueinladungen zur Symptomatik nutzbar zu machen. Die Systemische Therapie spricht von *Vor- statt Rück-Fällen* und meint damit die gedanklich-imaginative Vorwegnahme künftiger, erwartbarer Krisen mit dem Ziel, auch kleinste Details wahrzunehmen, die sich anders anfühlen als in früheren Probleminszenierung (Simon und Weber 2004). Zur Rückfallprophylaxe gehört auch die Exploration negativer Konsequenzen künftig ausbleibender Rückfälle, wie »Was wird fehlen, was kann anstrengender oder konfliktreicher werden, wenn das Problem nicht mehr Teil ihres sozialen Lebens ist?«. Daran schließt sich oft eine Sammlung guter Gründe für künftige Rückfälle an, wie »Welche Vorteile kann es haben, wenn sich das Problem ab und zu mal zeigt?« und »Wann sollte es sich am besten gegönnt werden (obwohl es bereits gute Möglichkeiten gibt, sich auch anders zu zeigen)?« (Schweitzer und Hunger et al. 2020).

5.7.4 Konsolidierung

Die Konsolidierungsphase kann verschiedene Kontaktszenarien beinhalten. *Auffrischungsinterventionen* werden zu Therapieende fest verabredet wie z. B. eine Sitzung alle drei Monate im ersten Jahr nach Therapieende. Sie sind unabhängig davon, wie gut oder schlecht es dem betroffenen sozialen System geht. Bei Kontaktanlässen bzgl. Ehrenrunden im alten Muster liegt der Fokus auf der Analyse dessen, was gerade wegen des Rückfalls besser gemacht wurde als vor Therapiebeginn. Bei Vorfällen im neuen Muster und erfolgreichen Taten können Gratulationen gleichfalls den Abschied in ein Leben ohne Therapie verfestigen. *Zusatzinterventionen* dienen der Krisenintervention und werden spontan seitens des betroffenen sozialen Systems angefragt. Krisen umfassen dabei sowohl erfolgreiche Taten, die konsolidiert werden wollen, ebenso wie Rückfälle. *Nachsorgeinterventionen* (▶ Kap. 5.7.2) dienen darüber hinaus auch hier der Stabilisierung des Therapeutenteams bei Bedarf.

6 Klinisches Fallbeispiel

»*Das Schienennetz der Eltern und wenn Kinder ins Schleudern kommen.*«

Die Darstellung des Fallbeispiels folgt ausgewählten Kernelementen der Systemischen Therapie (▶ Kap. 5). *Überweisungskontext*: Aufgrund jugendrichterlicher Anordnung suchte die Familie (betroffenes soziales System), Xavier (16 Jahre, Deutsch-Marokkaner), seine Mutter (45 Jahre, Deutsche) und sein Vater (50 Jahre, Marokkaner) zunächst die Kinder- und Jugendpsychiatrie auf, die schließlich an das ambulant behandelnde Therapeutenteam verwies. *Therapiekontext*: Die Gespräche fanden mit acht Sitzungen à 90 Minuten innerhalb von zehn Monaten statt und wurden von einer Therapeutin und einem Therapeuten (Therapeutensystem) durchgeführt.

6.1 Konstruktion von Aufträgen, Therapiesystem und Hypothesen (Phase 1)

Im Rahmen der *Auftragskonstruktion* (Sitzung 1 bis 3) (▶ Kap. 5.4) berichtete die Mutter als *Therapieanlass (Problemaktualisierung)*, dass gegen Xavier Anzeigen wegen Hausfriedensbruch (Beschaffungskriminalität), Verstößen gegen das Betäubungsmittelgesetz (Drogenmissbrauch, Dealerei) und massive Schulabstinenz vorlägen. Die Symptomatik habe sich erstmalig nach der Scheidung sechs Jahre zuvor gezeigt. Das Jugendgericht habe einen 6-Punkte-Plan auferlegt, inkl. Familientherapie. Ziel sei die Überprüfung der Unterbringung sowie Gesetzestreue Xaviers und des elterlichen Fürsorgeverhaltens. Als *Anliegen (Lösungsaktualisierung)* äußerte die Mutter: »Dass mein Sohn wieder ein Zuhause findet – aber: bei mir und meiner Familie geht es nicht!« sowie »Einen emotional guten Platz für Xavier!« *(Kundendynamik)* (▶ Kap. 9.1.3). Xavier zeigte spontan kein Anliegen: »Das steht doch sowieso alles in der Akte, lesen Sie halt nach!« *(Besucherdynamik)* (▶ Kap. 9.1.3). Nach verstärkter Beziehungsarbeit, Aufklärung über Grundhaltung sowie zentrale Arbeitsangebote der Systemischen Therapie, Schweigepflicht sowie Rechte als Klientinnen und Klienten formulierte Xavier auf die *Wunderfrage* (▶ Kap. 5.5.3): »Eine eigene Wohnung, aber: in der Nähe meiner Mutter«, »Nicht mehr verschlafen, stattdessen pünktlich in der Schule ankommen« sowie »Mehr mit Mama und Papa machen!« *(Kundendynamik)*. Da zur ersten Sitzung nur Xavier und die Mutter erschienen wurde zur Konstellation des Therapiesystems als erstes Teilziel in den Worten Xaviers formuliert: »den Vater für uns gewinnen, also für gemeinsame Gespräche mit uns und ihnen [dem Therapeutensystem]«. Das Therapeutensystem unterstützte Xavier in der Einladung seines Vaters zur Einbindung in das therapeutische Setting: So hatte der Vater doch in Marokko erlebt, wie ein naher Verwandter politisch verfolgt und in der Psychiatrie gestorben war. Der Vater war ab der dritten Stunde und ebenfalls stets zuverlässig in der Therapie anwesend. Er beschrieb als Anliegen: »Dass sich Xavier an die Regeln hält«, z. B. Schulbesuch, keine Gesetzesverstöße, sowie »Dass wir mehr als Vater und Sohn, und Familie zu dritt, unternehmen!« *(Kundendynamik)*. Anliegen Dritter wurden nicht explizit und es gab auch keine Vorgaben seitens des Jugendgerichts. Als *Auftrag (Kontrakt, Beiträge)* an Familie und Therapeutensystem wurde formuliert, stets verbindlich, pünktlich und zuverlässig die Therapien mitzugestalten. Die Familie wurde in die Rolle der Expertin für ihr alltagspraktisches Leben geführt und das Therapeutensystem in die Rolle der Experten für eine professionelle Rahmung sowie Anregungen Gebenden zu neugierigen Taten.

Zur *Konstellation des Therapiesystems* wurden bedeutsame Systemmitglieder identifiziert, v. a. mit Blick auf die Entwicklung, Aufrechterhaltung und Veränderung der eingangs beschriebenen Symptomatik. Dazu dienten die *Soziale Netzwerkdiagnostik* (▶ Kap. 5.5.2), mit einem Unter-

6.1 Konstruktion von Aufträgen, Therapiesystem und Hypothesen (Phase 1)

stützungs- und Cravingnetzwerk, sowie die therapiebegleitende *Genogrammarbeit* (▶ Kap. 5.5.1). Neben Xavier, der Mutter und dem Vater zeigten sich die Großeltern mütterlicher- und väterlicherseits sowie die Systemmitglieder der jeweils zweiten Gegenwartsfamilien von Vater und Mutter bedeutsam (▶ Abb. 6.1).

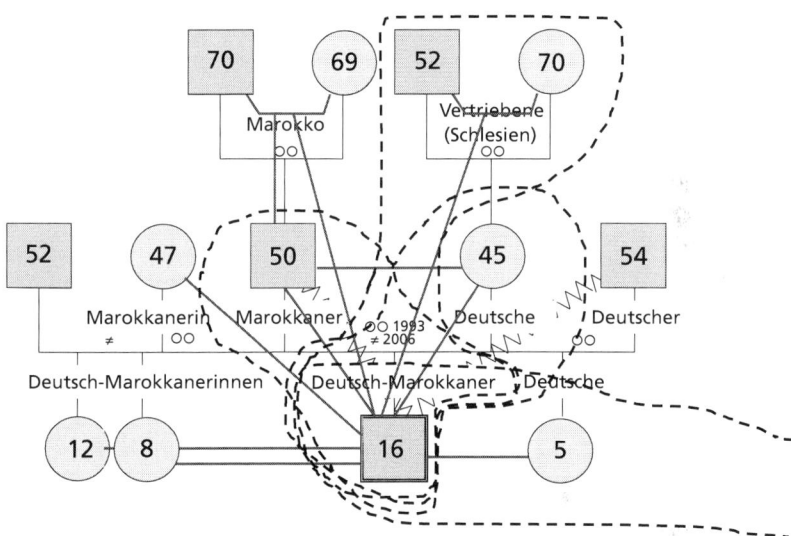

Abb. 6.1: Genogramm. Gefettete Linien zeigen Ressourcenbeziehungen und Beziehungen mit verantwortungsbewusstem Verhalten (z. B. Xavier gegenüber seinen Halbschwestern). Gezackte Linien beschreiben Konflikte (z. B. zum (Stief-)Vater). Gestrichelte Linien zeigen Wohnungskonstellationen und ein Wandeln zwischen verschiedenen Heimaten (z. B. Xavier-Vater, Xavier-Mutter, Xavier-Großeltern, Xavier-außerhalb des Systems).

Als wichtige Beschreibungskonzepte und Grundlage zur *Hypothesenbildung rund um das beschriebene Störungsgeschehen* erschienen *transgenerationale Muster*, z. B. unsichtbare Bindungen, Delegationen und Ordnungen (▶ Kap. 1.1, ▶ Kap. 1.4), *zirkuläre Kausalitätsbeziehungen* i. S. der Reziprozität (dys-)funktionaler Kommunikations- und Interaktionsmuster (▶ Kap. 1.2) und die Annahme der Familie als *selbstreferentiellem System*,

131

das sich (dys-)funktional und dynamisch zum eigenen Selbsterhalt organisiert (▶ Kap. 1.3, ▶ Kasten 6.1).

Kasten 6.1: Hypothesenbildung zum beschriebenen Störungsgeschehen

Hypothesen zur familiären Symptomatik (in Auswahl)

1. Xavier wünscht sich emotionale Nähe von seinen Eltern. Da er diese nicht bekommt solange er »stillhält« (Aussage von Xavier), macht er massiv durch auffälliges Verhalten auf sich aufmerksam. Schließlich schafft er es, seine Eltern vor institutionellen Instanzen (z. B. Jugendgericht, systemische Familientherapie) zusammenzubringen.

2. Die elterliche Dysbalance zeigt sich in einer zu engen und auf Schuldgefühlen basierenden Bindung der Mutter an den Sohn und einer zu kontrollierenden Rolle des Vaters. Xavier versucht, emotional eine für sich stimmige Balance zu finden, was ihm nicht spontan gelingt. So bewältigt er die zunehmend negativen Emotionen durch Substanzmittelkonsum.

3. Der Migrationshintergrund des Vaters (politisch motivierte Flucht) und die kriegshistorische Familienvergangenheit der Mutter (Vertreibung während des 2. Weltkriegs) gehen mit dem Gefühl der Wurzellosigkeit einher, welches im Verhalten von Xavier und dem Pendeln zwischen verschiedenen (Nicht-)Heimaten sichtbar wird, und gleichfalls die emotionale Dysbalance auch innerhalb von Xavier selbst widerspiegelt.

4. Die Scheidung sowie der damit einhergehende emotionale Verlust der Eltern und die nicht erfolgreiche Rückgewinnung einer »heilen Familie« durch konflikthafte Auseinandersetzungen mündeten zunächst in Xaviers Auszug aus dem mütterlichen sowie später auch väterlichen Elternhaus und können als verzögerter Auslöser für Xaviers Pendeln zwischen verschieden Wohnkontexten bis hin zu familienextern beobachtbaren Verhaltensauffälligkeiten verstanden werden.

5. Was das Familiensystem an Struktur nicht leistet, um Xavier in einen stabilen Umgebungskontext einzubinden, wird über das Jugendgericht stellvertretend für die das Familiensystem umgebende Gesellschaft geleistet.

6.2 Systemtherapeutisches Intervenieren (Phase 2)

Die *Interventionsphase* (Sitzung 3 bis 8) kann als eine hypothesengeleitete Experimentierwerkstatt verstanden werden. Es galt, neben dem bestätigenden Verstehen hinreichend viel Neues, und damit auch Provokatives, geschehen zu lassen, um bedeutsame Unterschiede zu ermöglichen. Sowohl in der *Genogrammarbeit* (▶ Kap. 6.1) als auch von dieser unabhängig, dienten *systemische Fragen* (▶ Kap. 5.5.2; ▶ Tab. 6.1) der Entwicklung kontextsensibler Wirklichkeitskonstruktionen, die vom Problem bedeutsam unterscheidbar waren, *Lösung-Problem-Zirkel* (▶ Kap. 5.6.2) zur Arbeit mit Ambivalenzen, von *Positiven Konnotationen der Symptomatik als aktuell bestmöglicher Lösungsversuch* (▶ Kap. 5.6.1) und *Symptomverschreibungen* (▶ Kap. 5.6.3) der Musterunterbrechung zu vorherigen und gescheiterten Unterstützungsangeboten.

Zur Wiederherstellung von verschobenen *Strukturen sowie Grenzen* i. S. der strukturellen Therapie, *Hierarchien sowie Macht* i. S. der strategischen Therapie und einer grundlegend entwicklungsangepassten *bezogenen Individuation* (▶ Kap. 1.1 und ▶ Kap. 1.2) wurden nach erfolgreichem Beziehungsaufbau bereits im Übergang zur Interventionsphase Rechte und Pflichten ausgewählter (Sub-)Systeme (z. B. Xavier, Eltern, Therapeutensystem) installiert. Anstatt problemerzeugenden Verstrickungen und (geheimen) Koalitionen diente dieses Vorgehen dazu, die Eltern und das Therapeutensystem zu einer fürsorglichen Autorität und Verantwortungsübernahme gegenüber Xavier zu ermächtigen, so dass altersangemessene Pflichten eingefordert und wachstumsfördernde Rechte (erneut) eingeräumt werden konnten. Es handelte sich dabei um einen ausgeprägt handlungsorientierten Ansatz i. S. von »Reden allein reicht nicht aus!«. Ziel war die Stärkung der Familie i. S. einer hierarchischen Widerspruchsfreiheit, indem alle ermächtigt wurden, Bedeutsames miteinander zu klären und Lösungen, auch im Kompromiss miteinander, zu entwickeln. So wurde mit der Familie inkl. Therapeutensystem ein Vertrag geschlossen, dass Therapiegespräche ebenso wie Familienaktionen (z. B. Vater-Sohn, Mutter-Sohn, Familien-Rituale) nur bei Nüchternheit aller Beteiligten realisiert werden sollten. Bei Verstoß war es je-

6 Klinisches Fallbeispiel

Tab. 6.1: Systemische Fragen

Systemische Fragen	Beispiel
Lösungsfragen, Wunderfrage *Zielaktualisierung*	»Angenommen, Sie lösen das Problem, wer bemerkt es zuerst? Was wird bemerkt? Was sind besondere Merkmale der Situation ohne das Problem?«
Kontextualisierungen *Verflüssigung von Eigenschaften in Verhaltensweisen*	»Wie schafft es Xavier aufzufallen, ohne fallen zu wollen? Wie schafft es der Vater, sich angestrengt streng zu zeigen? Wie schafft es die Mutter, sich Hilfe suchend hilflos zu zeigen? Zeigen sich alle immer so oder in bestimmten Kontexten und zu bestimmten Zeitpunkten?«
Operationalisierungen *Erklärungsmodelle*	»Wie erklären Xavier, Mutter und Vater das Denken, Fühlen und Verhalten der jeweils anderen Personen?«
Verschlimmerungsfragen *Problemverschärfung*	»Wie kann die Situation zusätzlich eskalieren?«
Optionalisierungen *Alternative Wirklichkeitskonstruktionen*	»Angenommen, jemand entscheidet sich, den Einladungen der anderen zu widerstehen und sich nicht mehr als auffällige Person darzustellen: Wie verändern sich die Beziehungen?«
Historisierungen *Geschichte der Symptomatik*	»Was glaubt Xavier, wann seine Eltern erstmals sein symptomatisches Verhalten wahrgenommen haben? Was glauben die Eltern, wann sich Xavier das erste Mal nicht mehr o.k. gefühlt hat?«
Scheinbaren Opfern Handlungsmacht geben	»Wer hat wie dazu beigetragen, dass alle drei vor dem Jugendgericht gehört werden?«
Skalierungsfragen	»Wie hoch schätzen Xavier, Mutter und Vater die Möglichkeiten ein, die Familientherapie zum Scheitern zu bringen? Wie hoch schätzen sie die Möglichkeit ein, als Patchwork-Familie zu leben, in der sich alle ausreichend aufgehoben erleben?«

dem Beteiligten frei überlassen, das Zusammentreffen zu beenden bzw. gar nicht erst zu beginnen. Ungenutzte Zeitkontingente wurden aufgehoben und verfielen nicht. Ebenso wurde ein Vertrag zwischen allen Beteiligten inkl. der Großeltern zum engmaschigen Monitoring des Aufenthaltsstatus von Xavier geschlossen, um ein erneutes Abrutschen auf die Straße zu verhindern: meldete sich Xavier nicht innerhalb einer festgelegten Zeitspanne bei einem der Vertragspartnerinnen oder -partner, wurde der Polizeinotruf eingeschaltet. Diese Verträge gaben den therapeutischen Gesprächen zusätzlich einen explizit vereinbarten Rahmen und damit Orientierung und Sicherheit für jedes Systemmitglied, wie sie gemeinsam in Krisensituationen handeln wollten. Die erfolgreiche Aushandlung und Umsetzung der Verträge bedingte eine ausgesprochene Verstärkung der intimen Beziehungen sowohl der Familienmitglieder als auch Mitglieder des Therapeutensystems untereinander sowie der gemeinsam geteilten therapeutischen Beziehung.

In einer *Familienskulptur* als komplexitätsreduzierter Variante einer Systemaufstellung (▶ Kap. 1.4, ▶ Kap. 5.6.5) wurden Xavier, Mutter, Vater, das Jugendgericht, die Schule, die Symptomatik und verschiedene Wohnortwelten (z. B. bei der Mutter, beim Vater, bei den Großeltern, in der eigenen Wohnung) im Raum konstelliert. Deutlich wurde die Nähe zwischen Xavier und der Mutter (zugewandt, geringe Entfernung) und die Distanz zum Vater (weniger zugewandt, größere Entfernung). Deutlich wurde auch die Entlastung der Symptomatik in der Annäherung der Eltern, wobei das Jugendgericht eine moderierende Rolle einnahm. Im Nachklang zur Familienskulptur berichtete das Therapeutensystem über die in den USA gängige Variante der Familienorganisation und wohnungsbezogenen Unterbringung von Kindern in Scheidungsfamilien, dem *Birdnesting*. Dabei verbleiben die Kinder bei Scheidung stabil in der Ursprungswohnung sowie ihrem gewohnten sozialen Schul- und Freundesumfeld. Die Eltern, und nicht die Kinder, pendeln, indem abwechselnd Vater und Mutter die Betreuung der Kinder und des Haushalts z. B. für die Hälfte der Woche übernehmen. Ziel ist, die Kinder stabil zu halten und sowohl soziale wie auch physische und psychische Instabilität zu vermeiden.

In der Interventionsphase wurden entlang der formulierten *Hypothesen* rund um das Störungsgeschehen (▶ Kasten 6.1) zunächst Themen der »Wurzellosigkeit«, »Heimatsuche« und »Xavier als Emotio-Meter sowie Indikator des familiären Wohlbefindens« (Hypothese 3) bearbeitet. Dies führte zu einer Entlastung Xaviers als »Problem-Geber«. Vater und Mutter erlebten sich entlastet durch die funktionale Sinngebung des bis dahin »ver-rückten« Verhaltens ihres Sohnes. Ein Verständnis gegenüber Möglichkeiten transgenerationaler Weitergabe familienbezogener Themen ließ sie sich dem Verhalten ihres Sohnes gegenüber nicht länger hilflos ausgeliefert erleben und motivierte sie zur Erarbeitung konkreter Handlungsalternativen, z. B. zur gegenseitigen telefonischen Kontaktaufnahme bei erneuter Pendelbewegung Xaviers und Mitteilung seines jeweiligen Aufenthaltsortes durch Einbindung von Vater, Mutter, Großeltern und engsten Freunden Xaviers. Die Annahme der »Scheidungssituation als fortgesetztem Erleben von Wurzellosigkeit« (Hypothese 4) erarbeiteten sich die Eltern sehr eigenständig im Diskurs miteinander. Tief betroffen zeigten sie sich in der Zustimmung zu der Annahme, dass die »Gesellschaft als Struktursersatz für dysfunktionale familiäre Systeme« wirke (Hypothese 5). An diesem Punkt ergab sich eine zunehmend emotionale Belastung der Familie i. S. eines geteilten Schulderlebens (Hypothese 2): der Mutter, in Ausstoßung des Sohnes aus dem Haus aufgrund neuer Loyalitäten zum zweiten Ehemann; des Vaters, im ungelösten Konflikt mit der neuen deutschen Heimat und der deutschen Kultur, dem Willen, es besonders gut zu machen und damit Regeln besonders genau auszulegen, bei seinem Sohn damit aber stets erneut zu scheitern und somit auch gegenüber seiner Herkunftsfamilie als Vater zu versagen; des Sohnes, seinen Eltern und Großeltern so viel Sorgen zu bereiten, bei von Herzen gewünschter Möglichkeit, sich auch anders verhalten zu können, aber dazu keinen Zugang zu bekommen. In einer zusätzlich mit ausschließlich der Mutter vereinbarten Sitzung brachte diese tief bewegt und sehr emotional zum Ausdruck, in welcher Zwickmühle sie sich erlebte, wie weh es ihr tat, ihren Sohn stets erneut zu verstoßen und wie wenig Handlungsmöglichkeiten sie für sich selbst aufzeigen konnte, um die Situation gelöster zu gestalten. In der Chronologie ihres Schulderlebens und ihrer eigenen unsteten Suche nach »emotionaler Heimat« zeigten sich vielzählige biografische Themen. In der Diskussion, wie die angesprochenen Themen in der Familientherapie berücksichtigt und inwiefern eine darüberhinausgehende psychothe-

6.2 Systemtherapeutisches Intervenieren (Phase 2)

rapeutische Begleitung bedeutsam werden könnte, zeigte sich die Mutter klar reflektiert und geordnet, welche Themen in welchem Setting einen guten Platz bekommen sollten. Die spätere Inanspruchnahme psychotherapeutischer Unterstützung seitens der Mutter wurde sowohl von Xavier als auch dem Vater unterstützt und die Mutter in ihrer zunehmenden Selbstfürsorge bestärkt. Die emotionale Betroffenheit der Eltern und das seitens Xavier als besonders wahrgenommene Engagement zur Selbstfürsorge seiner Mutter motivierten ihn ebenfalls zu einem verstärkten Einlassen auf die Therapie. So war die zweite Hälfte der Familientherapie durch Themen rund um Xaviers »ver-rücktem« Verhalten als Indikator für sein Bedürfnis nach emotionaler Nähe und Gesehenwerden (Hypothese 1) geprägt.

Positive Konnotationen der Symptomatik (▶ Kap. 5.6.1) dienten der bedeutsamen Unterschiedsbildung, wo negative Bewertungen und Aufforderungen zur Veränderung, z. B. regelmäßig zur Schule zu gehen und die Freundschaften rund um den Drogenkonsum sein zu lassen, bereits vielfach versagt hatten: »Was wird als positiv am Drogenkonsum erlebt? Wozu nützten Hausfriedensbruch und Dealerei? Welche Vorteile gehen mit häufigen Gerichtsterminen einher? Was ist positiv daran, dass Xavier gut selektiert, bei wem er wann schläft? Was ist der positive Mehrwert seines regelmäßigen Verschlafens beim Vater? Welche Vorteile haben die vielzähligen Konflikte und Auseinandersetzungen für Xavier, Mutter und Vater?«. Dadurch eröffneten sich vielfältige Zugänge, gerade weil nicht zur Veränderung gemahnt wurde und das Therapeutensystem somit keine Gefahr darstellte. Die Familie konnte sich freiheitlicher in der Entwicklung salutogenetischer Wirklichkeitsszenarien erleben.

Lösung-Problem-Zirkel (▶ Kap. 5.6.2) dienten der Erarbeitung der guten Gründe, die bisher der Beibehaltung des »ver-rückten« Verhalten vs. der Lösung Vorzug gaben. Als gute Gründe zur Beibehaltung der beschriebenen Symptomatik benannte Xavier, dass wenn er »so richtig weggedröhnt« sei, seine verzweifelte Suche nach einer Heimat, nach Kontakt und Nähe zu seinen Eltern sowie sein Wunsch, von ihnen gesehen zu werden, zumindest für den Moment »verstumme«. Wenn er sich weiterhin »auffällig« zeige, so vermutet er, träfe er beide Eltern, wenn auch nur im Kontakt mit institutionellen Instanzen (z. B. Jugendgericht, systemische Familientherapie).

Symptomverschreibungen (▶ Kap. 5.6.3) dienten der bedeutsamen Unterschiedsbildung durch Aufforderung, etwas Unerwartetes zu tun: die Symptom(-komponenten) absichtlich (nicht) herbeizuführen (Reduktion, Eskalation). Ziel war die willentliche Ausführung von Symptom (-komponenten) zu deren Abschwächung und Steigerung des Selbstwirksamkeitserlebens der Familie als Ganzem. Dabei wurde in Anlehnung an den Heidelberger Ansatz (Hunger et al. 2016, Schweitzer und Hunger et al. 2020) ein dreischrittiges Vorgehen umgesetzt, welches mit der tatsächlichen Umsetzung der verschriebenen Aufgaben ebenso wie mit der System- und Selbstreflexion in der hypothetischen Inszenierung der Verschreibungen arbeitete (▶ Tab. 6.2).

Xavier zeigte sich emotional sehr instabil im Moment, als ihm klar wurde, wie viel seines Lebens er aufgegeben hatte, um seinen Eltern sein Bedürfnis nach Heimat, Kontakt und Nähe sowie Gesehenwerden deutlich zu machen. Er erkannte, dass sich seine Eltern in ihrer Rolle als *Paar* getrennt hatten und er sich darin verstrickt hatte, ihre Partnerschaft retten zu wollen. Entlastung brachte eine validierende und wertschätzende, vertiefte Beziehungsgestaltung der Eltern mit Xavier, in der sie deutlich machen konnten, dass sie in ihrer Rolle als *Eltern* stets zur Verfügung standen und dies auch weiterhin tun würden. Die Erarbeitung konkreter Lösungsszenarien zu einer emotional bedeutsamen Beziehungsgestaltung bedingte eine erste emotionale Entlastung aller beteiligter Personen im Therapiesystem. Aufgrund der noch starken Einbindung der Mutter in ihre aktuelle Gegenwartsfamilie bei gleichzeitig begonnener Autonomiebildung wurde ein längerfristiges Zeitszenario entwickelt: zunächst mit Fokus auf Vater und Sohn (z. B. Vater-Sohn-Gespräche; Marokko-Reise), und mütterlichen Stippvisiten (z. B. auf ein Getränk in einem Restaurant); derartige Treffen wurden später zeitlich umfassender geplant (z. B. Besuch im Freizeitpark).

Tab. 6.2: Dreischrittiges Vorgehen in der Symptomverschreibung nach dem Heidelberger Modell (Hunger et al. 2016, Schweitzer und Hunger et al. 2020)

Vorgehen	Aufgaben	System- und Selbstreflexion des sozialen Systems
Problem verschreiben	z. B. in einer Woche vier Tage »eine emotional tragende Heimat suchen«, mit allen zur Verfügung stehenden Problemsymptomen, inkl. Drogenmissbrauch am fünften Tag im Jugendzentrum (in Absprache mit dem leitenden Sozialarbeiter)	Alle Beteiligten berichteten über eine sehr anstrengende Woche, geprägt von Sorgen der Eltern um Xavier und Xavier in ständiger Angst, den Boden unter den Füßen zu verlieren.
Lösung verschreiben	z. B. in einer Woche vier Tage »eine emotional tragende Heimat leben«, mit allen zur Verfügung stehenden Lösungssymptomen, inkl. keinem Drogenmissbrauch am fünften Tag im Jugendzentrum (in Absprache mit dem leitenden Sozialarbeiter)	Alle Beteiligten berichteten über eine sehr anstrengende Woche, in ständiger Hab-Acht-Stellung, ob die gelebten Emotionen »ausreichten«; Drogenmissbrauch fand nicht statt.
Vermeidung verschreiben	z. B. in einer Woche vier Tage leben, wie es kommt, ohne die Konsequenzen des eigenen Denkens, Fühlens und Handelns zu beachten, inkl. oder exklusive Drogenmissbrauch am fünften Tag im Jugendzentrum (in Absprache mit dem leitenden Sozialarbeiter)	Alle Beteiligten berichteten über eine unerwartet spannende Woche im Erleben der Unmöglichkeit, nicht zu denken, zu fühlen und zu handeln – dafür ausgesprochenes Erleben der Nähe und des Denkens aneinander auch bei physischer Nicht-Anwesenheit

6.3 Abschied in ein Leben ohne Therapie (Phase 3)

Die *Abschlussphase* (Sitzung 8) wurde von der Familie selbst initiiert. Auslöser war die subjektiv erlebte Stabilisierung der familiären Interaktionen und damit einhergehend von Xaviers Verhalten, der sich in den zehn Monaten der Familientherapie ohne weitere kriminelle Handlungen und Drogenkonsum, dafür aber mit regelmäßigem und erfolgreichem Schulbesuch gezeigt hatte. Bedeutsamster Anlass für den Therapieabschluss war aus der Sicht der Familie die Erreichung ihres Ziels, für Xavier einen emotional guten Platz gefunden zu haben. Xavier hatte eine eigene Wohnung gefunden, in Anlehnung an das Konzept des *Birdnesting*, und in der Nähe der Mutter, die jeden Morgen zu ihm fahre, mit ihm frühstücke, sich um die Wäsche und den Einkauf kümmere. Der Vater käme täglich vor der Abendschicht vorbei und verbringe eine gewisse Zeit mit Xavier. Die Familie berichtete eine ausreichende Stabilität für die nächsten Schritte ohne direkte therapeutische Anbindung. Zur stabilisierenden Rekonstruktion des miteinander zurückgelegten Therapieweges wurde ein Urkundeninterview geführt (▶ Kap. 5.7). Die Leitfrage lautete: »Angenommen, Sie schreiben sich eine Urkunde, was Sie für sich in den letzten zehn Monaten erreicht haben, was steht dann dort geschrieben?«. Die Familie beschrieb besonderen Stolz darauf, wie sie die Krise gemeinsam bewältigten. Sie gratulierten sich für die Umsetzung einer eigenen Wohnung für Xavier und die enge Einbindung von Vater und Mutter in das Leben ihres Sohnes. Xavier gratulierte sich für das Vertrauen in das Therapeutensystem, welches er zu Beginn extrem skeptisch und auf Seiten des Jugendgerichts wägte, für seine Ausdauer im Anknüpfen an frühere Gymnasialleistungen, Drogenabstinenz, keine erneuten kriminellen Handlungen und seinem großen Herzen für seine Eltern. Das Jugendgericht gratulierte der Familie zur Erfüllung des 6-Punkte-Plans, schloss jedoch eine Unterbringung Xaviers in der Jugendvollzugsanstalt (JVA) bis zur Vollendung des 18. Lebensjahres nicht aus, im Falle erneuter Kriminal- oder Drogendelikte.

6.4 Konsolidierung und Nachsorge (Phase 4)

Die *Konsolidierungsphase* wurde v. a. seitens des Therapeutensystems gestaltet. Es wurde eine *Nachsorgeintervention* (▶ Kap. 5.7.2) drei Monate nach Therapieabschluss und zeitlich kurz vor dem Start von Xavier in sein Berufsvorbereitungsjahr (BVJ) i. S. des Narrativen Ansatzes (▶ Kap. 1.4) verfasst, inkl. eines therapeutischen Resümees und Kontaktangebot bei aktuellen sowie zukünftigen Schwierigkeiten. Dieses Kontaktangebot wurde seitens der Familie bis zum Datum der Publikation dieses Fallberichts nicht wahrgenommen.

> **Brief an Xavier, Mutter und Vater drei Monate nach Therapieabschluss**
>
> Lieber Xavier,
> vor ca. zweieinhalb Monaten waren Sie mit Ihren Eltern das letzte Mal bei uns. Seitdem ist der Sommer fortgeschritten, das BVJ steht an und wir waren neugierig, wie es Ihnen wohl in der Zwischenzeit ergangen ist.
> Im Juni, bei unserem letzten Treffen, hatten Sie seit ca. einem Monat Ihre erste eigene Wohnung und freuten sich sehr darüber. Die Drogenscreenings wären negativ und Sie würden nicht kiffen. Es war Ihnen total wichtig, nicht in den Jungendarrest zu kommen. Stattdessen hatten Sie sich auf die Schule konzentriert, sogar eine 1,7 in Englisch geschrieben. Sie waren sehr stolz auf das Erreichte. Wir teilten ihren Stolz mit Ihnen.
> Ihre Eltern unterstützten Sie tatkräftig in Ihren Schritten in die Selbstständigkeit. Ihre Mutter erzählte, sie käme täglich zu Besuch, frühstücke mit Ihnen, nehme die Wäsche mit. Ihr Vater war noch etwas skeptisch, ob Sie Ihr Leben in einer eigenen Wohnung schaffen würden. Gemeinsam wollten Sie den Sommer in Marokko verbringen. Wir fanden, das hörte sich total gut an!
> Zum Abschluss unserer Gespräche malten Sie spontan ein Bild. Sie nahmen es damals nicht mit, daher haben wir es diesem Brief

beigelegt. Zu dem Bild erklärten Sie uns, dass Sie das Gefühl hätten, dass das, was Sie gerade erlebten, erst der Anfang von etwas Neuem sei: dass Ihre Eltern, wie das Bild zeige, nun hinter Ihnen herkämen, hinter Ihnen stünden. Dadurch würden Sie nicht mehr spontan nach links oder rechts aus den Schienen geworfen. Ihre ersten beiden Ziele hätten Sie erreicht: Ihren Vater mit in unsere Gespräche einbinden, und eine eigene Wohnung in der Nähe der Mutter. Als nächste Ziele formulierten Sie den Abschluss des BVJ und keine Drogendelikte mehr. Sie wünschten sich, zunehmend mehr Zeit mit Ihrem Vater, Ihrer Mutter und Ihrer Familie zu verbringen: z. B. ganz konkret die Reise mit Ihrem Vater, ein Besuch im Kriegsmuseum in Dresden mit Ihren Großeltern mütterlicherseits.

Wir finden, Sie haben sich toll weiterentwickelt, haben begonnen, Verantwortung für Ihr Leben zu übernehmen und sich dafür eingesetzt, den Kontakt mit v. a. Ihrem Vater und Ihrer Mutter intensiver zu leben. Fast am Ende dieses Sommers fragten wir uns, wie es wohl weitergegangen ist: Leben Sie noch in Ihrer Wohnung? Leben Sie Ihr Leben weiterhin ohne Drogen? Waren Sie in Marokko und in Dresden? Wie verbringen Sie die Zeit mit Ihrer Familie, v. a. Ihrem Vater und Ihrer Mutter?

Sie müssen auf diese Fragen nicht antworten. Nach wie vor würden wir uns für Sie freuen, wenn Ihr Alltag und Ihre Beziehung zu Ihren Eltern sich so gestalten, wie Sie es sich gewünscht haben. Gerne möchten wir Ihnen anbieten, sich spontan zu melden, sollte etwas weniger gut verlaufen, als von Ihnen geplant. So oder so wünschen wir Ihnen und Ihrer Familie einen richtig guten Start in den neuen Lebensabschnitt.

Alles Gute!

Es grüßt vielmals, Ihr Therapeutenteam

7 Hauptanwendungsgebiete

7.1 Indikationen

Die *selektive Indikation* fragt danach, wann welches Verfahren je nach Störungsbild für wen hilfreich erscheint. Evidenzbasierte Anzeigen zur Überweisung in die Systemische Therapie für den Erwachsenen-, Kinder- und Jugendlichenbereich basieren meist auf randomisiert kontrollierten Studien (RCTs) (▶ Kap. 10.2). Dabei darf die Indikation nie nur von der Art und Schwere der Störung abhängen, sondern muss stets auch störungsübergreifende Fokusse wie individuelle und soziale Faktoren beachten. Die *adaptive Indikation* beschäftigt sich mit der Bestimmung nächster Schritte im Prozessverlauf einer Therapie. Die Systemische Therapie beschreibt diesbezügliche Anzeigen v. a. in qualitativen Berichten (▶ Kap. 10.3). Da sie sich insgesamt stark für störende soziale Interaktionen interessiert und über eine ausgeprägte Flexibilität in der Arbeit mit Therapiezielen, -themen, -dauer und -settings verfügt, zeigt sie sich ausgesprochen zugänglich für ein maßgeschneidertes Intervenieren (v. Schlippe et al. 2016). Dabei können verschiedene Fokusse und Settings in den Mittelpunkt gestellt werden (▶ Tab. 7.1).

Darüber hinaus beschreibt die Leitlinienkommission für die Paar- und Familientherapie der *Arbeitsgemeinschaft der Wissenschaftlichen Medizinischen Fachgesellschaften* folgende Indikationskriterien (Scheib und Wirsching 2004):

- *Bei im Problem eng miteinander verbundenen Familien.* Das Problem erscheint eng verknüpft mit den Paar- und Familienbeziehungen und

die Beziehungsprobleme erscheinen ohne Paar- oder Familientherapie nicht oder nur sehr viel langwieriger lösbar.
- *Bei Betroffenheit mehrerer Familienmitglieder.* Eine therapeutische Behandlung erscheint bei mehreren Familienmitgliedern angezeigt oder die ausschließlich individuelle Behandlung nur eines Familienmitgliedes ist mit gesundheitsgefährdenden Beziehungskrisen assoziiert.
- *Bei hohem Schwergrad einer psychischen Störung oder körperlichen Erkrankung.* Chronische und sehr belastende Krankheitsprozesse erschöpfen die Bewältigungsprozesse des betroffenen sozialen Systems, so dass die Dekompensation des Gesamtsystems droht.
- *Bei Vermeidung von Hospitalisierung oder Fremdunterbringung.* Familiäre Ressourcen können den Verbleib eines Familienmitglieds innerhalb der familiären und sozialen Gesellschaft gewährleisten.
- *Bei Familienmitgliedern als hilfreichen Co-Therapeuten.* Bestimmte Familienmitglieder erscheinen besonders bedeutsam, motiviert und verfügbar, um einen wesentlichen Beitrag zur Bewältigung der Problematik zu leisten. Dieser Beitrag kann ohne die Einbeziehung der jeweiligen Familienmitglieder nicht oder nur unzureichend aktiviert werden.

Tab. 7.1: Entscheidungsbaum zur Überweisung von Menschen mit Beziehungsstörung je nach Therapiefokus in verschiedene Therapiesettings (modifiziert nach Foran et al. 2015)

Leitfragen	Therapiesettings
Ist der Beziehungsdistress das einzige Problem?	• Paar- oder Familientherapie • Individuelle Therapie mit Fokus auf Beziehungsprobleme
Ist eine psychische Störung zusätzlich präsent?	• Paar- oder Familientherapie mit Indikation für eine spezifische Störung (z. B. Depression) • Individuelle Therapie mit Fokus auf eine psychische Störung, plus Paar- oder Familientherapie • Individuelle Therapie mit Fokus auf Beziehungsprobleme und psychische Störung
Ist Beziehungsdistress nicht vorhanden, aber eine psychische Störung?	• Individuelle Therapie mit Fokus auf die Person • Partnergestützte Interventionen zum Umgang mit der psychischen Störung

7.2 Kontraindikationen

Absolute Kontraindikationen gegenüber Systemischer Therapie sind nicht bekannt. Dabei ist einschränkend zu beachten, dass in den Evidenzstudien vielfach keine verwertbaren Daten zu *unerwünschten Ereignissen* berichtet werden; eine Kritik, die ebenso auf alle anderen Psychotherapieverfahren zutrifft (Institut für Qualität und Wirtschaftlichkeit im Gesundheitswesen 2017, Pinquart et al. 2014, Riediger et al. 2017, v. Sydow et al. 2010, v. Sydow et al. 2013a, 2013b). Erst langsam bilden sich Forschungsgruppen wie z. B. das Netzwerk zu Risiken und Nebenwirkungen der Psychotherapie (RINEPS). Dabei beschreiben *Misserfolge* eine unzureichende oder verfehlte Zielerreichung innerhalb der Therapie. *Unerwünschte Ereignisse* beschreiben negative Entwicklungen wie z. B. die Symptomzunahme oder -verschiebung, überdauernde Spannungen in der therapeutischen Beziehung, sowie zusätzlich sich ergebende Probleme in familiären und beruflichen Kontexten. *Therapieschäden* berichten über das Auftreten unerwarteter, anhaltender und erheblich nachteiliger Auswirkungen (Strauß 2018). Zukünftig muss sich auch die Systemische Therapie der Erforschung potenzieller unerwünschter Wirkungen stellen. Verfahren zu ihrer Erfassung erscheinen vielfältig (Linden und Strauß 2018) und mit dem Inventar zur Erfassung negativer Effekte von Psychotherapien (INEP) auch für die Systemische Therapie passend, erfragt es doch die Bereiche Symptomatik sowie Stigmatisierung als auch negative Folgen in der Partnerschaft, Familie sowie Freundeskreis, zusätzlich zu finanziellen sowie rechtlichen Nachteilen, Problemen in der therapeutischen Beziehung und unethisches sowie grob fahrlässiges Therapeutenverhalten (Nestoriuc und Rief 2018).

Absolute Kontraindikationen gegenüber bestimmten Settings betreffen v. a. häusliche Gewalt und Misshandlung. In diesen Fällen ist eine besondere Vorsicht aufgrund der Gefahr der Retraumatisierung geboten, v. a. bei noch vorhandenem Täterkontakt und der Erwartung von Repression außerhalb des geschützten Therapiesettings. Es ist ein *Kunstfehler*, wenn Systemische Therapie dazu genutzt wird, missbräuchliche Strukturen mit der Begründung aufrechtzuerhalten, das betroffene soziale System sei schon in psychotherapeutischer Versorgung (v. Sydow 2018).

Relative Kontraindikationen gegenüber der Systemischen Therapie und ihrer Settings sind vielfältig, wie gegenüber allen anderen Psychotherapieverfahren. So gelten der Ausbildungsstand und die Kompetenz der Psychotherapeutin und des Psychotherapeuten als wichtige Faktoren erfolgreicher Therapie. Dabei behandeln Psychotherapeutinnen und Psychotherapeuten in Ausbildung und in manualisierten Therapien unter Supervision die störungsspezifische Symptomatik ebenso erfolgreich wie erfahrene Psychotherapeutinnen und Psychotherapeuten, wobei nicht Erfahrung notwendigerweise mit Expertise assoziiert ist, sondern die Kompetenz zum Aufbau einer tragfähigen therapeutischen Beziehung (Weck et al. 2011). Insgesamt sollten Psychotherapeutinnen und Psychotherapeuten nur die Interventionen anbieten, in denen sie sich kompetent erleben, v. a. system- und kommunikationstheoretisch fundierte sowie im Radikalen Konstruktivismus verankerte Arbeiten an Ressourcen, Lösungen und Problemen und in spielerischen bis provokanten Interventionen. Die systemische Grundhaltung (▶ Kap. 5.2) sollte authentisch gelebt werden können. Relative Kontraindikationen ergeben sich somit aus der rein technikorientierten Umsetzung systemischer Interventionen. Ein erfolgreiches Arbeiten im *Mehrpersonensetting* bedarf der Kompetenz zu vielgerichteter Parteilichkeit (▶ Kap. 5.2.1) und neben Veränderungs- auch ausgesprochener Konstrukt- und Beziehungsneutralität (▶ Kap. 5.2.1), einer aktiven Gesprächssteuerung (▶ Kap. 5.3) und einer guten Gelassenheit im Aushalten von z.T. hoher interpersonaler Konfliktspannung. Stets ist auch die *institutionelle Verankerung* zu beachten. Wenn Vorgesetzte oder Supervisorinnen und Supervisoren sich skeptisch bis ablehnend gegenüber Systemischer Therapie zeigen, ist gut zu überlegen, ob und wenn ja, wie diese praktiziert werden kann. Es ist davon auszugehen, dass bei möglichen Problemen kein institutioneller Rückhalt gegeben ist. Wenn eine *höhere Wirksamkeit anderer Psychotherapieverfahren* vorliegt, sind diese Verfahren als erste anzubieten. Das kann auch Überweisungen an alternative Psychologische Psychotherapeutinnen und Psychotherapeuten implizieren. Bei *somatischen Krankheiten* muss ein Arzt oder eine Ärztin unbedingter Weise mitbehandeln oder explizit erklären, dass eine Nicht-Mitbehandlung der Somatik keinen Schaden nach sich zieht. Psychopharmakologische Behandlungen (z.B. bei schwerer Depression oder Schizophrenie) und alternative Heilbehandlungsverfahren

(z. B. Physiotherapie bei somatischen Erkrankungen; Ernährungs- und Diabetesberatung bei Ess- sowie Substanzkonsumstörungen; Körperpsychotherapie bei frühkindlichen Traumata) sollten darüber hinaus bei Bedarf i. S. von Kombinationsbehandlungen mitbedacht werden (v. Sydow 2018).

Gute Gründe gegen eine Systemische Therapie

Systemische Therapie ist nicht kontraindiziert, aber meist wenig attraktiv für betroffene soziale Systeme,

- die eine engmaschige, hochfrequente und gleichzeitig mehrere Jahre umfassende therapeutische Beziehung suchen, in der sich das Therapeutensystem ausschließlich als Übertragungsfigur zur Verfügung stellt,
- die über lange Phasen ausschließlich in ihrer Wahrnehmung von Schwere und Ausweglosigkeit bestätigt werden möchten,
- die Feinheiten ihres inneren Erlebens, aber nicht ihrer Einbindung in eine soziale Gemeinschaft intensiv reflektieren möchten,
- die bedeutsame Bezugspersonen lieber nicht an gemeinsamen therapeutischen Interaktionen beteiligen möchten,
- die Humor und sanfte Provokation für untherapeutisch halten.

»Für solche Menschen stellt die Systemische Therapie mit ihrer zuweilen unerträglichen Leichtigkeit möglicherweise eine zu intensive Irritation dar.«
(Schweitzer et al. 2016, S. 36)

8 Settings

»Meine Furcht ist, dass eine Systemische Therapie, die nicht in großen Teilen Mehrpersonentherapie ist, mit zwei oder drei Generationen, mit Paartherapie, als Multifamilientherapie und Aufsuchende Familientherapie, dass sie ihre Prägnanz und Power verliert. In einer systemischen Einzeltherapie fokussierst Du schnell auf Konflikte zwischen konkurrierenden inneren Stimmen, Teilen, Ego-States. Die äußeren Kontexte verblassen, weil sie im Raum nicht präsent sind. [...] Ich möchte Systemprozesse gerne möglichst direkt beobachten und direkt mit den Akteuren arbeiten, nicht nur mit ihren innerpsychischen Ablagerungen. Vielleicht ist das eine derzeit altmodische 70er-Jahre USA-Prägung. Aber zu der stehe ich sehr bewusst.« (Schweiter 2019)

Das Mehrpersonensetting erscheint als die ursprünglichste Form Systemischer Therapie, da es die offensichtlichste Unterscheidung der frühen familien- zu den psychodynamischen Modellen darstellt (▶ Kap. 1.1). Wie kein anderes Setting wird in ihm die Annahme der sozialen und sprachlichen Verhandlung von Störungen i. S. der system-, struktur- sowie kommunikationstheoretischen Ansätze (▶ Kap. 3.4 bis 3.6), systemdynamischer und selbstorganisierender Ansätze (Autopoiese) (▶ Kap. 3.3) und die Ideen der Kybernetik 1. und 2 Ordnung (▶ Kap. 1.2, ▶ Kap. 1.3) inkl. von Bindungs- und Ordnungsaspekten in auch größeren Systemen (▶ Kap. 1.4) verkörpert. Ohne die Auseinandersetzung, wie mit mehr als einer Person gewinnbringend therapeutisch gearbeitet werden kann, wäre die Systemische Therapie heute nicht das, was sie ist. Insofern verzahnen sich die Bedeutung des Mehrpersonensettings und die erkenntnistheoretischen Ansätze in der Geschichte der Systemischen Therapie und ihrer Wirkweise reziprok.

8.1 Einzel-, Paar- und Familientherapie

8.1.1 Einzeltherapie

Historisch gesehen galt die *Systemische Einzeltherapie* lange Zeit als verpönt, ja sogar als Kunstfehler, da sie die an der Entwicklung, Aufrechterhaltung und Veränderung einer Störung beteiligten Systemmitglieder nicht einschließt. Heutzutage ist das Einzelsetting recht häufig. Inhaltlich trägt es damit betroffenen sozialen Systemen Rechnung, deren Mitglieder in großer Entfernung zueinander leben, sich nicht onlinebasiert treffen wollen, oder die Themen bewusst für sich und ohne den Einbezug auch wichtiger anderer Personen klären möchten. Gleichfalls ist anzumerken, dass das Einzelsetting vermeintlich als einfacher erlebt wird, wenn wissenschaftliche und therapietheoretische Grundlagen der Arbeit im Mehrpersonensetting nicht Bestandteil der Ausbildung in Psychologischer Psychotherapie sind. Diese Annahme hält jedoch nur so lange, bis paar- und familientherapeutische Themen adressiert werden, die im Einzelsetting nicht gelöst werden können.

Aufgrund des Settings arbeitet die Systemische Einzeltherapie verstärkt mit der Selbstbeziehung der anwesenden Person und ihrer inneren Kommunikationsmuster bis hin zu nach außen gezeigten Verhaltensweisen in v. a. der Erinnerung an bedeutsame soziale Situationen als zentralen Wirkfaktoren (Grossmann und Russinger 2011). Wie stets in der Systemischen Therapie geht es auch hier darum zu vermitteln, dass Probleme aus Verhaltens- sowie Erlebnisweisen und deren Beschreibung bestehen, damit auch immer alternative Sichtweisen bzw. Handlungsweisen beschrieben werden können (▶ Kap. 1.3.4, ▶ Kap. 3.6.1). Sie werden nicht als Ausdruck einer tiefergehenden, nur die einzelne Person in sich betreffenden Störung verstanden. Um das Erleben und die Funktion der bedeutsamen Beziehungen rund um die anwesende Person explizit zu machen, werden die Erzählungen multiperspektivisch erweitert. Dazu steht das gesamte Repertoire der systemtherapeutischen Diagnostik (▶ Kap. 4) und Methodik, v. a. die systemischen Fragen (▶ Kap. 5.5.2) zur Verfügung.

> **Besonderheit Einzeltherapie**
>
> Die besondere Herausforderung in der systemischen Einzeltherapie besteht darin, wie sich die anwesende Person als Mitglied eines betroffenen sozialen Systems und das Therapeutensystem den systemischen Grundprinzipien getreu ressourcen-, lösungs- sowie problemals auch kompetenzorientiert, und v. a. neutral sowie vielgerichtet parteilich, ebenso gegenüber wichtigen Mitgliedern des betroffenen sozialen Systems verhalten kann, wenn diese im therapeutischen Setting nicht anwesend sind.

8.1.2 Paar- und Familientherapie

Im Paar- und Familiensetting arbeitet die Systemische Therapie verstärkt mit den sozialen Bezügen des betroffenen sozialen Systems, ausgedrückt in den auch im Therapiegeschehen offen sichtbaren Kommunikations- und Interaktionsmustern der anwesenden Systemmitglieder (Sexton et al. 2004). Die *Systemische Paartherapie* beschreibt eine verhältnismäßig lange Tradition seit ihren Anfängen in den 1970er Jahren. Noch stark beeinflusst von psychoanalytischen und psychodynamischen Theorien wurden Paarkonflikte als ein problematisches und häufig unbewusstes Zusammenspiel zweier Partner durch Projektion abgewehrter innerer Anteile der einen Partnerin oder des einen Partners auf die andere Partnerin oder den anderen Partner, und vice versa, verstanden (Kollusion): die Überführung zweier intraindividueller Konflikte in eine interindividuelle Konfliktorganisation. So kann ein ausgeprägt aktiver und versorgender Mensch durch genau diese Verhaltensweisen verhindern, sich selbst mit den eigenen und als existenziell bedrohlich erlebten Abhängigkeitswünschen auseinanderzusetzen. Eine passende Partnerin oder ein passender Partner könnte dazu anbieten, sich gerne versorgen zu lassen und somit seine Konfrontation mit der Welt außerhalb der Paarbeziehung verhindern (Willi 1979). Ziel der Paartherapie ist es, den auf Kollusion beruhenden kommunikativen und interaktionalen Teufelskreis zunächst explizit zu machen und damit beide Partner von gegenseitigen Schuldvorwürfen zu befreien (▶ Kap. 1.2.1, ▶ Kap. 5.5.2). Sodann geht es darum, den diesem Teufelskreis zugrundeliegenden Bedürfnissen durch Metakommunikation eine Sprache zu geben und gemeinsam mit dem betroffenen sozialen System Gestaltungsmöglichkeiten einer freiheitlichen, partnerschaftlichen Begegnung auch außerhalb des Therapiegeschehens zu konstruieren (▶ Kap. 1.3.1, ▶ Kap. 5).

Die *Systemische Familientherapie* beschreibt das klassische Mehrpersonensetting der Systemischen Therapie. Innerfamiliäre Selbsthilfeprozesse können direkter und expliziter angeregt und verhandelt werden als in der Einzel- oder Paartherapie, v. a. wenn es um Konflikte mit abwesenden Kindern geht. Kontraproduktive Koalitionsbildungen einzelner Systemmitglieder untereinander ebenso wie mit dem Therapeutensystem werden direkt offensichtlich, damit verhandel- und auflösbarer. Nicht zuletzt kommen die bedeutsamen Mitglieder der Familie in einer anderen als ihrer alltäglichen Umgebung zusammen. Allein dadurch und ebenso durch die Einladung zu einer alternativen Verhandlung der beschriebenen Symptomatik, z. B. ihrer positiven Konnotation (▶ Kap. 5.6.1), werden bedeutsame Unterschiedsbildungen begünstigt (▶ Kap. 1.3.1). Familientherapiesitzungen sind für die Familienmitglieder oftmals ungewöhnliche und aus dem Alltag herausgehobene Ereignisse, für deren Realisierung jedes Familienmitglied viel Aufwand allein schon in der zeitlichen Abstimmung und dem gemeinsamen Erscheinen am Ort des Therapiegeschehens investiert. Dadurch entsteht nicht selten eine bestimmte Erwartungshaltung an die Entwicklung funktionaler Ergebnisse, um den betriebenen Aufwand zu rechtfertigen. Diese gehen wiederum mit einer verstärkten Motivation zur Mitarbeit einher. Gleichfalls besteht ein hoher emotionaler Einsatz und gegenseitiger Vertrauensvorschuss in das Therapiegeschehen, wenn zuvor vielfache Verletzungen und Hierarchieumkehrungen stattgefunden haben (Hanswille 2018b).

Besonderheit Paar- und Familientherapie

Die besondere Herausforderung in der systemischen Paar- und Familientherapie besteht darin, neben der Fokussierung v. a. interpersonaler Phänomene auch intrapersonalen Prozessen Raum zu geben, und

> neben genügender Zeit und inhaltlicher Tiefe für jedes Systemmitglied das Paar- bzw. Familiensystem als Ganzes im Auge zu behalten.

8.1.3 Welches Setting wann mit wem?

In der Entscheidung, wann welches Setting mit wem als gewinnbringend erachtet wird, gilt es stets die Grade der Abhängigkeit und des aufeinander-bezogen-Seins *(Bezogene Individuation)* der betroffenen sozialen Systeme in Abhängigkeit ihres aktuellen Lebenszyklus zu berücksichtigen. *Zentrifugale Phasen* sind von stärker nach außen gerichteten Aktivitäten (z. B. Auszug junger Erwachsener; Beziehungsaufbau zu Ausbildungskolleginnen und -kollegen, Kommilitoninnen und Kommilitonen) geprägt, so dass der Einbezug der Eltern i. S. eines familiären Entbettungsprozesses (Giddens 1995) weniger bedeutsam erscheinen mag im Vergleich zum Einbezug von Partnern bzw. Partnerinnen, Freunden bzw. Freundinnen, oder auch keiner zusätzlichen Person. *Zentripetale Phasen* erscheinen mit stärker nach innen gerichteten Beziehungsgestaltungen (z. B. Geburt des ersten Kindes), so dass der Einbezug des Paares bis zur Familie in das Therapiegeschehen zentral wird. Darüber hinaus hat die Paartherapie zwar das Paar, nicht aber die Eltern im Blick, obwohl beide *Rollensysteme* in enger Wechselwirkung miteinander stehen. Andersherum gilt eine Familientherapie unter Einbezug der Kinder als Kunstfehler, wenn es um Fragen der partnerschaftlichen Sexualität geht (v. Sydow 2018). Stets gilt es somit, die (Sub-)System-, Rollen- und Inhaltsgrenzen explizit zu machen und klar zu trennen, mit wem über was und wie gesprochen wird.

> **Was kann ich tun, wenn Jugendliche mit schweren psychischen Problemen sich weigern, gemeinsam mit ihren Eltern an Familiengesprächen teilzunehmen?**
>
> Zunächst gilt es zu explorieren, welche guten Gründe die Jugendlichen davon abhalten, Teil des Therapiegeschehens zu werden (z. B. »Sie als Therapeutin sind ja sowieso auf der Seite meiner Eltern! Was

soll ich da mit Ihnen reden!«). Ein achtsamer Beziehungsaufbau mit konkreten und kraftvollen Beziehungsangeboten sowie Klärung des Settings und systemtherapeutischer Arbeitsweisen kann darin unterstützen, die Bedenken Schritt für Schritt aufzulösen. Bleiben sie bzgl. des Einbezugs der Eltern bestehen, können getrennte Gespräche mit den verschiedenen (Sub-)Systemen erfolgen. Wesentlich ist auch hier die initiale Aufklärung über die psychotherapeutische Schweigepflicht. Meist ergibt sich ein steigendes Interesse sowie Neugierde der jeweiligen Systemmitglieder an den Gesprächen und über die beschriebene Symptomatik in ihrer Abwesenheit. Paradoxerweise führt dies meist nach einiger Zeit dazu, dass sich die Systemmitglieder doch eine gemeinsame Sitzung wünschen, um sich über den Verlauf, Fort- und Rückschritte in einem geschützten Rahmen austauschen zu können. Der Kunstgriff dabei ist, mit jedem anwesenden und abwesenden Systemmitglied eine vertrauensvolle und tragfähige Beziehung aufzubauen, um somit bei (erneutem) Zusammentreffen im Mehrpersonensetting (Dienst-)Leistungen zur Übersetzung von Kommunikations- und Interaktionsakten anzubieten, die bisher das betroffene soziale System selbst noch nicht leisten konnte.

8.2 Gruppentherapie

Systemische Gruppentherapie unterscheidet sich von anderen Formen der Gruppentherapie v. a in dem Bewusstsein und dessen expliziter Nutzung nicht nur intra- sondern vielfach auch extragruppaler reziproker Wirkungen im alltäglichen sozialen Umfeld der Gruppenteilnehmerinnen und -teilnehmer. Was außerhalb wie innerhalb einer Systemischen Gruppentherapie erlebt und erfahren wird ist gleichwertig bedeutsam. Zentrales Element ist das sich gedankliche sowie emotionale Mitteilen und sich i. S. des Lernens am Modell zur Verfügungstellens (Sharing), die Nutzung der »Weisheit der Gruppe« und damit das Einbringen unterschiedlicher reflexiver Positionen zur Stimulierung veränderter Selbstorganisationsprozesse (Wilms 2014, 2018). Eine besondere Form der Gruppentherapie ist die *Familienrekonstruktion* (Nerin 1989, Satir et al. 1988). Sie ist eng mit dem mehrgenerationalen und wachstumsorientierten Ansatz (▶ Kap. 1.1.3, ▶ Kap. 1.1.4) verbunden. Ursprünglich von Familientherapeutinnen und -therapeuten zur Selbsterfahrung entwickelt, dienen sie der Reflexion (transgenerationaler) Einflüsse auf die therapeutische Tätigkeit. Frühe Erfahrungen und daraus resultierende Lerngeschichten (▶ Kap. 1.3.4) werden als für das Überleben im Kindes- und Jugendalter notwendig verstanden (basic rules of survival) (Nerin 1989). In der Selbsterfahrung geht es darum, an das aktuelle Leben angepasste kognitiv nachvollziehbare und emotional getragene Lerngeschichten zu entwickeln. Dazu treffen sich ca. 12 bis 24 Teilnehmerinnen und Teilnehmer in einem vier bis fünf Tage umfassenden Seminar und bringen ein zuvor vorbereitetes Genogramm (▶ Kap. 5.5.2) mit, das sowohl demografische Angaben wie auch Beziehungseigenschaften einzelner Familienmitglieder wiedergibt. Eine Auftragskonstruktion (▶ Kap. 5.4) präzisiert den Fokus für die individuelle Familienrekonstruktion. Bei Darstellung des Genogramms durch die Fallgeberin oder den Fallgeber bildet die Gruppe Hypothesen entlang der Frage, wie das Herkunftssystem dazu beitragen konnte, dass sich dieser Auftrag in der Biografie der Fallgeberin oder des Fallgebers auf die geschilderte Art und Weise aktualisierte. Eine Systemskulptur als komplexitätsreduzierende Variante der Systemaufstellungen (▶ Kap. 5.6.5) dient der erlebnisorientierten Erfahrung der Überführung einer Problem- in eine Lösungskonstellation.

8.3 Aufsuchende Therapie

Aufsuchende Hilfen gehören zum klassischen Setting der Systemischen Therapie. Sie werden v. a. in den USA genutzt und sind in Deutschland noch recht selten, z. B. bei Rückführungen aus Fremdunterbringung wie der Psychiatrie oder Justizvollzugsanstalt. Im Rahmen der klinischen Versorgung auch als *Home Treatment* bezeichnet, beschreiben sie die »…intensive, stationsäquivalente Akutbehandlung psychisch kranker Menschen in der häuslichen Umgebung« (Hepp und Stulz 2017). Die Hilfe wird durch ein mobiles, 24 Stunden und kurzfristig vor Ort verfügbares, multiprofessionelles Team mit einer Fachärztin oder einem Facharzt für Psychiatrie sowie häufig Psychologinnen und Psychologen oder Sozialarbeiterinnen und Sozialarbeitern erbracht. Die zentrale Aufgabe besteht meist in der Abklärung einer stationären (erneuten) Unterbringung vs. häuslich basierter Akutbehandlung innerhalb von zwei bis sechs Wochen. Vorteile dieses systemtherapeutischen Ansatzes liegen in seinem unmittelbaren Bezug zur alltäglichen Lebenswirklichkeit des betroffenen sozialen Systems, dem unbedingten Einbezug des sozialen Umfeldes, der Möglichkeit zur Arbeit mit systembezogenen Ressourcen sowie Kompetenzen und der Konfliktarbeit direkt am Ort des Geschehens (Epple 2018).

Aufsuchende Familientherapien im Jugendhilfekontext dienen v. a. der Krisenintervention sowie Begleitung von Multiproblemfamilien, die von Therapie- und Beratungsangeboten in »Komm-Strukturen« (Conen et al. 2018) nicht oder nur ungenügend erreicht werden. Zentrale Qualitätsmerkmale der Aufsuchenden Familientherapie ist die Arbeit in Co-Therapien (▶ Kap. 8.5) mit 26 Sitzungen über sechs bis zwölf Monate und länger bei schwer traumatisierten Eltern unter Einbindung eines multiprofessionellen Teams. Zumeist ist das Jugendamt der Auftraggeber, zahlender Kunde sowie gleichzeitig Kontrollinstanz, v. a. bei (potenzieller) Gefährdung des Kindeswohls. Inhaltlicher Kunde ist hingegen die betroffene Familie. Dadurch erhöht sich die Komplexität der Auftragskonstruktion und der Spannungsgrad im Therapiegeschehen. Das Auftragsdreieck (Epple 2018) verdeutlicht diese Konstellation. Kann die Spannung für den therapeutischen Prozess genutzt oder sogar aufgelöst werden, so ergeben sich eine Vielzahl an Vorteilen der Aufsuchenden Familientherapie. Manche Familien fühlen sich zu Hause sicherer und weniger stigmatisiert als bei »Besuchsverordnungen« im Jugendamt. Die Teilnahme von Kindern kann flexibel und bedarfsorientiert gestaltet werden. Ressourcen, Kompetenzen sowie Probleme werden direkt im Alltag der Familie sichtbar und Lösungen unmittelbar kontextbezogenen möglich. Schwierigkeiten ergeben sich v. a. aus der angespannten

Auftragslage und in der Herausforderung, gerade zu Beginn sowohl Beziehungsarbeit als auch Auftragskonstruktion so zu nutzen, dass alle Familienmitglieder als Kundinnen und Kunden in den therapeutischen Prozess einsteigen (Epple 2018). Aufgrund ihrer umfassenden Präsenz, Verhandlung komplexer Auftragslagen in Krisensituationen, der Arbeit in multiprofessionellen Teams, eingebunden in diverse sozialgesellschaftliche inkl. Zwangskontexten, und somit einem hohen Anteil an Netzwerkgesprächen (z. B. Jugendamt, Familie, Schule, gesetzliche Vertreterin oder gesetzlicher Vertreter, Vormund) kann Aufsuchende Therapie stark von Prinzipien der Therapieversammlungen im Rahmen der Bedürfnisangepassten Behandlung und Offenem Dialog (▶ Kap. 11.3.2) profitieren.

Aufsuchende Familientherapie als Chance zum Paradigmenwechsel

Wenn nicht das Therapeutensystem, sondern das betroffene soziale System zum »Heimspiel« einlädt und Gastgeber der gemeinsamen Therapiegespräche wird, das Setting gestaltet und Professionelle zu einem »Auswärtsspiel« für diese zu sich nach Hause einlädt, dann erscheint die Welt »ver-rückt«. Therapeutinnen und Therapeuten begeben sich in das Kraft- und Wirkungsfeld des betroffenen sozialen Systems und werden so zu »Wanderern zwischen den Welten«. Sie zeigen modellartig an, welche »Hin-Bewegung« es zu gestalten gilt, um an eine »unterbrochene Bewegung« wieder anzuknüpfen und somit zu einer (erneut) gesellschaftlich verstärkten Eingliederung des betroffenen sozialen Systems beizutragen. Das Therapeutensystem tritt ein in das betroffene soziale System und ist somit vielfach mit Angeboten zur Verstrickung und Verlusterfahrungen professioneller Loyalitätsgestaltung konfrontiert. Es gilt, mit den verschiedensten Störungsarten während einer Sitzung umzugehen (z. B. psychische Störungen und körperliche Krankheiten der Systemmitglieder, nicht ausreichende Sitzgelegenheiten, Unterbrechung durch Telefonanrufe, Haustiere, Freunde und Nachbarinnen sowie Nachbarn). Daher wird die Arbeit in Co-Therapien (▶ Kap. 8.5) so bedeutsam. Das Geschenk in der Arbeit der Aufsuchenden Familientherapie ist dafür die Erfahrung von Verbesserungen betroffener sozialer Systeme in ihrem direkten Alltag und damit häufig verbunden eine hohe Nachhaltigkeit der erreichten Ziele.

8.4 Multifamilientherapie

Die Multifamilientherapie entspringt der Erkenntnis, dass unter Berücksichtigung ökosystemischer Ansätze die Arbeit mit einer einzelnen Familie eine zu kleine Einheit wirksamer Veränderung ist (▶ Kap. 1.4.2). Menschen solidarisieren sich, wenn sie erleben, dass andere mit ähnlichen Hoffnungen, Wünschen und Problemen agieren. Gerade wenn Probleme im Gegensatz zu den sie umgebenden Umwelten (Norm) erfahren werden, provozieren sie ein scham- sowie schuldbesetztes Erleben und lassen die Selbst- sowie Systemwirksamkeit sinken. Aus Erfahrungen der Arbeit mit Großgruppen und in enger Verbindung zur psychodynamischen Gruppentherapie (Foulkes 1962), strukturellen Familientherapie (Minuchin 1972) (▶ Kap. 1.2.2) und zu Selbsthilfegruppen sowie gemeindenaher Stärkung (Community Empowerment) (Craig und Mayo 1995) entwickelte sich die Multifamilientherapie zunächst in den USA (Laqueur 1972) und später in Europa (Asen et al. 2019). Ziel der Multifamilientherapie ist die Begegnung mehrerer betroffener Familien und die Entwicklung einer gemeinsamen Sprache für das jeweils erlebte Störungsgeschehen (Cecchin 1987). Die Erfahrung anderer Familien im Umgang mit ähnlichen Problemen, die Spiegelung eigener Sichtweisen im geschützten Rahmen und eine gegenseitige Unterstützung gelten als grundlegende Wirkmechanismen der Multifamilientherapie (Asen 2018). Dabei treffen sich meist sechs bis acht Familien, angeleitet von meist zwei Therapeutinnen und/oder Therapeuten in aktiver Teilnahme und teilnehmender Beobachtung (▶ Kap. 8.5). Die aktive Therapeutin oder der aktive Therapeut steht in ständiger (non-)

verbaler Interaktion mit den Familien, ist in Bewegung und nimmt sich sofort zurück, sobald die Gruppe den Prozess selbst zu tragen beginnt. Die beobachtende Therapeutin oder der beobachtende Therapeut begibt sich in die Metakommunikation (▶ Kap. 1.3.1), blickt mit wohlwollender Distanz auf das, was sich wie zwischen den Familien ereignet und meldet dies bei Bedarf zurück. Er oder sie kann spontan in das Geschehen eintauchen, wenn multimodal einzel-, paar- oder familientherapeutische Interventionen für ausgewählte Systemmitglieder bedeutsam erscheinen. Im Anvisieren von Themen für die Sitzung wird gemeinsam geschaut, welche Familie aktuell am stärksten bewegt erscheint und damit sich zuerst einbringt (System- und Selbstöffnung). Durch zunehmende Intensivierung der Interaktionen, v. a. in (Rollen-)Spielen rund um (nicht) erfolgreich gemeisterte Situationen, dient jede Sitzung der Bearbeitung des Anliegens der eröffnenden Familie ebenso wie dem Erkennen (Spiegelung), Fokussieren und Bearbeiten inter- und intrafamiliärer Prozesse auch der anderen Familien (system- und selbstbezogene Mentalisierungsprozesse), dem Modelllernen und (Video-)Feedback. So können multiple betroffene Systeme von einer vielschichtigen Bearbeitung der beschriebenen Symptomatiken, v. a. aber durch die Einbindung in ein sie betreffendes wohlwollendes Ökosystem, die Gruppe, profitieren (Asen et al. 2019).

8.5 Co-Therapie

Die Arbeit mit mehrpersonalen Therapeutensystemen gehört zum klassischen Repertoire der Systemischen Therapie und wurde v. a. in der Einführung des Reflektierenden Teams (▶ Kap. 5.1) durch die Mailänder Familientherapeuten (▶ Kap. 1.2.4) bekannt. Co-Therapien kommen v. a. in der Paar-, Familien- sowie Gruppentherapie, Aufsuchenden Therapie, Multifamilientherapie (▶ Kap. 8.1, ▶ Kap. 8.2, ▶ Kap. 8.3, ▶ Kap. 8.4) und der Bedürfnisangepassten Behandlung des Offenen Dialogs (▶ Kap. 11.3.2) zum Einsatz. Co-Therapien ermöglichen die Nutzung

8.5 Co-Therapie

miteinander geteilter ebenso wie divergierender Sichtweisen auf ein Therapiegeschehen. Dabei ist eine *integrative Diversität* (Hanswille 2018b), ein wertschätzender, respektvoller und verlässlicher Umgang zweier Expertinnen bzw. Experten auf Augenhöhe, unbedingte Voraussetzung. Nur so können therapeutisches Wissen, Erfahrung und Intuition gemeinsam genutzt werden, um kreative Wirklichkeitsräume in der Arbeit mit betroffenen sozialen Systemen zu entwickeln. In einer *ausgewogenen Balance von aktiver Teilnahme und teilnehmender Beobachtung* übernimmt eine Therapeutin oder ein Therapeut die stärker aktivere Rolle, geht verstärkt in das Binnenklima und wird Teil des betroffenen sozialen Systems (Joining). Er oder sie unterliegt gleichfalls allen Fallstricken einer nahen therapeutischen Beziehung (Verstrickung) . Die Therapeutin oder der Therapeut in der stärker beobachtenden Rolle übernimmt die Metakommunikation (▶ Kap. 1.3.1) mit Blick auf Ereignisse innerhalb des Therapiesystems. Im *Splitting* können die im Therapeutensystem individuell sowie oftmals spontan erlebten Sichtweisen akzentuiert werden. Diversität gilt hierbei als Ressource, indem sie innerhalb des betroffenen sozialen Systems erlebten Ambivalenzen zum Ausdruck verhilft. Eine besondere Form ist dabei die Arbeit mit *gespaltenen Botschaften*, wenn jede Therapeutin und jeder Therapeut sich bewusst eine andere Tendenz des Interaktionsgeschehens zu eigen macht. Eine Therapeutin oder ein Therapeut kann z. B. ein Systemmitglied konfrontieren, wenn es unter Einfluss von Drogen zur Therapie erscheint, und die andere Therapeutin oder der andere Therapeut kann z. B. dem gleichen Systemmitglied wertschätzend gegenübertreten, da es trotz Drogenkonsum den vereinbarten Termin ernst nimmt. *Geschlechtshomogene Allianzen* ermöglichen die therapeutische Unterstützung biologisch ähnlicher Mitglieder im Therapiesystem unter der Annahme, dass Biologie soziale Sichtweisen, Kommunikations- und Interaktionsmuster mit konstruiert und Austauschprozesse der anwesenden Personen unterstützt. Arbeiten im *Therapeuten-Paar*, das miteinander gelebte Unterschiede thematisiert, aushandelt, mal vermehrt die Führung der einen und mal der anderen Person überlässt, hat eine nicht zu unterschätzende Modellfunktion für die in das Therapiegeschehen involvierten Personen. Hinzu kommt nicht zuletzt die Möglichkeit des kollegialen Austauschs innerhalb des Therapeutensystems, der *Intervision sowie Erweiterung des*

Hypothesenraums und gegenseitigen Unterstützung im professionellen Alltag (Hanswille 2018b).

9 Therapeutische Beziehung

Die therapeutische Beziehung in der Systemischen Therapie ist primär geprägt durch ihre Grundprinzipien (▶ Kap. 3.2): einer unbedingten *professionellen vs. voyeuristischen Neugierde* an der Lebenswirklichkeit von Menschen, ausgedrückt in einer Haltung professionellen Nicht-Wissens; einem *zirkulären Wirklichkeitsverständnis*, in dem es keine schuldigen Personen gibt, sondern v. a. eine wertzuschätzende Symptomatik aus guten Gründen; der Annahme ausgeprägter *Eigendynamik und Nicht-Steuerbarkeit sozialer Systeme*, verbunden mit der Erkenntnis, wie wenig Therapeutensysteme betroffene soziale Systeme verändern können und wie viel sie aber dazu beitragen können, dass diese sich selbst verändern; einer unbedingten, transgenerational orientierten *Problem- als auch Ressourcen- und Kompetenzaktualisierung*; einem *Expertentum auf Augenhöhe*, in dem das betroffene soziale System als Experte seiner Lebenswirklichkeit und das Therapeutensystem als Experte einer professionellen Therapieprozessbegleitung gilt; einer *vielgerichteten Parteilichkeit* (Allparteilichkeit) bei gleichzeitiger *Konstrukt-, Beziehungs- sowie Veränderungsneutralität* (▶ Kap. 5.2); einem Verständnis von Symptomen sowie Eigenschaften als *sozial konstruierten, kontextbezogenen und oftmals transgenerational vermittelten Phänomenen* vs. naturwissenschaftlich festgeschriebenen Fakten; einer Wahrheit, die sich v. a. in ihrer *Nützlichkeit* zu einer verbesserten Kommunikation und Interaktion innerhalb des betroffenen sozialen Systems beweist. Darüber hinaus zeigen sich Besonderheiten der Systemischen Therapie in ihrer Konstruktion der therapeutischen Beziehung, v. a. in den Facetten des therapeutischen Bündnisses (Allianz) im mehrpersonalen Setting und ihren kommunikativen Beziehungsangebote.

9.1 Therapeutisches Bündnis (Allianz)

Das *Therapeutische Bündnis (Allianz)* ist Teil der therapeutischen Beziehung, ebenso wie z. B. die Persönliche Involviertheit, Affektive Haltung und Erfahrungsbasierte Übereinstimmung. Letztere wurden v. a. in nicht-systemtherapeutischen Psychotherapieverfahren und v. a. in dyadischen statt mehrpersonalen therapeutischen Beziehungen untersucht (Crits-Christoph et al. 2013). Das therapeutische Bündnis hingegen, beschrieben als die gemeinschaftliche *(collaborative)* und affektive *(affective)* therapeutische Beziehung, macht die Komplexität und Vielschichtigkeit der Beziehungen innerhalb mehrpersonaler Therapiesysteme deutlich (Friedlander et al. 2011). Gemeinschaftlich bezeichnet die Übereinstimmung zwischen Zielen und Techniken, affektiv die geteilte Verbundenheit *(bond)* i. S. von Vertrauen, Respekt, Fürsorge und einem Sich-Mögen (Bordin 1979). Multiple Allianzen werden bedeutsam, wenn jedes Mitglied eines betroffenen sozialen Systems mit jeder Person des Therapiesystems *(self-with-therapist; other-with-therapist)* und das Subsystem des betroffenen sozialen Systems als Ganzes mit dem Therapeutensystem als Ganzes *(group-with-therapist)* im Therapiesetting interagiert. Dabei nehmen die Systemmitglieder ihre Beziehungen untereinander deutlich unterschiedlich zu der Beziehung mit dem Therapeutensystem wahr. Gespalten oder unausgewogen erlebte Allianzen innerhalb eines betroffenen sozialen Systems gehen häufig mit Kompensationsversuchen i. S. von Angeboten zur Allianzbildung mit dem Therapeutensystem einher. Dabei sagt nicht die Allianz im Mittel des betroffenen sozialen Systems z. B. Abbruchraten in einer Psychotherapie voraus, sondern v. a. die Gestaltung jeder einzelnen Allianz durch das Therapeutensystem mit den Mitgliedern eines betroffenen sozialen Systems (Friedlander et al. 2011). Dieser Umstand verdeutlich erneut die Zentralität der systemtherapeutischen Haltung, v. a. mit Fokus auf die vielgerichtete Parteilichkeit (▶ Kap. 5.2.1) und Neutralität (▶ Kap. 5.2.2) (Friedlander et al. 2011).

9.2 Kommunikative Beziehungs(!)angebote

9.2.1 Beschwichtigungen, Anklagen, Rationalisierungen, Ablenkungen

Menschen streben nach Wachstum sowie Entwicklung ihres Grundpotentials und benötigen dazu eine kongruente Kommunikation wie in den fünf Freiheiten menschlicher Kommunikation offensichtbar (▶ Kap. 1.1.4). Inkongruente Kommunikationsformen (Satir 2018) entstehen aus der erlebten Notwendigkeit, sich selbst und bedeutsame soziale Systeme zu schützen. Störungen werden als Hilferuf eines gekränkten betroffenen sozialen Systems verstanden. Sie können sich zwischen den Systemmitgliedern als auch in Interaktion mit dem Therapeutensystem zeigen. Die vier Typen inkongruenter Kommunikation beschreiben *beschwichtigende, anklagende, rationalisierende und ablenkende Kommunikationsangebote* (▶ Tab. 9.1). Sie werden vereinfachend häufig als Beschwichtiger, Ankläger, Rationalisierer und Ablenker personalisiert. Jedoch handelt es sich im modernen Verständnis der Systemischen Therapie nicht länger um einseitige Verhaltensweisen, sondern um Beschreibungen der Qualität einer therapeutischen Beziehung!

Tab. 9.1: Typen inkongruenter Beziehungsangebote (Satir 2018)

Kommunikationsangebot	Leitsatz	Selbsterleben in Beziehungen	Ressourcen und Reframing
Beschwichtigendes Kommunikationsangebot	»Bitte tue mir nichts! Was du auch immer willst, es ist in Ordnung. Ich werde alles tun, um dich glücklich zu machen!«	Angst vor Ablehnung: »Ich komme mir wie ein Nichts vor! Ich brauche mein Gegenüber!«	*Ressourcen:* • Liebevoll und sensibel *Reframing:* • Mit allen im System im Kontakt; Sorge um harmonischen Ausgleich

Tab. 9.1: Typen inkongruenter Beziehungsangebote (Satir 2018) – Fortsetzung

Kommunikationsangebot	Leitsatz	Selbsterleben in Beziehungen	Ressourcen und Reframing
Anklagendes Kommunikationsangebot	»Du bist schuld! Du machst nie etwas richtig!«	Furcht, dass eigene Schwäche erkannt wird: »Ich bin einsam und erfolglos!«	*Ressourcen:* • Übernimmt die Führung *Reframing:* • Benennung einer klaren Position; viel Aufmerksamkeit für das Tun der Anderen
Rationalisierendes Kommunikationsangebot	»Wenn man sorgfältig beobachtete, könnte man denken, das sei kein Problem, sondern eine abstrakte Konstruktion des menschlichen Seins!«	Angst vor Kontrollverlust: »Ich habe Angst vor Gefühlen und fühle mich leicht ausgeliefert!«	*Ressourcen:* • Intellekt und strategisches Denken *Reframing:* • Angebot einer logischen Lösung, wo Emotionen hochkochen
Ablenkendes Kommunikationsangebot	»Lalalala – oh, da fliegt ein Vogel!«	Sehnsucht und Angst vor Kontakt: »Ich erlebe mich tief getroffen und ausgeschlossen! Das zeige ich, indem ich so tue, als wäre ich gar nicht da!«	*Ressourcen:* • Spaß, Spontaneität, Kreativität *Reframing:* • Anzeige »ver-rückten« Verhaltens, ohne eine bestimmte Person zu sehr in den Fokus zu nehmen.

9.2.2 Besuchende, Klagende, Kundige

Zu einer gelungenen Auftragskonstruktion (▶ Kap. 5.4) bedarf es einer bedeutsamen Problem- sowie Lösungsaktualisierung (Anlass, Anliegen) und einer Ahnung, wer was zum angestrebten Veränderungsprozess beitragen kann (Beiträge). Sind alle drei Kernelemente vorhanden, entwickelt sich eine kooperative Arbeitsbeziehung und das betroffene soziale System wird als »*Kunde*« erlebt. Erneut wird bedeutsam, dass es sich nicht um personale Zuschreibungen handelt, sondern um Charakteristika zwischenmenschlicher Interaktionen. Kundenbeziehungen ermöglichen recht präzise Beschreibungen von Beschwerden, eine Offenheit für Veränderungen und therapeutische Experimente, die Umsetzung von Aufgaben und eine gemeinsam geteilte Verantwortungsübernahme. »*Besucher*« erscheinen oftmals als bedeutungsvolle Dritte, die weniger das Problem in sich als vielmehr bei anderen verorten. Besuchende Beziehungsangebote sehen sich daher auch weniger handlungsmächtig im Hinblick auf die Entwicklung, Aufrechterhaltung und Veränderung von Problemen. Sie verfügen jedoch häufig über Möglichkeiten der Metakommunikation aus ihrer Beobachterrolle heraus und können in wertschätzender Anerkennung ihrer Position achtsam in kundige Beziehungsangebote transformiert werden. »*Klagende*« zeigen sich vergleichsweise kooperativ dem therapeutischen Geschehen gegenüber. Klagende Kommunikations- und Interaktionsangebote können Beschwerden, Wünsche und Hoffnungen relativ genau, Beiträge zu Veränderungsprozessen hingegen kaum beschreiben (Berg und Miller 2018; Klein et al. 2011). Die Anerkennung des Leidensdrucks in diesem Lösung-Problem-Zustand kann die Transformation von klagenden in kundige Beziehungsangebote unterstützen, v. a. unter Anwendung des Lösung-Problem-Zirkels (▶ Kap. 5.6.2; ▶ Tab. 9.2.).

Tab. 9.2: Typen von Beziehungsangeboten im Problem-Lösung-Feld (Klein et al. 2011)

Beziehungs-angebot	Erscheinungsform	Therapeutisches Vorgehen	Ziel
Kundige Beziehungs-angebote	√ Problem √ Ziel √ Einfluss auf Veränderung	• Anerkennen der Motivation • Sorgfältige Auftragskonstruktion *Fragetechniken:* • alle systemischen Fragen	Transformation von Problemen in Lösungen
Klagende Beziehungs-angebote	√ Problem √ Ziel ◊ Einfluss auf Veränderung	• Anerkennen des Leidensdrucks • Ausschauhalten nach Ressourcen zur Erduldung des Zustandes *Fragetechniken:* • Verschlimmerungsfrage (z. B. »Was könnten Sie tun, um das Problem noch größer zu machen?«) • Restriktionen (z. B. »Was brauchen Sie, um mit dem Problem klar zu kommen?«)	Transformation in eine kundigere Beziehung
Besuchende Beziehungs-angebote	◊ Problem ◊ Ziel ◊ Einfluss auf Veränderung	• Ausschauhalten nach dem, was funktioniert und nicht nach dem, was nicht funktioniert *Fragetechniken:* • Fokus auf die Bedeutung Dritter (z. B. »Wie kommt jemand auf die Idee, Sie zu mir zu schicken?«)	Transformation in eine klagendere, bestenfalls kundigere Beziehung

10 Evidenz

10.1 Systemische Forschung

Aus dem Englischen übersetzt beschreibt *Evidenz (evidence)* die begründete Nachweislichkeit der Wirksamkeit von Psychotherapieverfahren und -methoden. Aus dem Lateinischen *evidens* ergibt sich, dass diese Nachweislichkeit augenscheinlich und einleuchtend sein muss. Was als anschaulich und einleuchtend gilt, liegt dabei v. a. im Auge der Betrachterin und des Betrachters, d. h. der systemtherapeutischen Forschungsgemeinschaft. Bisher gibt es (noch) keine allgemeingültige Definition, was systemische Forschung charakterisiert. Jedoch existieren vielfältige Überlegungen (https://systemisch-forschen.de/systemisch-forschen/) die überblicksartig zusammengefasst werden sollen.

Günter Reich (2009, Universität Göttingen) beschreibt *Systemische Forschung als die Erforschung von Zusammenhängen in Beziehungssystemen, v. a. die Erforschung der Wechselwirkung von Symptom- und Lösungsmöglichkeiten in Abhängigkeit des sozialen Kontextes und der in ihm herrschenden Deutungsmuster.*

Nach Rolf Arnold (2010, Technische Universität Kaiserslautern) ist sie eine *rekonstruierende Forschung*, um der Wirkungen der Verschränkung von Perspektiven nachzuspüren. Es geht darum, die subjektiven Motive und interaktiven Mechanismen, mit denen Menschen ihre Wirklichkeit gesellschaftlich konstruieren, *viabel* und damit für den lebenspraktischen Alltag nützlich zu erforschen (Gadenne 2018). Johannes Herwig-Lempp (2010/2014, Professor für Soziale Arbeit, Fachhochschule Merseburg/Halle) formuliert folgende Axiome:

10 Evidenz

- *Forschung erfindet und konstruiert Wissen*, und findet es nicht einfach nur. Sie erfindet die Wirklichkeit, die sie erforschen will, ganz i. S. des Radikalen Konstruktivismus und der KybernEthik (▶ Kap. 3.6.1): »Die Umwelt, die wir wahrnehmen, ist unsere Erfindung« (v. Förster 1997, v. Förster et al. 2008).
- *Systeme sind keine Dinge, sondern ein Ergebnis unseres (Nach-)Denkens, Entscheidens und Handelns.* Sie bestehen daher aus einer Auswahl vielfältiger Variablen, die so lange zu variieren sind, bis eine subjektiv als sinnvoll erwünschte Eindeutigkeit beschrieben werden kann (Ashby 1974).
- *Für die Zusammenstellung der zu erforschenden Systeme, ebenso wie für die Forschungsergebnisse, sind die Forscher mitverantwortlich*: »Objektivität ist die Selbsttäuschung eines Subjekts, dass es Beobachten ohne ein Subjekt geben könnte« (Glasersfeld 1998). Daraus wird auch klar: »Das Erforschte könnte auch stets anders sein!« (Herwig-Lempp 2008)

Konsequenz für systemtherapeutische, radikal konstruktivistische und für die eigene Forschung Verantwortung übernehmende Wissenschaftlerinnen und Wissenschaftler

- Reflektiere ich meine eigenen Standpunkte und Perspektiven, wird die Begrenztheit der von mir beschriebenen Erkenntnisse deutlich.
- Beziehe ich mich auf die Kontexte, aus denen heraus ich forsche, relativiere(n) (s)ich meine Erkenntnisse.
- Dann beziehe ich mich selbst (»ich«, »nach meiner Auffassung«, »aus meiner Perspektive«), Konjunktive und andere Relativierungen (»manchmal«, »häufiger«, »u. a.«, »es könnte auch sein«) in die Mitteilung meiner Erkenntnisse ein.
- Schließlich weise ich explizit darauf hin, dass Forschung nicht neutral und objektiv sein kann, weil sie auf menschlichen Entscheidungen und damit sozial konstruierten Realitäten beruht.

Walter Milowiz (2009, Bundesakademie für Soziale Arbeit, Wien) betont die *Wahrnehmung von Fakten als Ergebnis zirkulärer Interaktionsprozesse.* Wo immer systemisch geforscht wird, muss nach zirkulären vs. linearen Prozessen gefragt werden. Untersuchungen zur Entstehungsgeschichte depressiver Störungen sollten auch die Frage beinhalten, wer unter welchen Umständen von Depression spricht, und was damit bewirkt werden soll. Damit wird gleichfalls die Erforschung einer Genese selbst eine zirkuläre Frage: Wie kann ein letzten Endes gesellschaftliches Interaktionsmuster entstehen, sich erhalten oder gar steigern, indem Diagnosen verwendet werden?

Kurt Ludewig (2009, Pionier der systemischen Therapie in Deutschland) fordert erneut ein, dass eine systemtherapeutische Forschung eine verantwortbare Forschung sein muss, welche die Forschenden als Hauptbeteiligte miteinbezieht (v. Maanen 2011). *Die Ergebnisse erlangen nur dann Gültigkeit, wenn sie als Mitteilungen in einem kommunikativen System mit eigenen, selbst auferlegten Regeln verstanden werden.* In der Psychotherapieforschung ist das ein stark medizinisches und wirtschaftlich geprägtes System. Das Gültigkeitskriterium schließt an die kommunikative Brauchbarkeit der beschriebenen Ergebnisse an, d. h. für wen, zu welchem Zeitpunkt, in welchem Kontext und mit welchen Zielen ist was nützlich.

Wolfgang Tschacher (2009, Universitäre Psychiatrischen Dienste Bern) und Günter Schiepek (2009, Paracelsus Medizinische Privatuniversität Salzburg) definieren systemische Forschung als empirische Forschung mit den *Methoden der Synergetik* (z. B. Musterbildung und -erkennung, Selbstorganisation, Synchronisation von (Teil-)Systemen, Analyse prozesshafter Veränderungen), deren Zugang multimethodal und transdisziplinär erfolgen sollte.

Tom Levold (2010, Mitbegründer der Systemischen Gesellschaft) verweist auf die Unterscheidung der Konzepte *Systemische Forschung* und *Erforschung von Systemen*. Systemische Forschung ist in erster Linie von einer Forschung zu unterscheiden, die nicht systemisch ist. Sie tut dies in der Konstruktion ihrer Fragestellungen, ihrer Daten, deren Aggregation und Ergebnisinterpretation durch Beobachtungen 2. Ordnung. Damit ergibt sich die Frage, ob eine systemische Forschung mit den gängigen Reliabilitäts- sowie Validitätskriterien v. a. der evidenzbasierten Medizin

(▶ Kap. 10.2) vereinbar erscheint, die keinen selbstreflexiven Beobachtungsansatz beinhaltet. Randomisiert kontrollierte Studien (RCTs) zur Wirksamkeit Systemischer Therapie sind dann ein Beispiel für eine nichtsystemische Erforschung systemischer Praxis. Jedoch braucht es RCTs zur wissenschaftlichen und darauf aufbauend sozialrechtlichen Anerkennung psychotherapeutischer Verfahren und Methoden in Deutschland. Insofern ergibt es sich ein spannendes *Wissenschaftsparadoxon*, wenn die wissenschaftlich anzuerkennende Wirksamkeit Systemischer Therapie ausschließlich durch nicht-systemische Forschungsdesigns bewiesen wurde.

10.2 Evidenzbasierte Medizin

Laut Psychotherapeutengesetz (PsychThG) dürfen nur solche Psychotherapieverfahren und -methoden praktiziert sowie in Aus- und Fachweiterbildungsstätten mit Ziel der Approbation gelehrt werden, deren Wissenschaftlichkeit nachgewiesen ist. Das GRADE-System (Grading of Recommendations Assessment, Development and Evaluation) (Harbour und Miller 2001; Schünemann et al. 2013) bildet dabei die Grundlage der Wirksamkeitseinschätzung im Rahmen der Evidenzbasierten Medizin. Es beschreibt eine fünfstufige Einschätzung beginnend mit Expertenmeinungen und qualitativen Studien bis hin zu Meta-Analysen (▶ Tab. 10.1).

Auch der Wissenschaftlichen Beirat Psychotherapie (WBP) orientiert sich an den Kriterien der Evidenzbasierten Medizin unter Berücksichtigung des besonderen Charakters psychotherapeutischer Behandlungen. Dabei konzentrieren sich alle Anstrengungen auf die Evaluation von Studien der Stufe I, d. h. RCTs und Meta-Analysen. Laut des WBP kann der Wirksamkeitsnachweis für einen Störungsbereich als gegeben gelten, wenn in mindestens drei unabhängigen RCTs die Wirksamkeit bei Störungen aus diesem Bereich nachgewiesen ist und mindestens eine Studie eine Katamnese mit nachweislichem Therapieerfolg sechs Monate nach Therapieende einschließt (Wissenschaftlicher Beirat Psychotherapie 2019).

Tab. 10.1: Stufen der Einschätzung von Evidenzen im GRADE-System (Harbour et al. 2001, Schünemann et al. 2013)

Evidenz (GRADE-System)	
V	Nicht mit Studien belegte Meinungen anerkannter Experten und Expertinnen
IV	Qualitative Studien, v. a. systematisch integrierte Expertisen
III	Mind. mehrere deskriptive Studien, (z. B. Korrelationsstudie) u./o. kontrollierte Fallstudie
IIb	Quasi-experimentelle Studien
IIa	Experimentelle, kontrollierte Studien
Ib	Mind. 1 randomisiert kontrollierte Studie (RCT)
Ia	Mind. 1 Meta-Analyse oder 2 RCTs

10.2.1 Mehrere RCT-Studien (Stufe Ia)

Erwachsene

Die Systemische Therapie für den Erwachsenenbereich ist wissenschaftlich anerkannt (Wissenschaftlicher Beirat Psychotherapie 2008), in seinem positiven Nutzen sowie seiner medizinischen Notwendigkeit befürwortet (Institut für Qualität und Wirtschaftlichkeit im Gesundheitswesen 2017) und psychotherapeutisches Richtlinienverfahren (Gemeinsamer Bundesausschuss 2020).

Eines der ersten umfassenden systematischen Reviews zur Systemischen Therapie realisierte eine *Meta-Inhaltsanalyse (meta-content analysis)* (v. Sydow et al. 2010) mit 38 RCTs. Dabei zeigte sich die Systemische Therapie effektiv in fünf Störungsbereichen (▶ Tab. 10.2). Die Ergebnisse waren stabil während der bis zu fünfjährigen Nachbefragungszeiträume. Aufgrund des gewählten Studiendesigns konnten keine Moderator- oder Mediatoranalysen durchgeführt werden. Einige Jahre später zeigte die erste *Meta-Analyse* (Pinquart et al. 2014) unter Einschluss von 37 RCTs die Überlegenheit der Systemischen Therapie im Vergleich zur

Wartegruppe sowohl kurzfristig ($g = .51$) als auch langfristig ($g = .55$), zu alternativen Behandlungen kurzfristig ($g = .25$) und bei Kombinationsbehandlung aus Systemischer Therapie und Pharmakotherapie im Vergleich zu rein medikamentöser Behandlung erneut sowohl kurzfristig ($g = .71$) als auch langfristig ($g = .87$). Störungsspezifische Analysen wiesen auf die positive, kurzfristige Wirkung Systemischer Therapie in fünf Störungsbereichen hin (▶ Tab. 10.2). Im Nachbefragungszeitraum zeigte sich die Stabilität der Wirkung für Essstörungen, affektive Störungen und Schizophrenien. Die Abbrecherrate (drop-out) war in der Systemischen Therapie geringer als in den Vergleichstherapien. Die berichteten Effektstärken wurden durch demografische Variablen wie z. B. das Alter der Patientinnen und Patienten, die Studienqualität und das Publikationsjahr moderiert. Ein Jahr später publizierte das Institut für Qualität und Wirtschaftlichkeit im Gesundheitswesen (2017) seine *Nützlichkeitsbewertung* der Systemischen Therapie unter Berücksichtigung von 33 RCTs und mit Blick auf sechs Störungsbereiche (▶ Tab. 10.2). Statistische Tests wurden nur für einige spezifische Anwendungsbereiche und auch nur zu bestimmten Zeitpunkten durchgeführt, Moderator- oder Mediatoranalysen fehlten gänzlich.

Tab. 10.2: Wirksamkeit Systemischer Therapie bei Erwachsenen (RCTs)

v. Sydow et al. (2010)	Pinquart et al. (2016)	IQWiG (2016)
• Substanzkonsumstörungen (F1) • Schizophrenien und affektive psychotische Störungen (F2) • Affektive Störungen (F3) • Essstörungen (F50) • Psychologische Faktoren oder Verhaltensfaktoren bei anderenorts klassifizierten Krankheiten (F54)	• Schizophrenien und affektive psychotische Störungen (F2) • Affektive Störungen (F3) • Zwangsstörungen (F42) • Somatoforme Störungen (F45) • Essstörungen (F50)	• Substanzkonsumstörungen (F1) • Schizophrenien und affektive psychotische Störungen (F2) • Affektive Störungen (F3) • Angst- und Zwangsstörungen (F40-F42) • Essstörungen (F50) • Psychologische Faktoren oder Verhaltensfaktoren bei anderenorts klassifizierten Krankheiten (F54)

10.2 Evidenzbasierte Medizin

Anmerkungen: IQWiG = Institut für Qualität und Wirtschaftlichkeit im Gesundheitswesen. F-Diagnosen beziehen sich auf die Internationale statistische Klassifikation der Krankheiten und verwandter Gesundheitsprobleme (ICD-10) (Dilling et al. 2015) und sind hier zur Einordnung der Störungsbilder angegeben, jedoch nicht explizit in jeder Originalpublikation genannt.

Persönlichkeitsstörungen

Studien zu Persönlichkeitsstörungen erscheinen in der Systemischen Therapie weniger zahlreich. Die bisherigen Übersichtsarbeiten gehen daher auch nicht explizit auf diesen Bereich ein (Pinquart et al. 2014, v. Sydow et al. 2010). Das Institut für Qualität und Wirtschaftlichkeit im Gesundheitswesen (2017) berichtet über nur eine Studie (Knekt und Lindfors 2004) mit verwertbaren Daten. Darin wurde die Wirksamkeit psychodynamischer Kurzzeittherapie mit Systemischer Therapie anhand von 43 Patientinnen und Patienten mit Persönlichkeitsstörung (Cluster B: dramatisches, emotionales, launenhaftes Verhalten; Cluster C: zwanghaftes, ängstliches, furchtsames Verhalten) verglichen. Hinsichtlich des Endpunkts der Vollremission ergab sich kein Anhaltspunkt für einen Nutzen oder Schaden der Systemischen Therapie im Vergleich zu einer anderen Richtlinientherapie. Für die Endpunkte Mortalität, gesundheitsbezogene Lebensqualität, allgemeines und soziales Funktionsniveau sowie unerwünschte Ereignisse lagen keine Daten zur Nutzen- und Schadenseinschätzung vor.

Kinder- und Jugendlichenbereich

Die Systemische Therapie für den Kinder- und Jugendlichenbereich ist ebenfalls wissenschaftlich anerkannt (Wissenschaftlicher Beirat Psychotherapie 2008). Daher erscheint es wünschenswert, dass eine Nutzenbewertung zur sozialrechtlichen Anerkennung durch das Institut für Qualität und Wirtschaftlichkeit im Gesundheitswesen und den Gemeinsamen Bundesausschuss (G-BA) in naher Zukunft realisiert wird.

Ein erstes systematisches Review (v. Sydow et al. 2013a) mit 47 RCTs zu externalisierenden Störungen zeigte die Systemische Therapie effektiv für drei Störungsbereiche (▶ Tab. 10.3). Die Ergebnisse erscheinen stabil während der über bis zu 14-jährigen Nachbefragungszeiträume. Ein zweites systematisches Review (v. Sydow et al. 2013b) mit 38 RCTs zu internalisierenden Störungen zeigte die Systemische Therapie effektiv für fünf Störungsbereiche. Darüber hinaus gab es einige Anzeichen für eine Effektivität mit Blick auf weitere vier Störungsbereiche (▶ Tab. 10.3). Die Ergebnisse zeigten sich stabil während der bis zu fünfjährigen Nachbefragungszeiträume. Leider konnten in beiden systematischen Reviews keine Moderator- oder Mediatoranalysen durchgeführt werden. Ein paar Jahre später zeigte die erste Meta-Analyse (Riediger et al. 2017) unter Einschluss von 56 RCTs die Überlegenheit der Systemischen Therapie im Vergleich zur Wartegruppe (g = .59) als auch zu alternativer Behandlung (g = .32). Störungsspezifische Analysen wiesen auf die positive Wirkung Systemischer Therapie in drei Störungsbereichen hin (▶ Tab. 10.3). Im Nachbehandlungszeitraum zeigten sich längere Interventionen mit größeren Effektstärken. Darüber hinaus waren keine weiteren Moderatoren statistisch signifikant bedeutsam.

Tab. 10.3: Wirksamkeit Systemischer Therapie bei Kindern und Jugendlichen (RCTs)

v. Sydow et al. (2013a)	v. Sydow et al. (2013b)	Riediger et al. (2017)
Externalisierende Störungen	Internalisierende Störungen	• Substanzkonsumstörungen (F1) • Hyperkinetische Störungen (F90) • kombinierte Störung des Sozialverhaltens und der Emotionen (F92)
• Substanzkonsumstörungen (F1) • Hyperkinetische Störungen (F90) • Störungen des Sozialverhaltens (F91)	• Affektive Störungen (F3) • Essstörungen (F50) • Psychologische Faktoren oder Verhaltensfaktoren bei anderenorts klassifizierten Krankheiten (F54) • Emotionale Störungen des Kindesalters (F93)	

Tab. 10.3: Wirksamkeit Systemischer Therapie bei Kindern und Jugendlichen (RCTs) – Fortsetzung

Hinweise auf Effektivität	Hinweise auf Effektivität
• kombinierte Störung des Sozialverhaltens und der Emotionen (F92)	• Angststörungen (F40-F42) • kombinierte Störung des Sozialverhaltens und der Emotionen (F92) • Asperger-Syndrom (F84.5) • emotionale sowie andere Formen der Vernachlässigung eines Kindes im Rahmen von Kontaktanlässen mit Bezug auf die Erziehung (Z62)

Anmerkungen: F-Diagnosen beziehen sich auf die Internationale statistische Klassifikation der Krankheiten und verwandter Gesundheitsprobleme (ICD-10) (Dilling et al. 2015) und sind hier zur Einordnung der Störungsbilder angegeben, jedoch nicht explizit in jeder Originalpublikation genannt.

10.2.2 Eine RCT und eine naturalistische Studie (Stufe Ib, II, III)

Soziale Netzwerkdiagnostik

Die Bedeutsamkeit der Einbindung von Menschen zeigte sich in einer Meta-Analyse (Holt-Lunstad et al. 2010) unter Einschluss von 148 Langzeitstudien mit über 300.000 Personen, wobei Mortalität als primäre Ergebnisvariable und soziale Beziehungen als Vorhersageparameter gewählt wurden. Die Einbindung in gut integrierte prosoziale Netzwerke bedingte eine 50 %ige Senkung des Sterberisikos. Die Ergebnisse zeigten sich konsistent für Alter, Geschlecht und Gesundheitsstatus. Als bedeutsamster Faktor ergab sich ein Unterschied in den Ergebnissen abhängig von den eingesetzten Messinstrumenten und ihrer Fähigkeit, die Komplexität sozialer Beziehungen zu erfassen vs. diese lediglich anhand binärer Fragen (z. B. verheiratet vs. alleinstehend) zu erheben. Aus dieser Erkenntnis heraus wurde die Soziale Netzwerkdiagnostik entwickelt (▶ Kap. 5.5.2) (Hunger et al. 2019). In einer Pilotstudie (Hunger und Geigges et al. 2020) wurden die sozialen Netzwerke von Patientinnen und Patienten mit und ohne sozialer Angststörung untersucht. Dabei zeigte sich bei Patientinnen und Patienten mit sozialer Angststörung im Vergleich zu Personen ohne soziale Angststörung (n = 82; 59 % Frauen; 59 % in Partnerschaft) im sozialen Unterstützungsnetzwerk die erfahrene soziale Unterstützung mit einem großen Effekt vermindert (d = 0.81) und im störungsspezifisch formulierten sozialen Angstnetzwerk mit großem Effekt erhöht (d = 1.60). Die soziale Negativität war in beiden sozialen Netzwerken mit großem Effekt erhöht (d = 1.02–1.23). In einer weiteren Studie unter Einschluss von Patientinnen und Patienten mit sozialer Angststörung (n = 38; 55 % Frauen; 66 % in Partnerschaft) zeigte sich das soziale Angstnetzwerk mit mittlerem Effekt umfangreicher im Vergleich zum sozialen Unterstützungsnetzwerk (M_A = 33, SD_A = 53; M_U = 11, SD_U = 8; d = 0.60). Dabei zeigten sich mit großem Effekt mehr private Personen im sozialen Unterstützungsnetzwerk, mit aber auch nicht zu unterschätzender Anzahl an privaten Personen auch im sozialen Angstnetzwerk (M_A = 17, SD_A = 29; M_U = 66, SD_U = 33; d = 1.55). Die erfahrene soziale Negativität war mit sehr großem Effekt (d = 4.26) deutlich ausgeprägter im sozialen Angstnetzwerk im Vergleich zum sozialen Unterstützungsnetzwerk. Die erfahrene soziale Unterstützung zeigte sich hingegen in beiden sozialen Netzwerken vergleichbar ausgeprägt (M_A = 33, SD_A = 53; M_U = 11, SD_U = 8). Die Ergebnisse weisen darauf hin, dass auch von primär soziale Ängste auslösenden Personen ähnlich viel soziale Unterstützung erlebt wird wie von Personen, die als Vertrauen und Sicherheit im Umgang mit alltäglichen Situationen gebend beschrieben werden. Für weitere Forschungen stellt sich die Frage, ob es gerade diese als unterstützend erlebten Personen im sozialen Angstnetzwerk sind, die in der Entstehung, Aufrechterhaltung und Veränderung sozialängstlicher Symptomatik eine bedeutsame Rolle spielen. In einer anschließenden Psychotherapieverlaufsstudie zu diesen Patientinnen und Patienten zeigte sich die Reduktion der sozialängstlichen

Symptomatik moderiert v. a. durch die soziale Negativität in sozialen Interaktionssituationen (z. B. zu einer Party gehen, mit jemand Unbekanntem sprechen) und die soziale Negativität inkl. der sozialen Unterstützung in sozialen Leistungssituationen (z. B. vor Publikum auftreten, ohne Vorbereitung auf einer Veranstaltung sprechen). Kritisch anzumerken ist, dass es sich bei diesen Studien um Pilotstudien handelt. Zukünftige Studien zur Replikation dieser Ergebnisse sind daher wünschenswert.

Systemaufstellungen

Obwohl Systemaufstellungen (▶ Kap. 5.6.5) als Einzelintervention im Gruppensetting bereits vielfach Teil der Versorgung in psychiatrischen, psychologischen und psychotherapeutischen Einrichtungen sind, erscheint die evidenzbasierte Forschung marginal. In einem Review unter Einschluss von mehr als 200 Publikationen zeigten sich 13 qualitative Studien, fünf kontrollierte Fallstudien und eine experimentelle Studie (Hunger und Link 2014). Nur zwei Studien nutzten psychometrisch validierte Erhebungsverfahren und nur eine Studie ein von Beginn an kontrolliertes Studiendesign. Langlotz (2005, 2006) untersuchte 21 Klientinnen und Klienten mit psychosomatischen Beschwerden (Symptom-Check-Liste, SCL-90; T-Wert > 60). Nach Teilnahme an einem Familienaufstellungsseminar berichteten 16 Klientinnen und Klienten (76 %) über eine klinisch bedeutsame Verbesserung (T-Werte-Abnahme > 4), mit stabilem Effekt über die 6- und 12-monatigen Katamnesen. Höppner (2001) untersuchte in seiner von Studienbeginn an kontrollierten Untersuchung 71 Klientinnen und Klienten mit Teilnahme im Vergleich zu 13 Klientinnen und Klienten ohne Teilnahme an einem Familienaufstellungsseminar. Einen Monat nach Teilnahme an einem Familienaufstellungsseminar zeigten sich Klientinnen und Klienten mit mittelschwerer psychosomatischer Beeinträchtigung (Symptom-Check-Liste, SCL-90) am stärksten gebessert. Beide Studien diskutieren positive Effekte auf das Selbstkonzept und Selbstwirksamkeitserleben der Aufstellungsteilnehmerinnen und -teilnehmer durch Veränderung intrapersonaler Abbilder konflikthaft erlebter individueller Beziehungskonstellationen. In einer RCT-Studie wurde die kurzfristige Wirksamkeit von Familienaufstellungen im Vergleich zu einer Wartegruppe zwei Wochen und vier Monate nach Interventionsteilnahme (Studie 1, n = 208) (Weinhold et al. 2013), die mittelfristige Wirksamkeit für die Interventionsgruppe nach acht und 12 Monaten (Studie 2, n = 104) (Hunger et al. 2015) und die langfristige Wirksamkeit nach fünf Jahren kumuliert für die Teilnehmerinnen und Teilenehmer der Interventions- und Wartegruppe mit nachheriger Familienaufstellung (Studie 3, n = 137) (Hunger und Krause et al. 2020) untersucht. Die Stichprobe wurde in der erwachsenen Allgemeinbevölkerung rekrutiert (M = 48-52, SD = 9-10; 79–84 % Frauen; 66–68 % verheiratet/in Partnerschaft). Die Ergebnisse zeigten signifikante Verbesserungen des psychologischen Funktionsniveaus (d = 0.46 bis 0.55; z. B. Ergebnisfragebogen, EB-45) (Lambert et al. 2002) und systembezogenen Funktionsniveaus (d = 0.27 bis 0.61; Fragebogen zum Erleben in privaten sozialen Systemen, EXIS) (Hunger et al. 2017, Hunger und Schweitzer 2014) nach zwei Wochen, mit stabilen Effekten zur Wartegruppe nach vier Monaten (Studie 1). Das psychologische (d = 0.35 bis 0.50) und systembezogene Funktionsniveau (d = 0.57 bis 0.61) zeigte sich auch nach acht und zwölf Monaten stabil (Studie 2). Nach fünf Jahren zeigte die kumulative Studie ein weiterhin stabil verbessertes systembezogenes Funktionsniveau (d = 0.48), hingegen das psychologische Funktionsniveau vergleichbar zur Baseline (d = 0.10 bis 0.15) (Studie 3). Kritisch anzumerken ist, dass es sich um die erste RCT zu Familienaufstellungen handelt, so dass Replikationen und weitere Studien mit auch klinisch beeinträchtigten Teilnehmerinnen und Teilnehmern, z. B. als Zusatzangebot im Rahmen stärker kognitiv ausgerichteter psychologischer Psychotherapien, wünschenswert sind.

10.2.3 Qualitative Studien und Expertenmeinungen (Stufen IV, V)

Zur klinischen Evidenz Systemischer Therapie existieren eine ganze Reihe qualitativer Studien i. S. vielfach integrierter bis einzelner Expertenmeinungen. Am deutlichsten wird dies in der Reihe Störungsspezifische Systemtherapie: Konzepte und Behandlung (Lieb 2013). Das Einführungsbuch setzt sich kritisch mit der Frage auseinander, ob und, wenn ja, wozu eine störungsspezifische Systemtherapie nützlich sein kann (▶ Kap. 3.2.7, ▶ Kap. 3.6.2). Systemtheoretikerinnen und -theoretiker stehen dabei der Arbeit mit Diagnosen, der Frage nach einer (Nicht-)Störungsorientierung vor dem Hintergrund der sozialen Konstruktion von Zuschreibungen i. S. des Radikalen Konstruktivismus, der KybernEthik und Kontextsensibilität (▶ Kap. 3.4, ▶ Kap. 3.6) ambivalent bis skeptisch und durchaus auch ablehnend gegenüber. Im Zuge der sozialrechtlichen Anerkennung der Systemischen Therapie gilt es jedoch auch eine störungsspezifische Systemtherapie so zu definieren, dass sie als ein professionelles Mitglied im Gesundheitswesen, welches vielfältig mit Störungsbegriffen arbeitet, anschlussfähig erscheint (▶ Kap. 3.6.2). Die Buchreihe wächst stetig und umfasste im Jahr 2020 folgende Werke für den Erwachsenenbereich:

- Sexualstörungen (Bruchhaus Steiner 2019)
- Alkoholabhängigkeit (Klein 2017)
- Bipolare Störungen (Ruf 2017)
- Soziale Angststörungen (Schweitzer und Hunger et al. 2020)
- Persönlichkeitsstörungen (Wagner et al. 2016)
- Depression und Dysthymia (Ruf 2016)
- Schizophrenien und schizoaffektive Störungen (Ruf 2015)
- Posttraumatische Belastungsstörungen (Hanswille, in Vorb.)
- Ängste, Panik, Sorgen (Voigt, in Vorb.)

Für den Kinder- und Jugendlichenbereich sind folgende störungsspezifischen Rationale verfügbar:

- Psychische Anpassungsreaktionen von Kindern und Jugendlichen bei chronischen körperlichen Erkrankungen (Vogt et al. 2020)
- Zwangsstörungen von Kindern und Jugendlichen (Retzlaff 2019)
- Schulprobleme und Schulabsentismus (Rotthaus 2019)
- Dissoziales Handeln von Kindern und Jugendlichen (Schleifer 2018)
- Sexuell deviantes Verhalten von Jugendlichen (Gruber 2018)
- Psychische Störungen bei Kindern und Jugendlichen mit Intelligenzminderung (Buscher und Hennike 2017)

- Posttraumatische Belastungsstörungen bei Kindern und Jugendlichen (Korittko 2017)
- Suizidhandlungen von Kindern und Jugendlichen (Rotthaus 2017)
- Ängste von Kindern und Jugendlichen (Rotthaus 2015)
- Anorexie bei Kindern und Jugendlichen (Hermanns & Aming, in Vorb.)
- Aufmerksamkeits- und Hyperaktivitätsstörungen (Caby, in Vorb.)
- Enuresis und Encopresis (Mrochen & Bierbaum-Luttermann, in Vorb.)

11 Ausblick auf Weiterentwicklungen

11.1 Integrative Systemische Therapie

Die Integrative Systemische Therapie bietet einen umfassenden Metarahmen zur Therapieplanung und zur Kombination verschiedener Therapiekontexte (Pinsof 2018, Pinsof et al. 2018). Nach über mehr als 100 Jahren Spezialisierung in verfahrensspezifischen Ansätzen ist es an der Zeit, ein umfassenderes *Rahmenmodell der Psychotherapie* zu denken. Dies tut die Integrative Systemische Therapie seit mehr als 25 Jahren (Breunlin et al. 1992, Breunlin et al. 1997, Pinsof 1995, Russell et al. 2016). Sie versteht Probleme als Teil einer Ereignissequenz (Problemsequenz), und zwar in Form von Mikrosequenzen (z. B. Gefühle, Gedanken, Verhaltensweisen) und Makrosequenzen (z. B. Anlass i. S. von »Warum gerade jetzt?«). Ziel ist die Ermächtigung betroffener sozialer Systeme, Problemsequenzen in Lösungssequenzen zu transformieren, indem sie diese möglichst frühzeitig identifizieren und damit freier werden, auch alternativen Denk-, Fühl-, und Verhaltensweisen zu folgen. Therapie wird als eine Sequenz von Experimenten verstanden, die kollaborativ und rekursiv im Therapiegeschehen entworfen sowie ausprobiert und bei Erfolg vom betroffenen sozialen System in seinem Alltag implementiert werden. Insofern arbeitet die Integrative Systemische Therapie stark hypothesengeleitet und prozessorientiert. Der integrative Ansatz zeigt sich deutlich im gestuften *Metarahmen zur Therapieplanung* nach fallorientierter Hypothesenbildung und in der Gestaltung des *Therapiekontextes* (Setting) (▶ Tab. 11.1). Dabei arbeitet die Integrative Systemische Therapie vom Mehrpersonen- zum Einzelkontext und von der Sequenz- bzw. Handlungsebene zur Ebene der psychischen Organisation. Sie ist somit entgegen dem für Deutschland charakteristischen Psychotherapieansatz konzipiert, der stärker vom Einzel- zum Mehrpersonenkontext, wenn überhaupt, und in eindimensionaler Verbindung der Sequenz- bzw. Handlungsebene mit der Ebene der psychischen Organisation arbeitet. *Handlungsbezogenen Strategien* zur Transformation von Problem- in Lösungssequenzen liegt die Hypothese zugrunde, dass betroffene soziale Systeme die Fähigkeit haben, Lösungssequenzen prinzipiell umzusetzen, jedoch noch Ermutigung und Instruktion benötigen, *wie* die Umsetzung aussehen kann. *Emotions- und bedeutungsbezogene Strategien* kommen zum Einsatz, wenn eine direkte Verhaltensänderung (noch) nicht möglich erscheint bzw. sich auf die zur Lösung notwendigen Verhaltensweisen (noch) nicht eingelassen wird. Ihnen liegt die Hypothese zugrunde, dass Lösungen aufgrund blockierender Gefühle (noch) nicht umgesetzt werden. *Biobehaviorale Strategien* kommen zum Einsatz, wenn die vorherigen Strategien der direkten Verhaltensänderung und Emotionsarbeit (noch) nicht erfolgreich waren. Ihnen liegt die Hypothese zugrunde, dass betroffene soziale Systeme die Lösung aufgrund von biologisch determinierten Hindernissen (noch) nicht umsetzen. *Intergenerationalbezogene Strategien* werden genutzt, wenn die vorherigen Strategien (noch) nicht erfolgreich waren, basierend auf der Hypothese, dass transgenerationale Aspekte wie z. B. unsichtbare Bindungen sowie Delegationen (▶ Kap. 1.1) die Umsetzung der Lösung (noch) verhindern. *Strategien zu internalisierten Repräsentationen* stehen schließlich zur Verfügung, wenn erneut die vorherigen Strategien (noch) nicht erfolgreich waren. Es geht um verinnerlichte internalisierte Repräsentationen früherer Beziehungen, basierend auf der Annahme, dass Lösungen aufgrund von psychologisch frühen bzw. archaischen Selbst- und Objektrepräsentationen (noch) nicht umsetzbar erscheinen. *Strategien zur Arbeit mit dem kollektiven, systembezogenen sowie individuellen Selbst* können querliegend zu den beschriebenen Metarahmen verstanden werden.

11.1 Integrative Systemische Therapie

Tab. 11.1: Therapiekontext und Planungsmetarahmen (modifiziert nach Pinsof 2018)
Anpassung der Darstellung durch querliegende Dimension des Selbst im Vergleich zu seiner Konstruktion als sechstem Aspekt der Metarahmen im Original.

Metarahmen	Therapiekontexte		
Therapieplanung nach Hypothesenbildung (HB)	Familie, Gemeinde	Paar, Eltern	Einzeln
Selbst (z. B. Kongruente Kommunikation) – als zu den folgenden Aspekten querliegende Dimension			
1. **Handlungsfokussierung nach HB zu Problem- und Lösungssequenzen** (z. B. Enactment)			
2. **Emotion- und Sinnfokussierung nach HB zu Gedanken, Gefühlen, soziokulturellen Einflüssen** (z. B. Narrative Ansatz, Reframing, Dekonstruktion vermeidungsbezogener und Konstruktion annäherungsbezogener Emotionen)			
3. **Biobehavioraler Fokus nach HB zu physischen Vorgängen** (z. B. Pharmakotherapie, Biofeedback)			
4. **Fokus auf die Herkunftsfamilie nach HB zu intergenerationalen Mustern** (z. B. Genogrammarbeit, Umgang mit unsichtbaren Bindungen, unausgewogenen Konten, Delegationen, Entwicklung Bezogener Individuation)			
5. **Interpersonale Repräsentation und Struktur nach HB zur psychischen Organisation** (z. B. Selbst- und Objektrepräsentation)			

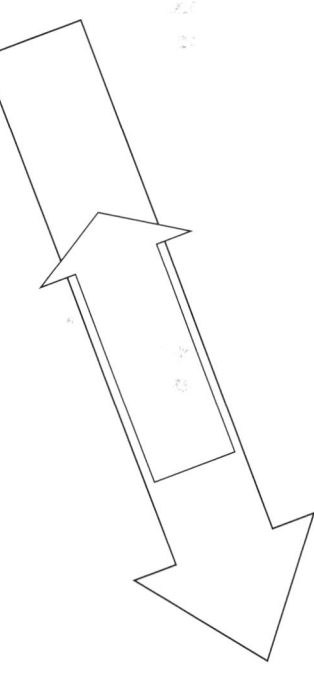

11.2 Systemorientierte Psychotherapie

Die Systemorientierte Psychotherapie geht davon aus, dass psychische Gesundheit eine soziale *Gemeinschaftsleistung* (Schweitzer-Rothers 2014) ist, die sich in den verschiedenen Psychotherapieverfahren wiederfinden lassen kann. Der Mensch wird genuin als ein soziales Wesen verstanden, das mit anderen interagiert *(interpersonal)* und mit sich selbst in Verbindung steht *(intrapersonal)*. Die Systemorientierte Psychotherapie basiert auf dem Veränderungsmodell der Systemtheorie, in Anlehnung an Luhmann und Hunger et al. (2017). Dieses Veränderungsmodell geht davon aus, dass psychotherapeutische Interventionen die Wahrscheinlichkeit äußerlich sichtbarer Veränderungen in der Kommunikation und Interaktion der Systemmitglieder erhöhen (interpersonal: *soziales System*). Ebenso regen sie strukturelle Veränderungen in inneren Systemen an (intrapersonal: *psychisches und biologisches System*) und ermöglichen eine alternative Rahmung des system- und selbstbezogenen emotionalen, kognitiven und verhaltensbasierten Erlebens. Reziprok kommt es zu Veränderungen im sozialen System des Gegenübers, die wiederum Veränderungen der inneren Systemstruktur wichtiger Bezugspersonen bewirken (▶ Abb. 11.1). In der Konsequenz von Veränderungen der inter- und intrapersonalen Strukturen eines mehrere Mitglieder umfassenden sozialen Systems (z. B. Familie, Team) kann das soziale System schließlich einen grundlegenden Systemwandel erfahren. Positive Veränderungen zeigen sich dann in funktionaleren sozialen Interaktionsmustern der Systemmitglieder, die z. B. mit einer Abnahme der psychosozialen Belastung wichtiger Bezugspersonen bei gleichzeitiger Reduktion der störungsspezifischen Symptomatik einhergehen.

Die Systemorientierte Psychotherapie ist ein ausgeprägt schulenübergreifender und integrativer Ansatz, ganz i. S. des Entwurfs eines integrativ-systemischen Metamodells (Rufer und Schiepek 2014), welches schulenübergreifend bedeutsame erkenntnistheoretische Aspekte sowie interventionsbezogene Elemente einbezieht. Je nach theoretischer Orientierung können Anpassungsleistungen i. S. klinisch bedeutsamer Veränderungen in betroffenen sozialen Systemen über den Verlauf von Psychotherapien auf verschiedene Arten und Weisen interpretiert werden.

Systemische Therapie: Veränderungen werden durch mehr oder weniger grundlegende Systemwandel möglich, wobei Systeme als offen, adaptiv, komplex und informationsverarbeitend (Autopoiese) verstanden werden. *Verhaltenstherapie*: Durch Veränderungen in sozialen Systemen werden ihnen inhärente soziale Lernprozesse möglich, die alle Arten des Lernens umfassen und soziale Interaktionen beeinflussen. *Tiefenpsychologisch fundierte Psychotherapie und Psychoanalytische Psychotherapie*: Veränderungen in sozialen Systemen werden durch Lösung konflikthafter intra- und intersystemischer Spannungen als Resultat strukturbeeinflussender Biografieerfahrungen möglich, wobei individuelle Bedürfnisse und Anforderungen der sozialen Umwelt interdependent zueinander erscheinen.

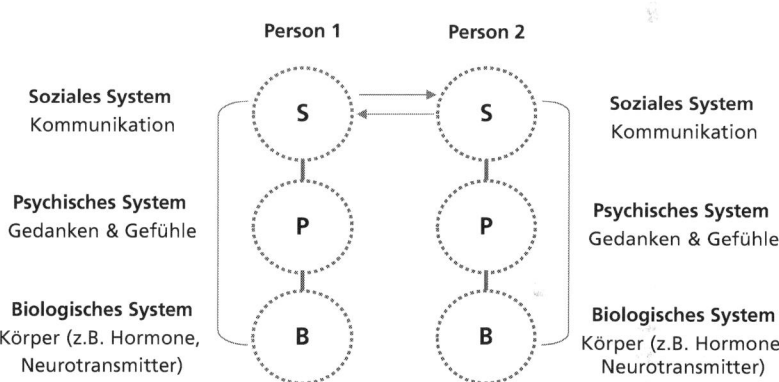

Abb. 11.1: Veränderungsmodell der Systemorientierten Psychotherapie (Hunger et al. 2018, Luhmann 2017)

11.3 Systemtherapeutische Gemeinschaftsleistungen

Die beiden folgend dargestellten Ansätze spiegeln wie kaum ein anderer systemtherapeutischer Ansatz den Kern Systemischer Therapie wider. Sie integrieren die erkenntnistheoretischen Grundlagen der Systemischen Therapie (▶ Kap. 1.1, ▶ Kap. 1.2, ▶ Kap. 1.3) mit einem ausgeprägten Verständnis von Gesundheit als soziale Gemeinschaftsleistung (Schweitzer-Rothers 2014) und können als Weiterentwicklung der den größten theoretischen Debatten in der Systemischen Therapie nachfolgenden Modelle (▶ Kap. 1.4) verstanden werden.

11.3.1 Psychiatrische Akutversorgung (SYMPA)

Das Konzept systemtherapeutischer Methoden in der psychiatrischen Akutversorgung (SYMPA) (Schweitzer und Nicolai 2010) dient der *Verbesserung klinischer Versorgungsleistungen durch eine systemische Organisationsentwicklung.* Im Zentrum steht die alle im Therapiesystem involvierten Bezugspersonen einschließende Auftrags- und systemorientierte Störungs- sowie Therapiekonstruktion. Zentral ist einerseits die Entwicklung einer stark lösungs- und ressourcenorientierten Haltung aller System- und Organisationsmitglieder, indem der Symptomatik und der aus ihr resultierenden Konsequenzen gute Absichten und damit dem (Über-)Leben des betroffenen sozialen Systems und der von ihm angesprochenen Organisation im Grunde zugewandte Veränderungsnotwendigkeiten bis hin zu direkt daraus ableitbaren Veränderungspotentialen zugesprochen werden. Besonderer Wert wird auf eine systemische Organisations-, System- und Selbstreflexion gelegt, indem jeder Beteiligte beobachtet, wie er sich selbst als auch anderen im Prozessgeschehen begegnet (▶ Kap. 1.3, ▶ Kap. 3.6). Eine solche Haltung ermöglicht unbedingten Respekt auch gegenüber (scheinbar) pathologischen und paradox erscheinenden Verstrickungen (▶ Kap. 1.2). Es wird ein institutionell gelebter Veränderungsoptimismus, aber kein Veränderungsdruck, gelebt i. S. von »Sie könnten vielleicht – aber Sie müssen nicht!«. Erkenntnistheoretisch setzt SYMPA systemische Familienorientierung als Basiskonzept im stationären Alltag um und schließt an die Ansätze der Bedürfnisangepassten Behandlung (▶ Kap. 11.3.2), Multifamilientherapie (▶ Kap. 8.4) und Multisystemischen Therapie (▶ Kap. 2.2) an, v. a. in der Integration größerer therapeutischer Netzwerke. So finden konkrete Fallsupervisionen stets in Anwesenheit aller Systemmitglieder eines betroffenen sozialen Systems statt. Ebenso zentral ist die Förderung kooperativer Verhandlungstechniken bei sich kritisch zuspitzenden Situationen (z. B. Medikamenteneinnahme, Freiheitseinschränkung, Selbst- und Fremdgefährdung). Das Gegenlesen und die Möglichkeit zur Kommentierung von Behandlerbriefen (z. B. Arztbrief, Psychotherapiebericht) und Akteneinsicht seitens der Patientinnen und Patienten gehörten schon vor der Reform des Patientenschutzgesetzes im Jahr 2013 nicht nur zum guten Ton in der Arbeit mit dem betroffenen sozialen System, sondern wurden stets explizit eingefordert.

11.3.2 Bedürfnisangepasste Behandlung (Offener Dialog)

Der Offene Dialog als systemtherapeutische Haltung und gleichzeitig Methode einer Bedürfnisangepassten Behandlung (Seikkula und Arnkil 2007) dient dem Versuch, grundlegend und umfassend zu verstehen, was in einem Störungssystem passiert, wie v. a. wichtige Bezugspersonen im primären Netzwerk (z. B. Familie, Freunde) und im professionellen Netzwerk (z. B. Hausärztin- sowie -arzt, Psychotherapeutin- sowie -therapeut, Behörden) involviert erscheinen und wie dieses Verstehen als Basis zur Transformation von Problem- in Lösungssequenzen genutzt werden kann. Multidisziplinäre Behandlerteams, die mobil und flexibel innerhalb von 24 Stunden am Lebensort eines betroffenen sozialen Systems agieren können, dienen der Frühintervention, v. a. durch Schaffung einer professionell gesicherten Umgebung vs. überstürzter psychiatrischer Anweisungen zur Fremdunterbringung: »Jeder Beteiligte sollte sich in diesem Setting sicher genug fühlen, sodass übereilte Entscheidungen, z. B. über Medikamente und Hospitalisierung, vermieden werden können« (Borst und Aderhold 2018, S. 397). Dabei gelten das *Fördern von Dialogen und das Hören sowie Beantworten jeder Stimme* als primäres Zielvorhaben. Erst sekundär geht es um therapierelevante Veränderungen. Diese zeigen sich jedoch oftmals als Effekt des Hörens der meist *divergenten Vielstimmigkeit* nicht nur innerhalb des betroffenen sozialen Systems, sondern auch des professionellen Teams sowie des Vorlebens, dass es keiner erzwungenen Einheit oder polarisierenden Ablehnung der verschiedenen Stimmen und Meinungen bedarf. Die wohlwollende sowie professionell neugierige Verhandlung der verschiedenen Perspektiven wird als zentraler Wirkmechanismus zur Lösung psychischer Störungen verstanden. Dabei werden oftmals v. a. die nicht ausgesprochenen Stimmen wichtiger als die versprachlichten Stimmen. Die Hauptperson der Krise wird als Türöffner für etwas verstanden, was für die anderen Systemmitglieder bisher nicht zugänglich war und anzeigt, dass etwas nicht zur Sprache kommt, was jedoch nach Ausdruck im Leben des betroffenen sozialen Systems verlangt. Ziel der Zusammenarbeit ist dann, einen Umgang und Worte für diese Erfahrung zu finden, für die es bisher keine Ausdrucksmöglichkeiten oder keine gemeinsame Sprache gab. Bedürfnisanpassung bedeutet in diesem Zusammenhang eine hohe Flexibilität des Behandlerteams, um den wirklichen und veränderlichen Bedürfnissen des betroffenen sozialen Systems gerecht zu werden und diese in einem kontinuierlichen Prozess abbilden zu können. Zukunftsgerichtete Dialoge dienen der Entwicklung einer plausiblen vs. utopischen Zukunft (Arnkil und Seikkula 2015). Um diesem Anspruch und der Komplexität der Vielstimmigkeit bei Berücksichtigung der Bedürfnisse und Veränderungsdynamiken der Systemmitglieder gerecht zu werden, finden regelmäßige *Therapieversammlungen* statt. Darin treffen sich die Systemmitglieder des betroffenen sozialen Systems mit allen Beteiligten des Therapeutensystems (z. B. Oberärztin sowie -arzt, Psychologin sowie Psychologe, Ergo- und Musiktherapeutin und -therapeut, Sozialarbeiterin sowie Sozialarbeiter, Pflege). Der Gesprächsprozess orientiert sich entlang der Bedürfnisse der involvierten Personen vs. einer a priori festgelegten Gesprächsabfolge. Im Offenen Dialog finden keine Nachbesprechungen der Therapieversammlungen unter nur einigen Professionellen statt, welche die Gefahr bergen, dass andere Beteiligte von wichtigen Entwicklungen ausgeschlossen werden. Alle Fragen und Reaktionen auf das Gesagte gehören in die Therapieversammlung selbst oder müssen alternativ bis zur nächsten Therapieversammlung aufgehoben werden.

Prinzipien der Bedürfnisangepassten Behandlung?

Das Fördern von Dialogen und das Hören jeder Stimme, das Beantworten jeder Stimme i. S. einer Reflexion oder weiterführenden Frage sind primär. Erst sekundär geht es um offensichtliche Veränderungen. Ziel ist es, dem bisher Unaussprechbaren eine Stimme zu verleihen.

1. Systemtherapeutische Haltung im Versuch, Problemkonstruktionen zu verstehen, sich anzunähern und Lösungskonstruktionen zu unterstützen.
2. Systemorientierte Therapieplanung und flexible Ausführung zur Stimulierung veränderlicher Bedürfnisse des betroffenen sozialen Systems.
3. Anwesenheit aller bedeutsamen Systemmitglieder als Expertinnen und Experten für die Lösungsgestaltung in ihrem lebenspraktischen Alltag.
4. Multimodale Behandlungen (z. B. verschiedene Psychotherapieverfahren; Kreativtherapien; bei Bedarf Pharmakotherapien, aber: auch schwere psychotische Erkrankungen) können ohne Neuroleptika oder mit niedriger Dosis behandelt werden, sofern der Kontext ein intensives Vertrauen in die Behandlung garantiert (Borst und Aderhold 2018).
5. Regelmäßige Therapieversammlungen
6. Kontinuierlicher Prozess in 24-stündiger Ansprechbarkeit multidisziplinärer Behandlerteams

12 Institutionelle Verankerung

Historisch betrachtet erlebte die Systemische Therapie in Deutschland ihre institutionelle Verankerung im Jahr 1974 mit der Übernahme des Instituts für Psychoanalytische Grundlagenforschung und Familientherapie am Universitätsklinikum Heidelberg durch Helm Stierlin (*1932) (▶ Kap. 1.2). Beeinflusst von der in den USA erlebten familientherapeutischen Revolution war er nach Heidelberg zurückgekehrt. Die USA blickten auf eine bereits 30-jährige Tradition familientherapeutischer Arbeit in außeruniversitären Instituten, wie z. B. in der 1942 gegründeten American Association for Marriage and Family Therapy (AAMFT). Zusammen mit dem Schweitzer Psychologen Josef Duss-von Werdt (1932–2019) gründete Stierlin 1976 die Fachzeitschrift »Familiendynamik«. Der Zeitschriftentitel offenbarte eine These, die auf subtile Weise das psychoanalytische Paradigma ergänzte: im Neologismus *Familien*dynamik, ein dank dieser Zeitschrift in der Wissenschaft längst gebräuchlicher systemischer Begriff, wird die Erweiterung des Fokus bis hin zur Gegenpositionierung gegenüber einer reinen *Psycho*dynamik scharfgestellt. Das neue Paradigma Familientherapie sollte berufsgruppenübergreifend mit Leben gefüllt werden und ihre interdisziplinäre Ausrichtung unter Einbindung von z. B. Psychiaterinnen sowie Psychiatern, Ärztinnen sowie Ärzten, Psychotherapeutinnen sowie Psychotherapeuten, Sozialarbeiterinnen sowie Sozialarbeitern, Pädagoginnen sowie Pädagogen, Seelsorgerinnen sowie Seelsorgern und Juristinnen sowie Juristen ist bis heute programmatisches Ziel. Die Geschichte dieser Fachzeitschrift ist auch die Geschichte der institutionellen Verankerung der Systemischen Therapie in Deutschland (Fischer et al. 2016). Nach der Emeritierung Stierlins im Jahr 1991 wurde es sehr dünn in der universitären Forschung zu Familien und sozialen Systemen. Zwar übernahm Manfred Cierpka (1950–

2017) Stierlins Nachfolge und gehört im deutschen Sprachraum sicherlich zu den bedeutendsten Familienforschern (Cierpka 2008, Hunger 2018). Jedoch zählte er sich selbst nicht zum inneren Kreis der systemtherapeutischen Szene. Vielmehr entwickelten sich kleinere Zentren um Andreas Schindler am Universitätsklinikum Hamburg Eppendorf, um Friedebert Kröger am Universitätsklinikum Aachen, Klaus Schneewind und Martin Schmidt an der Universität München, Günther Schiepek an der Paracelsus Medizinische Privatuniversität, Wolfgang Tschacher an der Universität Bern und Jochen Schweitzer am Universitätsklinikum Heidelberg.

12.1 Deutschland

12.1.1 Private Institute und Dachverbände

Die Systemische Therapie entwickelte sich v. a. in privaten Weiterbildungsinstituten in Deutschland, Österreich und der Schweiz. Im Jahr 1993 gründete sich die Systemische Gesellschaft (SG) (https://systemischerverbund.de/) als erster deutschsprachiger Verband für systemische Forschung, Therapie, Supervision und Beratung mit heute ca. 60 Mitgliedsinstituten und über 4.500 Mitgliedern. Die Spaltung zwischen der inner- und außeruniversitären Forschung verschärfte sich zusätzlich mit dem Inkrafttreten des Psychotherapeutengesetzes im Jahr 1999, welches die Systemische Therapie von der gesetzlich kassenfinanzierten Versorgung ausschloss und damit für klinisch-psychologische und psychotherapeutische Lehrstühle in ihrer wissenschaftlichen Erforschung finanziell unattraktiv machte. Auch war die Approbation zur Psychologischen Psychotherapeutin und zum Psychologischen Psychotherapeuten nur in den Richtlinienverfahren und damit nicht in Systemischer Therapie möglich. Im gleichen Jahr gründete sich der heutige Schwesterverband der SG, die Deutsche Gesellschaft für Systemische Therapie, Beratung und Familientherapie (DGSF) (https://www.dgsf.org/) als Zusammenschluss der Deutschen Arbeitsgemeinschaft für Familientherapie (DAF, gegründet 1978) und des Dachverbands für Familientherapie und systemisches Arbeiten (DFS, gegründet 1987) mit heute ca. 85 Mitgliedsinstituten und über 7.000 Mitgliedern. Zusammengenommen bestehen also aktuell ca. 140 Weiterbildungsinstitute für Systemische Therapie mit ca. 11.000 Mitgliedern innerhalb Deutschlands.

12.1.2 Universitäten

Einzelne Professuren erscheinen systemtherapeutischen Ideen von Zeit zu Zeit gegenüber offen. Ihre Hauptausrichtung ist jedoch genuin verhaltenstherapeutisch. In der Lehre zeigen sich einzelne, meist jedoch nur fünf bis 30 Unterrichtseinheiten umfassende Lehrangebote in Systemischer Therapie. Es bleibt die spannende Frage, wie sich die Universitäten im Zuge der Reformierung der Psychotherapieausbildung mit Ziel der Approbation auch für eine qualitativ hochwertige systemtherapeutische Lehre, Forschung und Praxis in diesem Fach einsetzen werden.

12.1.3 Wissenschaftliche und sozialrechtliche Anerkennung

Der wissenschaftlichen Anerkennung der Systemischen Therapie im Jahr 2008 folgte die sozialrechtliche Anerkennung im Jahr 2018 und die gesetzliche Verankerung der Systemischen Therapie als Richtlinienverfahren im Jahr 2020 (Gemeinsamer Bundesausschuss 2020). Für den Kinder- und Jugendlichenbereich ist die Prüfung des Nutzens und der medizinischen Notwendigkeit der Systemischen Therapie durch das Institut für Qualität und Wirtschaftlichkeit im Gesundheitswesen (IQWiG) in Beauftragung durch den G-BA zeitnah wünschenswert (▶ Kap. 10.2.1). Im Zuge der sozialrechtlichen Anerkennung gründete sich im Jahr 2019 der Systemische Verbund (https://systemischerverbund.de/) als ein Zusammenschluss von durch die beiden Dachverbände der Systemischen Gesellschaft (SG) und der Deutschen Gesellschaft für Therapie, Beratung und Familientherapie (DGSF) akkreditierten Weiterbildungsinstituten mit langjähriger Expertise in Systemischer Therapie und mit Erweiterung um eine Ausbildungsstätte in Psychologischer Psychotherapie mit Schwerpunkt Systemische Therapie. Aktuell umfasst der Systemische Verbund 25 Ausbildungsinstitute, mit ständig wachsender Anzahl.

12.2 Europa

Die European Family Therapy Association (EFTA) (http://www.europe anfamilytherapy.eu/) entspringt den 1970er Jahren im Verständnis einer Alternative zur individuumszentrierten Psychiatrie. Die beiden deutschen Dachverbände SG und DGSF sind als eine Assoziation (GbR) Mitglied der EFTA. Ziel der Kammer für Individualmitglieder (Chamber of Individual Members, CIM) in der EFTA ist die Pflege und Weiterentwicklung professioneller Fähigkeiten sowie Kenntnisse, von Forschung sowie der professionelle Austausch. Die Kammer setzt sich aus Angehörigen verschiedenster Berufsgruppen (z. B. Ärztinnen und Ärzte, Psychiaterinnen und Psychiater, Psychologinnen und Psychologen, Sozialarbeiterinnen und Sozialarbeiter, Pflegepersonal) mit grundständiger Aus- oder Weiterbildung in Systemischer Therapie an einem national akkreditierten Weiterbildungsinstitut zusammen. Die Kammer für Weiterbildungsinstitute (Training Institutes Chamber, TIC) umfasst Institute aus 29 Ländern. Ihr Ziel ist die institutionelle Vernetzung. Minimalstandards für die Weiterbildung in Systemischer Therapie sollen Möglichkeiten gegenseitiger Anerkennung von Weiterbildungen schaffen. Die Kammer für nationale systemische Verbände (Chamber of National Family Therapy Organizations, NFTO) umfasst 29 Verbände. Ziel der Kammer ist die Entwicklung und der Ausbau nationaler Verbände in den sehr unterschiedlichen Ländern Europas, die Förderung multikultureller und transeuropäischer Netzwerke in systemischer Praxis, Weiterbildung, Forschung sowie Qualitätsmanagement, und die Unterstützung bei professionellen ethischen Herausforderungen in den verschiedenen politischen (Staats-)Systemen.

12.3 Amerika

Die American Family Therapy Academy (AFTA) (https://afta.org/) wurde ebenfalls in den 1970er Jahren und ähnlich wie die EFTA in Abgrenzung zu den herrschenden machtgeladenen institutionellen Strukturen der psychotherapeutischen Versorgung und Forschung gegründet. Der AFTA geht es v. a. um Austausch professionellen Gedankengutes, und weniger um eine strukturelle Rahmung dieses Wissens. Interessengruppen bilden das prägende Format. Aktuell wird die AFTA geleitet durch das Executive Committee. Das Conference Committee plant die Kongresse der AFTA im Mai oder Juni eines jeden Jahres. Das Award Committee ist für die Verleihung von Auszeichnungen an Mitglieder zuständig, die sich für die Familientherapie besonders eingesetzt haben. Das Early Career Membership Committee fördert insbesondere den jungen Nachwuchs innerhalb der Familientherapie. Das Research Committee knüpft vielfache Kontakte zu Wissenschaftlerinnen sowie Wissenschaftlern und unterstützt multiinstitutionelle Forschungskooperationen. Das Publication Committee ist für die Publikationen der AFTA verantwortlich und unterstützt ihre strategische Planung und Entwicklung. Das Cultural and Economic Diversity Committee setzt sich insbesondere für soziale Gerechtigkeit ein. Das Family Policy & Human Rights Committee steht für soziale Verantwortungsübernahme und vertritt v. a. marginalisierte Gruppen. Die Interessengruppen arbeiten häufig gemeindenah in Programmen für Familien unter Einbezug von z. B. Schulen, Kliniken, Asyl- sowie Kinderheimen, Sozialdiensten, Gefängnissen und religiösen Institutionen.

12.4 Systemtherapeutische Zeitschriften

Ein guter Überblick über systemische und systemtherapeutische Zeitschriften ist auf der deutschen Forschungsseite *Systemisch Forschen*

12.4 Systemtherapeutische Zeitschriften

(https://systemisch-forschen.de/) der beiden deutschen Dachverbände DGSF und SG zu finden. Die bedeutendste englischsprachige Zeitschrift ist *Family Process* (http://www.familyprocess.org/) als Verbandsorgan der AFTA (▶ Kap. 12.3). Sie publiziert hochrangige sowohl erkenntnistheoretische, qualitative wie auch quantitative, praxis- als auch forschungsbezogene Veröffentlichungen. Das *Journal of Marital and Family Therapy* (http://www.jmft.net/) ist das Verbandsorgan eines weiteren US-amerikanischen familientherapeutischen Dachverbands, der American Association for Marriage and Family Therapy (AAMFT). Sie publiziert sowohl qualitative als auch quantitative Studien v. a. aus den USA. Die einzige verbandsunabhängige deutschsprachige Zeitschrift ist die *Familiendynamik* (https://elibrary.klett-cotta.de/) mit einem recht breiten Spektrum an Themen und adressierten Berufsgruppen, da die Orientierung entlang der Familien- vs. Psychodynamik auch vierzig Jahre nach ihrer Gründung weiterhin dem berufsgruppenübergreifenden Austausch bedarf.

13 Infos zu Aus-, Fort- und Weiterbildung

13.1 Approbation Systemische Therapie

Der Erwerb der Approbation in Psychologischer Psychotherapie mit Schwerpunkt Systemische Therapie für den Erwachsenen-, Kinder- und Jugendlichenbereich ist seit der Anerkennung durch den Wissenschaftlichen Beirat Psychotherapie (WBP) (2008) möglich. Im Zuge ihrer Verankerung als Richtlinienverfahren (Gemeinsamer Bundesausschuss 2020) (▶ Kap. 12.1.3) gründete sich der Systemische Verbund (https://systemischerverbund.de/ als ein Zusammenschluss von akkreditierten Weiterbildungsinstituten der beiden Dachverbände der Systemischen Gesellschaft (SG) (https://systemische-gesellschaft.de/) und der Deutschen Gesellschaft für Therapie, Beratung und Familientherapie (DGSF) (https://www.dgsf.org/). Ziel ist die Gewährleistung einer hochwertigen Ausbildung in Systemischer Therapie. Alle Verbundinstitute verfügen daher über eine grundständige und langjährige Expertise in Systemischer Therapie und erweiterten sich als bereits bestehende systemische Institute um eine Ausbildungsstätte mit Schwerpunkt Systemische Therapie. Aktuell umfasst der Systemische Verbund 25 Ausbildungsstätten, mit wachsender Anzahl.

Die Ausbildung in Psychologischer Psychotherapie mit Schwerpunkt Systemische Therapie folgt dem Psychotherapeutengesetz (PsychThG) und seiner Umsetzung in der Approbationsordnung. Dabei muss unterschieden werden zwischen der Psychotherapierichtlinie mit Gültigkeit bis ins Jahr 2020 und der reformierten Aus- und Fachweiterbildung mit Gültigkeit ab dem Jahr 2020 (Hanswille 2018a).

13.1.1 Rahmenbedingungen bis 2020

Einer universitären Ausbildung in Form eines Diplom- oder Masterstudiengangs mit Schwerpunkt in klinischer Psychologie folgt eine berufspraktische Ausbildung mit Ziel der Approbation in einer dreijährigen Vollzeit- oder fünfjährigen Teilzeitmaßnahme, getrennt entweder für den Erwachsenen- oder Kinder- sowie Jugendlichenbereich. Mit Erhalt der Approbation kann ein Kassensitz erworben und bzw. oder mit privaten Krankenkassen abgerechnet werden. Inhalte und Umfang der Ausbildung sind auf der Homepage des Systemischen Verbunds einsehbar (https://systemischerverbund.de/).

13.1.2 Rahmenbedingungen ab 2020

Einer universitären Ausbildung im Rahmen eines Masterstudiengangs mit dem Ziel der allgemeinen Approbation, in dem alle Richtlinienverfahren in ausgewogenem Verhältnis und durch Expertinnen und Experten der jeweiligen Psychotherapieverfahren erkenntnistheoretisch, forschungsmethodisch und praktisch zu vermitteln sind, folgt eine fünfjährige Weiterbildung zum Fachkundeerwerb, z. B. Systemische Therapie. Damit verbindet sich die Möglichkeit des Erwerbs eines Kassensitzes und bzw. oder die Abrechnung mit privaten Krankenkassen. Inhalte und Umfang der Weiterbildung sind in Tab. 13.1 dargestellt.

Tab. 13.1: Inhalt und Umfang der Ausbildung in Psychologischer Psychotherapie, Schwerpunkt Systemische Therapie, ab 2020

Inhalt	Umfang in Std.
Phase 1: Masterstudiengang Klinische Psychologie und Psychotherapie	
Theorie	2900 Std.
Praktische Tätigkeit	2300 Std.
Insgesamt	4200 Std.

Tab. 13.1: Inhalt und Umfang der Ausbildung in Psychologischer Psychotherapie, Schwerpunkt Systemische Therapie, ab 2020 – Fortsetzung

Inhalt	Umfang in Std.
Phase 2: Vertiefende Weiterbildung im Schwerpunkt Systemische Therapie	
Inhalte und Umfang der Ausbildung sind auf der Homepage des Systemischen Verbunds einsehbar (https://systemischerverbund.de/) dargestellt.*	

*Zur Zeit der Publikation des vorliegenden Buches befindet sich die Musterweiterbildungsordnung für die Phase 2 in Diskussion und wurde noch nicht abschließend verabschiedet.

13.2 Zusatzbezeichnung Systemische Therapie

Nach erfolgreicher Approbation in Psychologischer Psychotherapie mit einem ausgewählten Schwerpunktverfahren ist es möglich, ein weiteres Richtlinienverfahren bei ausreichendem Qualifikationsnachweis durch die Landespsychotherapeutenkammern anerkennen zu lassen. Es ist denkbar, zunächst eine Approbation in Psychologischer Psychotherapie mit Schwerpunkt in Verhaltenstherapie, Tiefenpsychologisch fundierter Psychotherapie oder Psychoanalytischer Psychotherapie zu erwerben. Anschließend kann berufsbegleitend ein durch die beiden deutschen Dachverbände der SG und DGSF anerkannter Weiterbildungsnachweis Systemische Therapie erworben werden (▶ Kap. 13.3). Die erworbene Approbation in einem anderen Schwerpunktverfahren zusammen mit diesem Weiterbildungsnachweis Systemische Therapie ermöglicht die Beantragung zur Prüfung auf Vergabe der Zusatzbezeichnung Systemische Therapie. Mit Erwerb dieser Zusatzbezeichnung ist es möglich, Systemische Therapie kassenfinanziert abzurechnen.

13.3 Weiterbildung Systemische Therapie

Die berufsgruppenübergreifende Weiterbildung in Systemischer Therapie kann an einem der 140 Institute in Akkreditierung durch die beiden deutschen Dachverbände der SG und DGSF absolviert werden. Voraussetzung ist ein Hochschul-, Fachhochschul-, Fachschulabschluss oder eine spezifische berufliche Ausbildung mit Äquivalenzbescheinigung, sowie eine mehrjährige Berufspraxis. Einige Weiterbildungsinstitute bieten auch Grundkurse für Studierende und Berufseinsteigende an. Die Weiterbildung Systemische Therapie umfasst für den Erwachsenenbereich eine meist dreieinhalbjährige Weiterbildung mit mindestens 1025 Weiterbildungseinheiten und für den Kinder- und Jugendlichenbereich eine meist dreieinhalbjährige Weiterbildung mit mindestens 925 Weiterbildungseinheiten in systemischer Erkenntnistheorie, Methodik, Selbsterfahrung, Intervention, Supervision, dokumentierter explizit systemtherapeutischer Praxis und Fallvorstellungen. Eine darüber hinausgehende und umfassende Praxiserfahrung ist durch eine mind. 2-jährige Berufserfahrung nachzuweisen. Bei erfolgreichem Abschluss wird der Weiterbildungsnachweis Systemische Therapie durch die beiden deutschen Dachverbände vergeben. Inhalte und Umfang der Weiterbildung sind auf der Homepage der SG (https://systemische-gesellschaft.de/) und DGSF (https://www.dgsf.org/) einsehbar.

13.4 Weiterbildung Lehrende Systemische Therapie

Für die therapeutische Weiterbildungslandschaft einzigartig erscheint der Weiterbildungsnachweis Lehrende und Lehrender Systemische Therapie. Beide deutsche Dachverbände der SG und DGSF fordern eine fundiertere Weiterbildung auch ihres Lehrkörpers ein. Voraussetzung für die Weiterbildung ist ein Hochschul-, Fachhochschul-, Fachschulabschluss oder eine spezifische berufliche Ausbildung mit Äquivalenzbescheinigung, eine mehrjährige Berufspraxis sowie der erfolgreiche Erwerb des dreieinhalbjährigen Weiterbildungsnachweises Systemische Therapie. Die Weiterbildung zur Lehrenden und zum Lehrenden umfasst darüber hinaus erneut eine meist dreieinhalbjährige Weiterbildung mit mindestens 470 Weiterbildungseinheiten in der Co-Leitung einer Weiterbildung in Systemischer Therapie. Dabei wird besonders auf die Vermittlung lehrdidaktischer Konzepte und supervisorischer Tätigkeit eingegangen. Bei erfolgreichem Abschluss wird der Weiterbildungsnachweis Lehrende bzw. Lehrender Systemische Therapie durch die Dachgesellschaften vergeben. Dieses Weiterbildungszertifikat befähigt zur Mitgestaltung an durch die beiden Dachgesellschaften DGSF und SG akkreditierten Weiterbildungsinstituten, deren Akkreditierung wiederum einen Lehrkörper von mindestens drei zertifizierten Lehrenden in Systemischer Therapie impliziert.

Literatur

Aguilar-Raab C, Grevenstein D, Gotthardt L, Jarczok MN, Hunger C, Ditzen B, Schweitzer J (2017). Changing me, changing us: Relationship quality and collective efficacy as major outcomes in systemic couple therapy. Family Process. doi:10.1111/famp.12302

American Psychiatric Association (2013). Diagnostic and statistical manual of mental disorders (5th Ed.). Washington, DC: APA.

Andersen T (2011). Das Reflektierende Team: Dialoge und Dialoge über die Dialoge. Dortmund: Verlag Modernes Lernen.

Arnkil TE, Seikkula J (2015). Developing dialogicity in relational practices: Reflecting on experiences from open dialogues. Australian and New Zealand Journal of Family Therapy, 36: 142-154. doi:10.1002/anzf.1099

Arnold S, Joraschky P, Cierpka A (2008). Skulpturverfahren. In: M Cierpka (Hrsg.), Handbuch der Familiendiagnostik (S. 305-333). Heidelberg: Springer.

Asen E (2018). Multifamilien- und Paargruppentherapien. In: K von Sydow, U Borst (Hrsg.), Systemische Therapie in der Praxis (S. 385-393). Weinheim: Beltz.

Asen E, Scholz M (2019). Praxis der Multifamilientherapie (4. Aufl.). Heidelberg: Carl-Auer.

Ashby RW (1974). Einführung in den Konstruktivismus. Frankfurt: Suhrkamp.

Auszra L, Herrmann IR, Greenberg LS (2016). Emotionsfokussierte Therapie: Ein Praxismanual. Göttingen: Hogrefe.

Bandura A (1977). Social Learning Theory. Upper Saddle River, NJ: Prentice Hall.

Bateson G (1941). Experiments in Thinking about Observed Ethnological Material Philosophy of Science, 8: 53-68.

Bateson G (1983). Ökologie des Geistes. Frankfurt: Suhrkamp.

Becvar DS, Becvar RJ (2009). Family therapy: A systemic integration. Boston, MA: Pearson.

Berg IK, Miller S (2018). Kurzzeittherapie bei Alkoholproblemen – Ein lösungsorientierter Ansatz (8. Aufl.). Heidelberg: Carl-Auer.

Berg IK, Steiner T (2003). Children's Solution Work. NY: W. W. Norton & Co.

Bernard HR (1987). Sponge fishing and technological change in Greece. In: H R Bernard, PJ Pelto (eds.), Technology and social change (S. 167-206). Prospect Heights,Ill: Waveland.

Bernard HR (2018). Research Methods in Anthropology: Qualitative and Quantitative Approaches (6th Ed.). Oxford: AltaMira Press.
Bordin ES (1979). The generalizability of the psychoanalytic concept of the working alliance. Psychotherapy: Theory, Research & Practice, 16: 252-260.
Borst U (2017). Niemand ist alleine persönlichkeitsgestört. Persönlichkeitsstörungen: Theorie und Therapie, 21: 189-194.
Borst U (2019). Entwicklungslinien der Systemischen Therapie: Wie halten wir es mit der Spezifität und den Common Factors? Psychotherapeuten Journal, 18: 269-275.
Borst U (2020). Systemische Therapietheorie und Fallkonzeption. Familiendynamik 45(2), 96-106. DOI:10.21706/fd-45-2-96
Borst U, Aderhold V (2018). Arbeit mit komplexen Helfersystemen. In: K von Sydow, U Borst (Hrsg.) Systemische Therapie in der Praxis (S. 394-408). Weinheim: Beltz.
Böszörményi-Nagy I, Krasner BR (1986). Between Give and Take: A Clinical Guide To Contextual Therapy (10th Ed.). NY: Brunner-Mazel Incorporation.
Böszörményi-Nagy I, Spark GM (2015). Unsichtbare Bindungen: Die Dynamik familiärer Systeme (10. Aufl.). Stuttgart: Klett-Cotta.
Bowlby J (1969). Attachment and loss: Vol. 1 – Attachment. NY: Basic Books.
Bowlby J (1973). Attachment and loss: Vol. 2 – Separation. NY: Basic Books.
Bowlby J (1980). Attachment and loss: Vol. 3 – Loss. NY: Basic Books.
Brähler E, Brähler C (1993). Paardiagnostik mit dem Gießen-Test: Handbuch. Bern: Huber.
Brent DA, Holder D, Kolko D, Birmaher B, Baugher M et al. (1997). A clinical psychotherapy trial for adolescent depression comparing cognitive, family, and supportive therapy. Archives of General Psychiatry, 54: 877-885. doi:10.10 01/archpsyc.1997.01830210125017
Breunlin DC, Schwartz RC, Kune-Karrer BM (1992). Metaframeworks: Transcending the models of family therapy. San Francisco, CA: Jossey-Bass.
Breunlin DC, Schwartz RC, Mac Kune-Karrer B (1997). Metaframeworks: Transcending the models of family therapy, Rev & upd. San Francisco, CA: Jossey-Bass.
Bronfenbrenner U (1981). The Ecology of Human Development: Experiments by Nature and Design. Cambridge, MA: Harvard University Press.
Bruchhaus Steiner H (2019). Sexualstörungen. Heidelberg: Carl-Auer.
Bruner J (1992). Acts of meaning. Cambridge, MA: Harvard University Press.
Buscher M, Hennike K (2017). Psychische Störungen bei Kindern und Jugendlichen mit Intelligenzminderung. Heidelberg: Carl-Auer.
Cacchione T (2020). Entwicklung, Theorie dynamischer Systeme. In: M A Wirtz (Hrsg.), Dorsch – Lexikon der Psychologie (S. 514). Göttingen: Hogrefe.
Cierpka M (Hrsg.) (2008). Handbuch der Familiendiagnostik (3. Aufl.). Heidelberg: Springer.
Cierpka M (2012). Familie. In: J V Wirth, H Kleve (Hrsg.), Lexikon des systemischen Arbeitens: Grundbegriffe der systemischen Praxis, Methodik und Theorie (S. 104-107). Heidelberg: Carl-Auer.

Cierpka M, Frevert G (1994). Die Familienbögen [FB]: ein Inventar zur Einschätzung von Familienfunktionen. Göttingen: Hogrefe.
Cierpka M, Frevert G, Strack M (1996). Das Familienbogen-PC-Programm. Göttingen: Hogrefe.
Conen M-L, Cecchin G (2018). Wie kann ich Ihnen helfen, mich wieder loszuwerden? Therapie und Beratung mit unmotivierten Klienten und in Zwangskontexten (6. Aufl.). Heidelberg: Carl-Auer.
Cooper M, Law D (eds.) (2018). Working with goals in psychotherapy and counselling. New York, NY: Oxford University Press.
Craig G, Mayo M (eds.) (1995). Community empowerment. A reader in participation and development. London: Zed Books.
Crits-Christoph P, Connolly Gibbons MB, Mukherjee D (2013). Psychotherapy Process-Outcome Research. In: MJ Lambert (ed.), Bergin and Garfield's Handbook of Psychotherapy and Behavior Change (6th Ed., pp. 298-340). Hoboken: Wiley.
de Jong P, Berg IK (2003). Lösungen (er)finden. Dortmund: Verlag Modernes Lernen.
de Shazer S, Berg I (1994). Words Were Originally Magic. NY: W. W. Norton & Co.
Diamond G, Siqueland L, Diamond GM (2003). Attachment-based family therapy for depressed adolescents: programmatic treatment development. Clinical Child and Family Psychology Review, 6: 107-127. doi:10.1023/a:1023782510786
Dilling H, Mombour W, Schmidt MH (2015). Internationale Klassifikation psychischer Störungen: ICD-10 Kapitel V (F) – Klinisch-diagnostische Leitlinien (10. Aufl.). Göttingen: Hogrefe.
Dinkel A, Balck F (2006). Psychometrische Analyse der deutschen Dyadic Adjustment Scale. Zeitschrift für Psychologie mit Zeitschrift für angewandte Psychologie und Sprache & Kognition, 214: 1-9. doi:10.1026/0044-3409.214.1.1
Drexler D (2015). Einführung in die Praxis der Systemaufstellungen. Heidelberg: Carl-Auer.
Emlein G (2010). Luhmann, Niklas: Soziale Systeme – Grundriß einer allgemeinen Theorie. Familiendynamik, 35: 168-172.
Emlein G (2017). Ivan Boszormenyi-Nagy und die »Kontextuelle Therapie«. Familiendynamik, 42: 76-78. doi:10.21706/fd-42-1-76
Epple H (2018). Aufsuchende Familientherapie («Home Treatment«). In: K von Sydow, U Borst (Hrsg.), Systemische Therapie in der Praxis (S. 409-419). Weinheim: Beltz.
Epstein N B, Zheng L (2017). Cognitive-behavioral couple therapy. Current Opinion in Psychology, 13: 142-147. doi:https://doi.org/10.1016/j.copsyc.2016.09.004
Falkai P, Wittchen H-U (2015). Diagnostisches und Statistisches Manual psychischer Störungen DSM-5. Göttingen: Hogrefe.
Fischer HR, Borst U, v. Schlippe A (2016). Hahnenschrei systemischer Vernunft: Zurück-Geschaut auf 40 Jahre Familiendynamik. Familiendynamik [Sonderheft].

Fleck L (1979 [1935]). Genesis and Development of a Scientific Fact. Chicago: University of Chicago Press.
Fleisher M (1989). Warehousing violence. Newbury Park, CA: Sage.
Foran HM, Whisman MA, Beach SRH (2015). Intimate Partner Relationship Distress in the DSM-5. Family Process, 54: 48–63.
Foulkes SH (1962). Therapeutic group analysis (Vol. Karnac Books): London.
Friedlander ML, Escudero V, Heatherington L, Diamond GM (2011). Alliance in couple and family therapy. Psychotherapy, 48: 25-33. doi:10.1037/a0022060
Gadenne V (2018). Wahrheit und Viabilität. Warum Ernst von Glasersfeld Karl Popper missverstanden hat. Familiendynamik, 43: 42-49.
Gemeinsamer Bundesausschuss (2020). Bekanntmachung eines Beschlusses des Gemeinsamen Bundesausschusses über eine Änderung der Richtlinie über die Durchführung der Psychotherapie (Psychotherapie-Richtlinie): Systemische Therapie bei Erwachsenen. https://www.aerzteblatt.de/pdf.asp?id=212528
Giddens A (1995). Konsequenzen der Moderne. Frankfurt: Suhrkamp.
Glasersfeld v (1998). Radikaler Konstruktivismus. Erklärung der American Society for Cybernetics. Frankfurt: Suhrkamp.
Goldberg DP, Bridges K (1988). Somatic presentations of psychiatric illness in primary care setting. Journal of Psychosomatic Research, 32: 147-144.
grosse Holtforth M, Pincus AL, Grawe K, Mauler B, Castonguay LG (2007). When what you want is not what you get: Motivational correlates of interpersonal problems in clinical and nonclinical samples. Journal of Social and Clinical Psychology, 26: 1095-1119. doi:10.1521/jscp.2007.26.10.1095
grosse Holtforth M, Thomas A, Caspar F (2011). Interpersonal motivation. In: LM Horowitz S Strack (eds.), Handbook of interpersonal psychology: Theory, research, assessment, and therapeutic interventions (pp. 107-122). NY: Wiley.
Grossmann KP, Russinger U (2011). Verwandlung der Selbstbeziehung. Heidelberg: Verlag für Systemische Forschung.
Gruber T (2018). Sexuell deviantes Verhalten von Jugendlichen. Heidelberg: Carl-Auer.
Haas W (2009). Das Hellinger-Virus. Zu Risiken und Nebenwirkungen von Aufstellungen. Kröninger: Asanger.
Hacking I (1999). The Social Construction of What? London: Harvard University Press.
Hacking I (2006). Kinds of People: Moving Targets. London: British Academy.
Hahlweg K (2016). Fragebogen zur Partnerschaftsdiagnostik (2016). Göttingen: Hogrefe.
Haken H (2011). Synergetik der Gehirnfunktionen. In: G Schiepek (Hrsg.), Neurobiologie der Psychotherapie (S. 175-192). Stuttgart: Schattauer.
Haken H, Schiepek GK (2005). Synergetik in der Psychologie: Selbstorganisation verstehen und gestalten. Göttingen: Hogrefe.
Haley J (1977). Direktive Familientherapie: Strategien für d. Lösung von Problemen. München: Pfeiffer.

Haley J (2011). Ordeal Therapy: Unusual Ways to Change Behavior (4th Ed.). Carmarthen, England: Iskopress.
Hand I (2011). Symptomverschreibung. In: M Linden M Hautzinger (Hrsg.), Verhaltenstherapiemanual (S. 301-304). Heidelberg: Springer.
Hanswille R (2018a). Die Approbationsausbildung und -prüfung. In: K von Sydow, U Borst (Hrsg.), Systemische Therapie in der Praxis (S. 920-928). Weinheim: Beltz.
Hanswille R (2018b). Familientherapie. In: K von Sydow, U Borst (Hrsg.), Systemische Therapie in der Praxis (S. 369-379). Weinheim: Beltz.
Harbour R, Miller J (2001). A new system for grading recommendations in evidence based guidelines. British Medical Journal, 323: 334-336. doi:10.1136/bmj.323.7308.334
Hebb DO (1949). The Organization of Behavior: A neuropsychological approach. NY: Wiley.
Hellinger B (1995). Ordungen der Liebe. Heidelberg: Carl-Auer.
Henggeler SW, Borduin CM (1990). Familiy therapy and beyond: A multisystemic approach to treating the behavior problems of children and adolescents. Pacific Grove, CA: Brook/Cole.
Henggeler SW, Schoenwald SK (1998). Multisystemic therapy supervisory manual, promoting quality assurance at the clinical level. Charleston, SC: MST Institute.
Henggeler SW, Swenson CC (2005). Die multisystemische Therapie: Ein ökologisches Modell zur Behandlung schwerer Verhaltensstörungen bei Jugendlichen. Familiendynamik, 30: 128-144.
Hepp U, Stulz N (2017). »Home treatment« für Menschen mit akuten psychischen Erkrankungen. Nervenarzt, 88: 983-988.
Herwig-Lempp J (2008). »Es könnte auch anders sein« – systemisch gesehen. Familiendynamik, 4: 334-336.
Hinz A, Stöbel-Richter Y, Brähler E (2001). Der Partnerschaftsfragebogen (PFB): Normierung und soziodemographische Einflussgrößen auf die Partnerschaftsqualität. Diagnostica, 47: 132-141. doi:10.1026//0012-1924.47.3.132
Holland S, Crowley A (2013). Looked-after children and their birth families: using sociology to explore changing relationships, hidden histories and nomadic childhoods. Child & Family Social Work, 18: 57-66.
Holt-Lunstad J, Smith TB, Layton JB (2010). Social relationships and mortality risk: A meta-analytic review. PLoS Med, 7: e1000316. doi:10.1371/journal.pmed.1000316
Höppner G (2001). Heilt Demut – wo Schicksal wirkt? Evaluationsstudie zu Effekten des Familien-Stellens nach Bert Hellinger. München: Profil-Verlag.
Howard KI, Lueger RJ, Maling MS, Martinovich Z (1993). A phase model of psychotherapy outcome: causal mediation of change. Journal of Consulting and Clinical Psychology, 61: 678-685. doi:10.1037//0022-006X.61.4.678
Hunger C (2014). Betrachtungen einer interkulturell systemischethnologischen Haltung: Ergänzungen für eine interkulturelle systemische Therapie. Göttingen: Vandenhoeck & Ruprecht.

Hunger C (2018). Das Drei-Ebenen-Modell der Familien- und Systemdiagnostik: Überblick und Erhebungsverfahren. Psychotherapeut, 63: 381-392.
Hunger C, Bornhäuser A, Link L, Geigges J, Voss A, Weinhold J, Schweitzer J (2017). The Experience in Personal Social Systems Questionnaire (EXIS.pers): Development and Psychometric Properties. Family Process, 56: 154-170. doi: 10.1111/famp.12205
Hunger C, Geigges J, Schweitzer J (2019). Soziale Netzwerkdiagnostik (SozNet-D): Die Erfassung und praktische Arbeit mit strukturellen und funktionalen Aspekten sozialer Beziehungen. In: A Eickhorst, A Röhrbein (Hrsg.), Systemische Methoden in der Familienberatung und -therapie: Was passt in unterschiedlichen Lebensphasen und Kontexten? (S. 269-280). Göttingen: Vandenhoeck & Ruprecht.
Hunger C, Geigges J, Schweitzer J (2020). Social Anxiety Disorders and Social Relationships: Support and Anxiety Social Networks, and Positive and Negative Social Support. Journal of Marital and Family Therapy.
Hunger C, Hilzinger R, Bergmann NL, Mander J, Bents H, Ditzen B, Schweitzer J (2018). Bezugspersonenbelastung erwachsener Patienten mit sozialer Angststörung. Psychotherapeut, 63: 204-212. doi:10.1007/s00278-018-0281-5
Hunger C, Hilzinger R, Schweitzer J (2016). Wenn einer keine Angst hat, hat er keine Phantasie. Soziale Ängste, soziale Angststörungen und systemtherapeutische Behandlungsmöglichkeiten. Familiendynamik, 41: 100-113.
Hunger C, Krause L, Sailer P (2020). Effects of Family Constellation Seminars in a 5-year Follow-Up of a Randomized Controlled Trial: Psychological Functioning, Distress, Motivational Incongruence and Social Systems Functioning in a General Population Sample. Family Process.
Hunger C, Link L (2014). Was soll in Aufstellungen verändert werden und wie kann das gemessen werden? In: J Weinhold, A Bornhäuser, C Hunger, J Schweitzer (Hrsg.), Dreierlei Wirksamkeit. Die Heidelberger Studie zu Systemaufstellungen (S. 64-80). Heidelberg: Carl Auer.
Hunger C, Schweitzer J (2014). EXIS – Experience In: Social Systems. In: C Kemper, M Zenger, E Brähler (Hrsg.), Psychologische und sozialwissenschaftliche Kurzskalen: Standardisierte Erhebungsinstrumente für Wissenschaft und Praxis (S. 76-79). Berlin: Medizinisch-Wissenschaftliche Verlagsgesellschaft.
Hunger C, Schweitzer J (2020). Systemische Therapie (5.3.5). In: R Deinzer, O von dem Knesebeck (Hrsg.), Online Lehrbuch der Medizinischen Psychologie und Medizinischen Soziologie. Berlin: German Medical Science GMS Publishing House.
Hunger C, Weinhold J, Bornhäuser A, Link L, Schweitzer J (2015). Mid- and long-term effects of family constellation seminars in a general population sample. Family Process, 54: 344-358. doi:10.1111/famp.12102
Institut für Qualität und Wirtschaftlichkeit im Gesundheitswesen (2017). Systemische Therapie bei Erwachsenen als Psychotherapieverfahren. Köln: IQWiG.

Literatur

Jegodtka R, Luitjens P (2019). Kim, Tim-Tiger und das gefährliche Etwas: Eine Mutmach-Geschichte für traumatisierte Kinder. Göttingen: Vandenhoeck & Ruprecht.
Kannegießer A, Rotax H-H (2016). Qualitätssicherung von Gerichtsgutachten im Familienrecht. Forensische Psychiatrie, Psychologie, Kriminologie, 10: 116-121. doi:10.1007/s11757-016-0362-7
Kannicht A (2012). Problem-Lösungs-Zirkel (2. Aufl.). Heidelberg: Carl-Auer.
Kannicht A, Schmid B (2015). Einführung in systemische Konzept der Selbststeuerung. Heidelberg: Carl-Auer.
Kindl-Beilfuß C (2008). Fragen können wie Küsse schmecken. Heidelberg: Carl-Auer.
Klann N, Hahlweg K, Limbird C, Snyder D (2006). Einschätzung von Partnerschaft und Familie. Göttingen: Hogrefe.
Klein R (2017). Alkoholabhängigkeit. Heidelberg: Carl-Auer.
Klein R, Kannicht A (2011). Einführung in die Praxis der systemischen Therapie und Beratung. Heidelberg: Carl-Auer.
Kliem S, Job A-K, Kröger C, Bodenmann G, Stöbel-Richter Y, Hahlweg K, Brähler E (2012). Entwicklung und Normierung einer Kurzform des Partnerschaftsfragebogens (PFB-K) an einer repräsentativen deutschen Stichprobe. Zeitschrift für Klinische Psychologie und Psychotherapie: Forschung und Praxis, 41: 81-89. doi:10.1026/1616-3443/a000135
Kliem S, Kröger C, Stöbel-Richter Y, Hahlweg K, Brähler E (2012). Die faktorielle Struktur des Partnerschaftsfragebogens. Zeitschrift für Klinische Psychologie und Psychotherapie: Forschung und Praxis, 41: 109-113. doi:10.1026/1616-3443/a000138
Knekt P, Lindfors O (2004). A randomized trial of the effect of four forms of psychotherapy on depressive and anxiety disorders: design, methods, and results on the effectiveness of short-term psychodynamic psychotherapy and solution-focused therapy during a one-year follow-up. Helsinki: Kela.
Korittko A (2017). Posttraumatische Belastungsstörungen bei Kindern und Jugendlichen. Heidelberg: Carl-Auer.
Krause I-B (2003). Learning how to ask in ethnography and psychotherapy. Anthropology & Medicine, 10: 3-21.
Krause I-B (2012). Culture and Reflexivity in Systemic Psychotherapy: Mutual Perspectives. London: Karnac.
Kupfer DJ, First MB, Regier DA (eds.) (2002). A research agenda for DSM-5. Washington, DC: APA.
Lambert MJ (2013). The efficacy and effectiveness of psychotherapy. In: M J Lambert (ed.), Bergin and Garfield's Handbook of Psychotherapy and Behavior Change (6th Ed., pp. 169-218). NY: Wiley.
Lambert MJ, Hannöver W, Nisslmüller K, Richard M, Kordy H (2002). Fragebogen zum Ergebnis von Psychotherapie: Zur Reliabilität und Validität der deutschen Übersetzung des Outcome Questionnaire 45.2 (OQ-45.2). Zeitschrift für

Klinische Psychologie und Psychotherapie, 31: 40-47. doi:10.1026/0084-5345.31.1.40

Langlotz ER (2005). Zur Effizienz des Familienstellens [The efficacy of family constellations]. Retrieved from http://www.e-r-langlotz.de/systemische_familien therapie/public_effizienzFam.php

Langlotz ER (2006). Effizienzforschung »prozessorientiertes« Familienstellen: Neue Ergebnisse mit der SCL-90 [Research on the efficacy of process-oriented family constellations]. Retrieved from http://www.e-r-langlotz.de/systemische _familientherapie/public_effizienzforschung.php

Laqueur HP (1972). Mechanisms of change in multiple family therapy. NY: Bruner/Mazel.

Liddle HA (2002). Multidimensional Family Therapy Treatment (MDFT) for Adolescent Cannabis Users. Rockville, MD: Center for Substance Abuse Treatment.

Lieb H (2009). So hab ich das noch nie gesehen. Systemische Therapie und Verhaltenstherapie. Heidelberg: Carl-Auer.

Lieb H (2013). Störungsspezifische Systemtherapie. Konzepte und Lösungen. Heidelberg: Carl-Auer.

Linden M, Strauß B (Hrsg.) (2018). Risiken und Nebenwirkungen von Psychotherapie (2. Aufl.). Berlin: Wissenschaftlich Medizinische Verlagsgesellschaft.

Loth W (1999). Auf den Spuren hilfreicher Veränderungen. Dortmund: Verlag Modernes Lernen.

Luhmann N (1984). Soziale Systeme: Suhrkamp Frankfurt am Main.

Luhmann N (2017). Einführung in die Systemtheorie (7. Aufl.). Heidelberg: Carl-Auer.

Madanes C (2018). Changing Relationships: Strategies for Therapists and Coaches. Phoenix, AZ: Zeig, Tucker & Theisen.

Madon S, Willard J, Guyll M, Scherr KC (2011). Self-fulfilling prophecies: Mechanisms, power, and links to social problems. Social and Personality Psychology Compass, 5: 578-590. doi:10.1111/j.1751-9004.2011.00375.x

Malinowski B (1922). Argonauts of the Western Pacific. London: Routledge.

Malzer-Gertz M, Gertz M (2018). Reguläre Therapiebeendigung und Behandlungsabbrüche. Weinheim: Beltz.

Maturana HRV, F. J. (1985). Der Baum der Erkenntnis. München: Scherz.

McGoldrick M, Gerson R, Petry SS (2016). Genogramme in der Familienberatung (4. Aufl.). Göttingen: Hogrefe.

Minuchin S (1972). Families and Family Therapy. Cambridge, MA: Harvard University Press.

Minuchin S, Montalvo B, Guerney B, Rosman B, Schumer F (1967). Families of the Slums. NY: Basic Books.

Moos RH (1979). Messung und Wirkung sozialer Settings. In: H Walter, R Oerter (Hrsg.), Ökologie und Entwicklung: Mensch-Umwelt-Modelle in entwicklungspsychologischer Sicht (S. 172-184). Heidelberg: Carl Auer.

Moos RH, Moos BS (1981). Family environment scale. Manual. Palo Alto: Consulting Psychologists.
Nerin WF (1989). Familienrekonstruktion in Aktion. Virginia Satirs Methode in der Praxis. Paderborn: Junfermann.
Nestoriuc C, Rief W (2018). Nebenwirkungen in der Verhaltenstherapie. In: M Linden, B Strauß (Hrsg.), Risiken und Nebenwirkungen von Psychotherapie (2. Aufl., S. 59-68). Berlin: Wissenschaftlich Medizinische Verlagsgesellschaft.
Olson DH, Sprenkle DH, Russell CS (1979). Circumplex model of marital and family systems: I. Cohesion and adaptability dimensions, family types, and clinical applications. Family Process, 18: 3-28.
Petry SS, McGoldrick M (2013). Using genograms in assessment and therapy. In: G P Koocher, J C Norcross, B A Greene (eds.), Psychologists' desk reference., 3rd ed. (pp. 384-391). NY: Oxford University Press.
Pinquart M, Oslejsek B, Teubert D (2014). Efficacy of systemic therapy on adults with mental disorders: A meta-analysis. Psychotherapy Research 1-17. doi:10.1080/10503307.2014.935830
Pinsof WM (1995). Integrative problem-centered therapy: A synthesis of family, individual, and biological therapies. New York, NY: Basic Books.
Pinsof WM (2018). Integrative Systemische Therapie. In: K von Sydow, U Borst (Hrsg.), Systemische Therapie in der Praxis (S. 963-975). Weinheim: Beltz.
Pinsof WM, Breunlin DC, Russell W, Lebow JL, Rampage C, Chambers AL (2018). Integrative Systemic Therapy: Metaframeworks for Problem Solving with Individuals, Couples, and Families. Washington, DC: American Psychological Association.
Prior M (2010). Therapie und Beratung optimal vorbereiten. Heidelberg: Carl-Auer.
Radcliffe-Brown A (1952). Structure and Function in Primitive Society: Essays and Addresses. NY: Free Press.
Radcliffe-Brown A (1957). A Natural Science of Society. NY: Free Press.
Rathner E-M, Djamali J, Terhorst Y, Schuller B, Cummins N, Salamon G et al. (2018). How did you like 2017? Detection of language markers of depression and narcissism in personal narratives. Proc. Interspeech, 2018: 3388-3392. doi: 10.21437/Interspeech.2018-2040.
Reiss D, Emde RN (2003). Why relationship disorders were not included in the DSM-IV. In: KA Phillips, MB First, HA Pincus (eds.), Advancing DSM: Dilemmas in psychiatric diagnosis (pp. 191-223). Washington, DC: APA.
Remschmidt H, Mattejat F (1999). Familien-Identifikations-Test. Göttingen: Hogrefe.
Retzlaff R (2019). Zwangsstörungen von Kindern und Jugendlichen. Heidelberg: Carl-Auer.
Richardson HB (1945). Patients have families. NY: Commonwealth Foundation
Richter D, Brähler E, Ernst J (Hrsg.) (2015). Diagnostische Verfahren für Beratung und Therapie von Paaren und Familien. Göttingen: Hogrefe.

Riediger V, Pinquart M, Teubert D (2017). Effects of Systemic Therapy on Mental Health of Children and Adolescents: A Meta-Analysis. Journal of Clinical Child & Adolescent Psychology, 46: 880-894.
Robin AL, Foster SL (1989). Negotiating Parent-Adolescent Conflict: A Behavioral Family Systems Approach. NY: Guilford Press.
Rogers DE (2010). The Role of Place in Personal and Systemic Transformation. Sydney: Saybrook University.
Rotter JB (1954). Social learning and clinical psychology. NY: Prentice Hall.
Rotthaus W (2015). Ängste von Kindern und Jugendlichen. Heidelberg: Carl-Auer.
Rotthaus W (2017). Suizidhandlungen von Kindern und Jugendlichen. Heidelberg: Carl-Auer.
Rotthaus W (2019). Schulprobleme und Schulabsentismus. Heidelberg: Carl-Auer.
Ruf GD (2015). Schizophrenien und schizoaffektive Störungen. Heidelberg: Carl-Auer.
Ruf GD (2016). Depression und Dysthymia. Heidelberg: Carl-Auer.
Ruf GD (2017). Bipolare Störungen. Heidelberg: Carl-Auer.
Rufer M, Schiepek G (2014). Therapie als Förderung von selbstorganisationsprozessen: Ein Beitrag zu einem integrativen Leitbild systemischer Psychotherapie Familiendynamik: Systemische Praxis und Forschung, 39: 326-335.
Russell WP, Pinsof W, Breunlin DC, Lebow J (2016). Integrative Problem Centered Metaframeworks (IPCM) Therapy. In: T L Sexton, J Lebow (eds.), Handbook of family therapy (pp. 530-544). New York, NY: Routledge/Taylor & Francis Group.
Satir V (2018). Selbstwert und Kommunikation: Familientherapie für Berater und zur Selbsthilfe. Stuttgart: Klett-Cotta.
Satir V, Bitter JR, Krestensen KK (1988). Family reconstruction: The family within – a group experience. Journal for Specialists in Group Work, 13: 200-208. doi:10.1080/01933928808411877
Scheib P, Wirsching M (2004). Paar- und Familientherapie. Leitlinien Psychosomatische Medizin und Psychotherapie. Stuttgart: Schattauer.
Schiepek G (2003). A dynamic systems approach to clinical case formulation. European Journal of Psychological Assessment, 19: 175-184. doi:10.1027//1015-5759.19.3.175
Schiepek G, Eckert H, Kravanja B (2013). Grundlagen systemischer Therapie. Göttingen: Hogrefe.
Schleifer R (2018). Dissoziales Handeln von Kindern und Jugendlichen. Heidelberg: Carl-Auer.
Schmidt-Atzert L, Amelang M (Hrsg.) (2012). Psychologische Diagnostik. Heidelberg: Springer.
Schmidt G (2018). Einführung in die hypnosystemische Therapie und Beratung (8. Aufl.). Heidelberg: Carl-Auer.

Schmidt G (2019). Liebesaffären zwischen Problem und Lösung. Hypnosystemisches Arbeiten in schwierigen Kontexten (8. Aufl.). Heidelberg: Carl-Auer.
Schneewind KA (1987). Die Familienklimaskalen (FKS). In: M Cierpka (Hrsg.), Handbuch der Familiendiagnostik (S. 232-255). Berlin, Heidelberg, New York, Tokyo: Springer.
Schneewind KA (1999). Familienpsychologie (2. Aufl.) Stuttgart: Kohlhammer.
Schneewind KA (2002). Die Paarklimaskalen (PKS). In: D Richter, E Brähler, J Ernst (Hrsg.), Diagnostische Verfahren für Beratung und Therapie von Paaren und Familien (S. 284-287). Göttingen: Hogrefe Verlag.
Schneider JR (2006). Das Familienaufstellen – Grundlagen und Vorgehensweisen. Heidelberg: Carl-Auer.
Schünemann H, Brożek J, Guyatt G, Oxman AD (2013). Handbook for grading the quality of evidence and the strength of recommendations using the GRADE approach. Retrieved from https://gdt.gradepro.org/app/handbook/handbook.html
Schweitzer J (2019). Jochen Schweitzer, im Interview mit Barbar Bräutigam. Kontext, 50.
Schweitzer-Rothers J (2014). Heilung als gemeinschaftsleistung: Blick auf kollektive Psychotherapiekulturen. Psychotherapeut, 59: 82-88. doi:10.1007/s00278-014-1033-9
Schweitzer J, Hunger C (2020). Systemische Therapie. In: W Senf, M Broda (Hrsg.), Praxis der Psychotherapie: Ein integratives Lehrbuch (S. 1750-1753). Stuttgart: Thieme.
Schweitzer J, Hunger C, Hilzinger R, Lieb H (2020). Systemische Therapie mit sozial ängstlichen Erwachsenen. Heidelberg: Carl-Auer.
Schweitzer J, Nicolai E (2010). SYMPAthische Pychiatrie. Handbuch systemisch-familienorientierter Arbeit. Göttingen: Vandenhoek & Ruprecht.
Schweitzer J, Reinhard A (2014). Phänomen Aufstellungsarbeit: Geschichte, Konzepte, Anwendungen, Kritik. In: J Weinhold, A Bornhäuser, C Hunger, J Schweitzer (Hrsg.), Dreierlei Wirksamkeit: Die Heidelberger Studie zu Systemaufstellungen (S. 13–35). Heidelberg: Carl Auer.
Schweitzer J, v. Schlippe A (2016). Lehrbuch der systemischen Therapie und Beratung II: Das störungsspezifische Wissen (3. Aufl.). Göttingen: V & R.
Seikkula J, Arnkil TE (2007). Dialoge im Netzwerk: Neue Beratungskonzepte für die psychosoziale Praxis. Neumünster: Die Brücke Neumünster.
Selvini Palazzoli M, Boscolo L, Cecchin G, Prata G (1975). Paradoxon und Gegenparadoxon: Ein neues Therapiemodell für die Familie mit schizophrener Störung. (2. Aufl.). Stuttgart: Klett-Cotta.
Selvini Palazzoli M, Boscolo L, Cecchin G, Prata G (1977). Die erste Sitzung einer systemischen Familientherapie. Familiendynamik, 2: 197-207.
Sexton TL (2009). Functional Family Therapy in Clinical Practice: An Evidence-Based Treatment Model for Working With Troubled Adolescents. London: Routledge.

Sexton TL, Datchi C, Evan L, LaFollette J, Wright L (2004). The effectiveness of couple and family-based clinical interventions. In: M J Lambert (ed.), Bergin and Garfield's Handbook of Psychotherapy and Behavior Change (6th Ed., pp. 587-639). NY: Wiley.

Sidor A, Cierpka M (2016). Der Familienbogen (FB-K)–Eine Kurzversion des Allgemeinen Familienbogens, seine Reliabilität und Validität. Praxis der Kinderpsychologie und Kinderpsychiatrie, 65: 40-56. doi:10.13109/prkk.2016.65.1.40

Simon FB, Rech-Simon C (1998). Zirkuläres Fragen. Systemische Therapie in Fallbeispielen, ein Lehrbuch. Heidelberg: Carl-Auer.

Simon FB, Weber G (2004). Vom Navigieren beim Driften. Heidelberg: Carl-Auer.

Spanier GB (1976). Measuring dyadic adjustment: New scales for assessing the quality of marriage and similar dyads. Journal of Marriage and the Family, 38: 15-28. doi:10.2307/350547

Sparrer I (2006). Systemische Strukturaufstellungen. Theorie und Praxis. Heidelberg: Carl-Auer.

Sparrer I, Varga v. Kibéd M (2010). Klare Sicht im Blindflug: Schriften zur Systemischen Strukturaufstellung. Heidelberg: Carl-Auer.

Sparrer I, Varga v. Kibèd M (2008). Die systemischen Grundsätze als Basis für eine Systemische Strukturaufstellung. In: R Daimler (Hrsg.), Basics der systemischen Strukturaufstellungen. Eine Anleitung für Einsteiger und Fortgeschrittene (S. 39-62). München: Kösel-Verlag.

Stasch M, Cierpka M (2006). Beziehungsdiagnostik mit der GARF-Skala: Ein Plädoyer für die interpersonelle Perspektive nicht nur in der Mehrpersonen-Psychotherapie. Psychotherapie, 11: 56-63.

Stierlin H (1976). Das Tun des Einen ist das Tun des Anderen. Eine Dynamik menschlicher Beziehungen. Frankfurt am Main: Suhrkamp.

Stierlin H (2007). Gerechtigkeit in nahen Beziehungen. Heidelberg: Carl-Auer.

Strauß B (2018). Risiken und Nebenwirkungen. In: K von Sydow, U Borst (Hrsg.), Systemische Therapie in der Praxis (S. 912-919). Weinheim: Beltz.

Strauß B (2018). Allgemeine Grundlagen psychotherapeutischer Interventionen (5.3.1). In: R Deinzer, O von dem Knesebeck (Hrsg.) Online Lehrbuch der Medizinischen Psychologie und Medizinischen Soziologie. Berlin: German Medical Science GMS Publishing House. doi:10.5680/olmps000076

Stulz N, Lutz W (2007). Multidimensional patterns of change in outpatient psychotherapy: The phase model revisited. Journal of Clinical Psychology, 63: 817-833. doi:10.1002/jclp.20397

Sullivan G (1999). Margaret Mead, Gregory Bateson, and Highland Bali: Fieldwork Photographs of Bayung Gede, 1936-1939. Chicago: University of Chicago Press.

Tass P A (2003). A model of desynchronizing deep brain stimulation with a demand-controlled coordinated reset of neural subpopulations. Biological Cybernetics, 89: 81-88. doi:10.1007/s00422-003-0425-7

Trenkle H (2017). Das Ha-Handbuch der Psychotherapie. Witze – ganz im Ernst. Heidelberg: Carl-Auer.

v. Förster H (1948). Das Gedächtnis: Eine quantenphysikalische Untersuchung. Wien: Franz Deuticke Verlag.
v. Förster H (1997). Über das Konstruieren von Wirklichkeiten. Frankfurt: Suhrkamp.
v. Förster H, Ollrogge B (2008). KybernEthik. Berlin: Merve Verlag.
v. Maanen J (2011). Tales of the Field: On Writing Ethnography (2nd Ed.). Chicago: University of Chicago Press.
v. Schlippe A, Schweitzer J (2016). Lehrbuch der systemischen Therapie und Beratung I: Das Grundlagenwissen (3. Aufl.). Göttingen: V & R.
v. Sydow K (2018). Indikationen und Kontraindikationen. In: K von Sydow, U Borst (Hrsg.), Systemische Therapie in der Praxis (S. 134-141). Weinheim: Beltz.
v. Sydow K, Beher S, Retzlaff R, Schweitzer J (2007). Die Wirksamkeit der Systemischen Therapie/Familientherapie. Göttingen: Hogrefe.
v. Sydow K, Beher S, Schweitzer J, Retzlaff R (2010). The Efficacy of Systemic Therapy With Adult Patients: A Meta-Content Analysis of 38 Randomized Controlled Trials. Family process, 49: 457-485.
v. Sydow K, Retzlaff R, Beher S, Haun MW, Schweitzer J (2013a). The Efficacy of Systemic Therapy for Childhood and Adolescent Externalizing Disorders: A Systematic Review of 47 RCT. Family process, 52: 576-618.
v. Sydow K, Retzlaff R, Beher S, Haun MW, Schweitzer J (2013b). The Efficacy of Systemic Therapy for Internalizing and Other Disorders of Childhood and Adolescence: A Systematic Review of 38 Randomized Trials. Family process, 52: 619-652.
v. Wassermann A (1923). Die Syphilis. Heidelberg: Springer.
Wagner E, Henz K, Kilian H (2016). Persönlichkeitsstörungen. Heidelberg: Carl-Auer.
Wamboldt M, Cordaro A, Jr., Clarke D (2015). Parent-child relational problem: field trial results, changes in DSM-5, and proposed changes for ICD-11. Fam Process, 54: 33-47. doi:10.1111/famp.12123
Wampold BE, Imel ZE (2015). The great psychotherapy debate. The evidence for what makes psychotherapy work. NY: Routledge.
Watzlawick P, Beavin JH, Jackson DD (2011). Menschliche Kommunikation: Formen, Störungen, Paradoxien (12. Aufl.). Bern: Hans Huber.
Weber G (1993). Zweierlei Glück: die systemische Psychotherapie Bert Hellingers (14. Aufl.). Heidelberg: Carl-Auer.
Weber G, Schmidt G, Simon FB (2005). Aufstellungsarbeit revisited ... nach Hellinger? Heidelberg: Carl-Auer.
Weck F, Weigel M, Richtberg S, Stangier U (2011). Reliability of adherence and competence assessment in psychoeducational treatment: Influence of clinical experience. Journal of Nervous and Mental Disease, 199: 983-986. doi:10.1097/NMD.0b013e3182392da1
Weinhold J, Bornhäuser A, Hunger C, Schweitzer J (2014). Dreierlei Wirksamkeit. Die Heidelberger Studie zu Systemaufstellungen. Heidelberg: Carl Auer.

Weinhold J, Hunger C, Link L, Rochon J, Wild B, Bornhäuser A, Schweitzer J (2013). Family constellation seminars improve psychological functioning in a general population sample: Results of a randomized controlled trial. Journal of Counseling Psychology, 60: 601–609. doi:10.1037/a0033539

Willi J (1979). Die Zweierbeziehung: Das unbewusste Zusammenspiel von Partnern als Kollusion (4. Aufl.). Reinbeck bei Hamburg: Rowohlt.

Wilms B (2014). Gruppentherapie. In: T Levold, M Wirsching (Hrsg.), Systemische Therapie und Beratung. Das große Lehrbuch (S. 210-216). Heidelberg: Carl-Auer.

Wilms B (2018). Systemische Gruppentherapie. In: K von Sydow, U Borst (Hrsg.), Systemische Therapie in der Praxis (S. 380-384). Weinheim: Beltz.

Wissenschaftlicher Beirat Psychotherapie (2008). Gutachten zur wissenschaftlichen Anerkennung der Systemischen Therapie. Deutsches Ärzteblatt, 106: 208-2011.

Wissenschaftlicher Beirat Psychotherapie (2019). Methodenpapier. Verfahrensregeln zur Beurteilung der wissenschaftlichen Anerkennung von Methoden und Verfahren der Psychotherapie Version 2.9. Retrieved from https://www.wbpsychotherapie.de/methodenpapier/

Word Health Organisation (WHO) (2015). International Statistical Classification of Diseases and Related Health Problems (10th Ed.). Geneva, Switzerland: WHO Press.

Stichwortverzeichnis

A

Abschlusskommentar, *Siehe* Symptomverschreibung 35
Akutversorgung
– Aufsuchende Therapie 155
– SYMPA 186
Allparteilichkeit, *Siehe* Vielgerichtete Parteilichkeit 90
Ambivalenz, *Siehe* Lösung-Problem-Zirkel 117
Anthropologie 67
Approbation 170, 191 f., 196, 198
Attachment Based Family Therapy 41, 46
Auftragskonstruktion 95
– Anlass 99
– Anliegen 90, 98 f.
– Auftrag 101
– Telefonischer Erstkontakt 98
– Überprüfung 101
Auftragskonstruktion, *Siehe* Therapeutische Beziehung 165
Autopoiese 38, 58, 63, 65, 89, 110

B

Bedürfnisangepasste Behandlung 158, 187
Behavioral Family Systems Therapy 46
Beobachtung, Teilnehmende 69, 157, 159

Bezogene Individuation 27, 46, 48, 103, 152
Bindungen
– Herzensbindungen 43, 103
– Unsichtbare Bindungen 26, 41, 46, 90, 103
Bühnenmodell
– Gegenwart 57, 106
– Hintergrund 102
– Lösung 39, 110

C

Co-Therapien 87, 144, 158

D

Delegation 27, 43, 103
Diagnostik 75
– 3-Ebenen-Modell 79
– Fragebogen 81
– Interview 85
– Rating 85
– Szenische Methoden 85

E

Eigenbericht 105
Einzel
– Einzelintervention im Gruppensetting 123, 177
– Einzeltherapie 144, 149, 183
Evidenz 167

215

Expertise
- Laien 37, 57, 75, 161
- Nicht-Wissen 37
- Professionelle 37, 57, 73, 75, 146, 159, 161

Externalisierung 107, 120

F

Familie 55, 79, 102
- Aufsuchende Therapie 154, 158, 183
- Familienaufstellung, *Siehe* Systemaufstellung 123
- Familiendynamik 45, 190, 195
- Familienrekonstruktion 154
- Familientherapie 144, 150, 158, 183
- Multifamilientherapie 42, 157 f., 183

Familiendynamik 29
Freiheit 28, 97, 163
Funktional Family Therapy 47

G

Generationalität 28, 35, 43, 90, 102, 122
Genogrammarbeit 28, 85, 103, 154
Gesprächssteuerung
- Bühnenmodell 102
- Fokussieren 93
- Positionieren 94
- Zuhören 93

Grenzen 33, 38, 43, 104, 106
Gruppentherapie 153, 158

H

Hierarchie 34, 104, 106, 133

I

Indikation 143

Integrative Systemische Therapie 181

K

Kontenausgleich 26, 43, 90
Kontext 65, 95
- Zwang 93, 97, 156

Kontextuelles Modell 52
Kontraindikation 145
Kunstfehler 93, 145, 149, 152
KybernEthik 56, 70, 168
Kybernetik 70, 88
- 1. Ordnung 29, 94
- 2. Ordnung 36, 57, 67, 76, 110

Kypbernetik
- 1. Ordnung 30

L

Lösung 166
- Lösung-Problem-Zirkel 117
- Lösungsinterventionen 126
- Lösungskonstellation 123
- Lösungsorientierung 39, 54, 59, 66, 73, 99, 110, 115
- Lösungssequenzen 181

M

Macht 34, 133
Medizinisches Modell 51, 170
Meta
- Meta-Analyse 52, 170
- Metakommunikation 37, 75, 159
- Metarahmen, Therapieplanung 181
- Metastabilität 52

Multidimensional Family Therapy 48
Multisystemic Therapy 47

N

Narrativer Ansatz 40, 120
Nebenwirkung 145

Netzwerkdiagnostik, Soziale 107, 175
Netzwerkgespräch 156, 186 f.
Neutralität 67, 91, 161 f.
- Beziehungsneutralität 92
- Ergebnisneutralität 92
- Grenzen 92
- Konstruktneutralität 92

O

Offener Dialog 158, 187
Ökosystemik 42, 47 f., 157
Ordnungen 42, 48

P

Paar
- Paartherapie 144, 150, 158, 183
- Therapeutenpaar, Siehe Co-Therapien 158
Paradigmenwechsel 29, 49, 65, 156
Paradoxon 34
- Paradoxe Intervention, Siehe Symptomverschreibung 118
- Wissenschaftsparadoxon 170
Perverses Dreieck 34
Positive Konnotierung 115
Problem 66, 166
- Konsistenzproblem 59
- Problemkonstellation 123
- Problem-Lösungs-Neutralität 92
- Problemorientierung 33 f., 52, 54, 59, 99
- Problemsequenzen 181
Prozesssteuerung, Siehe Bühnenmodell 102

R

Radikaler Konstruktivismus 37, 56 f., 60, 65, 70, 168
Randomisiert kontrollierte Studien (RCTs) 53, 143, 170 f.

Reflektierendes Team 87, 158
Reziprozität 30, 57, 67, 76, 106

S

Selbstorganisation, Siehe Autopoiese 38
Setting 50, 52, 66, 78, 143, 145 f., 148, 162, 181
Soziales System 55
Störung 28, 31, 33–35, 60, 65, 75
- Diagnostik 77
- Interaktionsstörung, Klassifikation 78
- Störungsorientierung 73
Störungsspezifische Systemtherapie 178
Strategische Familientherapie 34
Strukturen 33, 43, 104, 106
- Strukturelle Familientherapie 33, 157
- Strukturfunktionalismus 68 f.
Symptomverschreibung 35, 118
Synergetik 52, 58, 62, 169
- Generische Prinzipien 53, 64
Systemaufstellung 48, 122, 177
Systemic Behavioral Family Therapy 47
Systemorientierte Psychotherapie 184
Systemtheorie 56, 64, 184

T

Therapeutische Beziehung 57, 92, 126, 161
- Beschwichtigende, anklagende, rationalisierende, ablenkende Kommunikation 163
- Besuchende, klagende, kundige Kommunikation 165
- Bündnis (Allianz) 52, 162
Therapieende 99, 113, 125
Therapieversammlung 156, 188

V

Verantwortung 29, 31, 36, 57, 72, 168
Verband, systemisch 191–194, 196, 198 f.
Verstrickung 33, 35, 88, 103, 159
Vielgerichtete Parteilichkeit 90, 150, 161 f.

W

Wahrheit 56, 71, 73
Wirkfaktoren
- Allgemeine 51
- Spezifische 51

Wunder 125
- Wunderfrage, *Siehe* Lösungsorientierung 110

Z

Ziel 97, 166
- Zielkriterien 99
- Zielrahmung 99
Ziel, *Siehe* Therapeutische Beziehung, Bündnis (Allianz) 162
Ziel, *Siehe* Wirkfaktoren, Allgemeine 52
Zirkularität 30, 52, 57, 106
- Zirkuläre Fragen 106
- Zirkulärer Teufelskreis 30, 107